未来之路：
拉丁美洲基础设施管理
——经济和发展报告

安第斯发展集团

当代世界出版社

图书在版编目（CIP）数据

未来之路：拉丁美洲基础设施管理／安第斯发展集团主编．
—北京：当代世界出版社，2011.4
ISBN 978 - 7 - 5090 - 0710 - 5

Ⅰ.①未⋯　Ⅱ.①安⋯　Ⅲ.①基础设施—管理—拉丁美洲
Ⅳ.①F299.73

中国版本图书馆 CIP 数据核字（2011）第 048383 号

图字：01 - 2011 - 2151 号

书　　　名：未来之路：拉丁美洲基础设施管理
出版发行：当代世界出版社
地　　　址：北京市复兴路 4 号（100860）
网　　　址：http://www.worldpress.com.cn
编务电话：(010) 83908400
发行电话：(010) 83908410（传真）
　　　　　(010) 83908408
　　　　　(010) 83908409
经　　　销：新华书店
印　　　刷：北京欣睿虹彩印刷有限公司
开　　　本：787×1092 毫米　　1/16
印　　　张：25.75
字　　　数：280 千字
版　　　次：2011 年 4 月第 1 版
印　　　次：2011 年 4 月第 1 次
书　　　号：ISBN 978 - 7 - 5090 - 0710 - 5
定　　　价：48.00 元

序　言

安第斯发展集团（CAF）执行主席

L·恩里克·加西亚

　　经济和社会的发展与商品和服务的交换空间密切相关，并与享受这些商品和服务的场所和方式相联系。基础设施就是上述空间的主要支柱。事实上，任何发展进程都是以可支配的基础设施数量与质量的增长和改善为标志的，它使得社会中各种各样的交易得以正常流通。因此，基础设施是公共政策议程中至关重要的一项内容，它不仅在发展中国家始终起着主导作用，而且在发达国家，它对社会福利和繁荣的重要性更是早就为人所知。

　　拉丁美洲在社会、生产以及贸易的很多方面都面临着巨大挑战。安第斯发展集团在思考这些问题时得出了一个共识，即各种基础设施对我们跨越将拉美地区与发达世界隔开的鸿沟起着重要作用。在本期《经济与发展报告》中，我们接受了在该主题上为读者呈现一个新视角的挑战。尽管已经有众多关于基础设施的出版物，但是安第斯发展集团仍然认为有必要将这些内容集中在一本报告中，它们是公共政策决策者遇到的日常问题的核心，这不仅展现出在衡量基础设施对社会福利和生产力影响的认识的最新进步，也从实用角度整理出一个关于如何管理基础设施来实现有效社会供应信息和研究的资料库。

《报告》提供了两个重要信息。第一，对拉美地区来说，在基础设施项目影响的事后评估方面做出更大努力是非常重要的。因为，它是预算分配和明确干预的优先目标决策过程中的重要因素。第二，拉美地区基础设施服务的有效供应需要在规划、私有企业的参与和监管之间实现平衡结合。这就需要一个稳健但却灵活的制度框架，它能够收集重要信息以便在公共和私有企业之间合理分摊风险，并限制利益集团获得项目的可能。

《报告》将干预的方式分成三类：新基础设施的建设、现有基础设施的维护，以及基础设施使用的管理。此外，还强调了在设计各国政策战略规则时，要注意这些不同类别干预的重要性。因为，全面的考虑能使各种手段互为补充，有效提高基础设施供应的效率。

尊敬的读者，您手中的这本第五期《经济与发展报告》是安第斯发展集团对拉美地区最及时的贡献。此时，一方面，拉美地区经历了近15年高速增长；另一方面，世界正处于增长放慢的时候。保持已有的活力和继续推进社会目标实现的挑战成为争论的重点。在任何情况下，基础设施都是极其重要的。毫无疑问，安第斯发展集团的这一新贡献，对于构筑一条实现拉美国家渴望的经济社会发展之路将是有益的。

目　录

图表检索

第一章　基础设施是发展的动力：
实现效益管理

一　前　言

社会的物质福利取决于产生财富的可能性及其提供给公民的从中获益的机遇。无论是进行生产活动的条件，还是决定民众日常生活质量的条件，都要受到基础服务状况的影响，这些基础服务包括交通管理、饮用水、电力服务、电讯、商品和旅客进出的港口和机场，大众交通工具、与城市功能相一致的公共空间，以及提供教育和医疗服务的相应设施。本文不想拉出一个服务部门的长长的清单，只想说明，一个社会的基础设施状况是该社会发展的关键。除此之外，还想说明，人们以某种方式从事的这些基础服务还具有专业性的特点，因此它直接受国家的影响。

通常，人们将那些单个群体享受的各种耐用品称作"基础设施"，例如，一个人对它的消费不排除他人也对它进行消费的可能性。因此，它的初期投资资金较大，以实现其运营的能力（固定成本）；或者，其消费涵盖了相当数量的人群，降低了其他方面的成本（形成网络）。这些特点使得市场机制难以有效地提供基础服务，它或许是因为没有考虑到多个单个群体同时受

1

益于基础服务的可能性，因此提供的基础设施少于合适的数量；也或许是一旦对提供某类服务进行了初期投资后，就没有足够的刺激使其他供应商进行同样的投资，因此该项服务的供应就被垄断了，使其获得大量的利润，限制了所提供服务的数量和质量。因此，一个社会的基础设施质量的改善和数量的增加，不仅仅是其繁荣和福祉所必须的，而且也是公共政策需要面对的严峻挑战。它需要针对在不同背景下、以不同程度的差异表现出来的每一个案例提出具体政策方案。这一挑战一直是历史上涉及发展的争论内容，直今仍在争论之中。

改善基础设施的现状是拉美国家的首要目标。经历了先是由出口部门推动，而后由国内需求驱动的较长时期的经济扩张后，拉美地区的某些基础设施显示出衰竭的迹象，开始成为经济增长和区域内、外贸易的瓶颈。例如在秘鲁，出现了能源需求快速增长超过了其供应能力的情况，结果导致电力传输线路和天然气运输网络堵塞。拉美其他国家同样面临制约其经济可持续性增长的瓶颈。

若从国际贸易方面来解读类似的情况，可以看到哥伦比亚布埃纳文图拉港的例子。近 10 年来，该港口的国际货运吞吐量翻了四番，导致了许多问题的出现，包括货物运输造成公路交通瘫痪，大量到港船只的接待问题，以及由于航道狭窄造成新型船舶无法进港的问题。因此，基础设施不足及其供应的短缺对所有经济体的国际竞争力构成了威胁，并导致拉美在全球贸易中的份额减少。同样也有迹象显示，满足社会需求的基础设施改善可以直接提高家庭福利。

除了承认基础设施质和量的不足是经济和社会的首要问题

外，还要认识到，拉美地区已有的为基础设施供应而制定的机制和机构的问题；就整体而言，这些机制和机构所发挥的作用还需要大力改善。这些机制包括，确定一国境内建设新的基础设施的优先顺序，对实施项目的公私联盟（APP）进行监管而制定的法律框架的具体细节，以及评估干预效果的体系和对公共和私营供应商经营的监管。

本报告提供了两个主要信息。第一，对拉美地区基础设施的干预无论是从制度还是从提高技术标准方面来衡量都是非常重要的。这是用最佳方式告知在各类活动和项目之间公共资源配置优先顺序的决策。第二，应对优化拉美地区基础设施质和量的挑战，需要把对私人参与的激励和监管的框架、区域和部门规划和协调的环节适当地结合起来。这样的管理模式可以使每一个基础设施项目都是按照满足基本需要的供应和维护体系，以及能持续提供优质服务的最佳前景进行选择。

对基础设施的干预可以采取三种基本形式：第一，新基础设施的供应；第二，对现有基础设施的维护；第三，对其使用进行监管的政策。必须将基础设施政策视作上述三项干预形式中的每一项是一个激励平台来考量，强调其中每一项干预都有重要的潜在影响。除了考虑到构成干预平台的每一项政策的影响外，还应当考虑到每一项干预的成本。在这方面特别需要强调的是，在拉美地区经常将基础设施使用的维护或创新管理的努力作为次要选择，尽管显而易见的是其成本相对低廉，并与新的基础设施具有很重要的互补性。还需要承认的是，尽管将上述每一项干预的成本和利润做到适当平衡的干预平台是理想的，但一揽子政策的决策现实是非常复杂的，它受到各利益集团压力的影响。因此，在明确合适的基础设施政策平台时，应该考虑到每一个特殊的现实情况，以便按照寻求实现的方向规划对参与者的激励措施。

一些拉美国家认为，基础设施建设在公共政策议程上居首位，如加速增长计划（巴西生产力发展政策的主体），包括能源、交通和医疗等部门的基础设施项目的建设，以及机场和铁路的建设，从 2007 年到 2010 年其支出约占国内生产总值的 20%。另一些小国将基础设施建设作为发展重点，如玻利维亚对基础设施的投资占其全部公共投资的 50%，其国民发展计划把对水、基础医疗，以及运输和电信等基础设施投资作为重点。但是，预算中这些居首的指标都是对新基础设施的投资。如前所述，这仅仅是基础设施政策平台中的三个方面之一。必须要对现有基础设施的维护及其使用的管理计划方面做出同样的努力，以减少拥堵的问题。

本书的第一部分详细论述了基础设施对家庭福利的影响（见第二章），对生产率和国际贸易的影响（见第三章），以及对环境的影响（见第四章）。由此推断出，需要提高对基础设施影响公民福利渠道的认识，即通过哪些措施对家庭生活质量、企业和工业的生产率及国际贸易份额产生直接效应，而使这些影响变为现实。对环境的影响在影响目标的分析中极具重要性。所涉及的重要问题有：如何评估基础设施所带动的发展和环境之间的负面互相影响？何种基础设施政策和监管可以改善这种相互影响，并降低对环境质量的损害？或者换句话说，何种对基础设施的投资会对环境产生积极的影响？

认识上述这些影响，是完善基础设施投资评估方法的重要因素，并能提高公共支出的效率。此外，这一分析可以细化对上述政策的讨论。在面对资金使用的可选择性时，各国政府需要理由和证明来优先发展对基础设施干预的某些刺激措施，以使这些投资的利益最大化。随着做出上述决策的信息的增加，出现脱离社会利益的政策的可能性就越小。

本书的第二部分集中阐述了改善基础设施供应效率的管理实践。首先，该部分描述了国家在传统上负责基础设施供应和管理及私人参与其中程度不断提高的理由。对此，审视了拉美地区在这两方面的经验（见第五章）；其次，探讨了基础设施服务再分配政策的问题（见第六章）；再次，详细分析在提供基础设施服务方面，实现公共和私人部门真正意义上成功结合的关键因素（见第七章）；最后，研究对基础设施服务供应的所有环节有影响的体制因素，并成为对拉美这方面问题判断和提出行动建议的重点（见第八章）。

文中大家可以看到，近20年来，在拉美基础设施项目的运作和融资方面，私人参与度大幅度提高。在基础设施服务管理方面，私人参与服务管理可以提高其供应的效率（无论是在其建设、维护还是经营方面），这不仅因为投资可以通过向使用者收费回笼资金（它可以引导更合理地使用基础设施），而且还因为在某种私人参与的形式下，引入了激励其维护的措施，在传统的公共工程合同模式中这一点一直是存在缺陷的。但是，无论何种效率利润都不是有保障的：它更多地取决于监管和体制的框架。

基础设施服务的技术特点（投资规模及其完成的时间、规模经济及其涉及的范围，服务网络的效应等），都意味着对设计规则框架的严峻挑战。这些挑战包括不同的决策，从针对由不同的、且具有高低差异竞争力（纵向和横向的经营相分离）的部门所组成的市场组织的决策，到定价和调价的规定（既包括最终使用者，也包括生产和制造商对基础服务网络的使用），以及涉及服务质量标准的规定。

由上述分析中得出的结论是，为了更好地利用私人参与基础设施建设的积极性，自然就不只是简单地出售资产，要求公共部门不仅投资和管理私人不是很感兴趣的基础设施（例如，交通流量较低的公路网），而且还要计划、评估和监管基础设施投资，甚至包括私营部门经营的服务部门。

为了使公共部门拥有上述这些能力，需要建立一种体制帮助公共部门加强其同时进行协调、供应和监管的作用。尤其是应该明确将各机构中的国家职能剥离出来是否合适。例如，把某些监管任务赋予不同程度独立的机构，并保留那些直接提供基础设施服务的机构。尽管国际上和拉美各国的实践已经朝此方向发展。但是，各种建议方案中仍然存在着重要差异，其中每一种都各有利弊，它们都应该受到关注，并在提出特定的体制调整时要考虑到每个国家的情况。

第八章把基础设施作为发展政策的重点进行分析（第二节），同时还要简要地分析拉美基础设施的状况（第三节）。尔后，指出拉美地区这些基础设施服务在管理上面临的挑战（第四节）。最后，列出本书的结构，并总结每一章所传递的主要信息（第五节）。

二 基础设施在拉美地区公共 政策议程中的重要性

基础设施在拉美国家生产发展中的作用在公众和学术界的争论中已经引起了广泛关注。有证据表明，基础设施对提高生产率、私人投资和经济增长起到了积极的作用[①]。但是，在许多情况下这些影响需要考虑到各种可能的因素，例如各国家的特点或者是投资规模和类别。就此而言，基础设施和发展之间的联系显然是双向的。一方面，基础设施降低了交易成本，促进了生产和贸易，并且还增加了各国的人均收入。但是，随着生产和收入的增加（因为技术的改善），对各类服务的需求也相应增加，其中包括对基础设施服务的需求。总之，若没有公路和高速公路、通讯、机场、港口、水力发电站等其他辅助投资，就不可能有一个稳定和可持续的发展进程。这些投资可以提供产生财富的新机遇。但如果不这样做，就会大大降低土地、固定资本和人力资源等其他要素的生产率（由于拥挤和外迁）。

基础设施的重要性得到广泛认可，其重要性部分体现在服务的互补性中。因此，这类服务的质量和数量对拉美各国的生产发展和经济增长产生了影响。就拉美情况而言，基础设施水平是其经济长期增长的主要决定因素，如果拉美各国提高其基础设施的水平，其经济增长率将会明显上升（卡尔德龙和塞尔

---

① 更广泛的研究是以基础设施投资和生产率之间关系的实证研究为依据的（阿肖尔，1989 年，伊斯特利和雷贝洛，1993 年，桑切斯·罗布尔斯，1998 年，罗勒和威尔曼，2001 年，以及阿哈姆德和米勒 2002 年，等等）。

文，2004 年）。

　　拉美地区的公民和企业家赋予基础设施服务重要作用，并将这类服务看做其福利和经济能力的决定性因素。虽然民意调查没有显示出基础设施服务的获取或质量问题是拉美国家公民面对的首要问题，但很显然，城市的发展和现有基础设施使用的强度对人们的福利产生了影响。例如，城市运输流量的改善可以对大部分人群的福利产生重要影响。相反，公共交通系统拥挤和恶劣状况对城市环境和人民生活质量会造成影响。此外，在拉美许多国家中，为获取合适的公共服务所造成的城市不稳定性上升了，城乡间在基础设施服务质量及其获取方面的差异也在不断加大。

　　根据对企业看法的调查，基础设施的供应和质量问题被认为是其发展和业绩的主要障碍。如图 1.1 所示，约有 50% 的拉

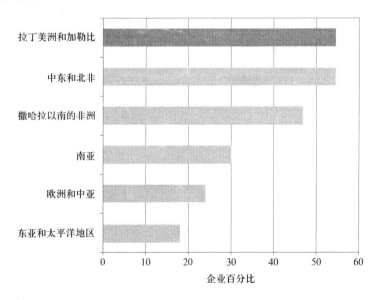

图 1.1　认为基础设施差是非常严重问题的企业百分比

资料来源：世界银行（2004 年 b）。

美企业将基础设施看做其业务发展的严重障碍。按不同的服务
类型和国家分类分析（见图1.2）显示，总体而言，最严重的问
题出在电力能源服务上。例如，60%的尼加拉瓜企业和约50%
的智利和哥伦比亚企业指出，该服务对其企业运营造成了严重
或非常严重的障碍。但在电话和交通方面，这些问题似乎并非
如此严重，尽管在哥伦比亚约40%的受访企业坦承电话服务存
在严重问题，而在玻利维亚、危地马拉和委内瑞拉玻利瓦尔共
和国约只有20%的受访企业认为交通服务问题对其产生严重影
响（世界银行，2006年）。

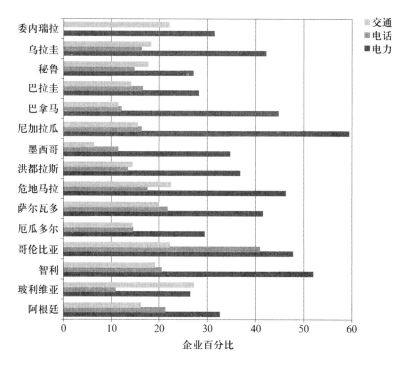

图1.2　拉美国家企业在运营上的障碍

资料来源：根据世界银行数据（2006年）制作。

在该地区所特有的结构性趋势深化的背景下，即，生产率之间的差距不断拉大了拉美与世界其他地区间的差距，拉美地区在国际商品和服务市场上的相对份额在减少，以及使得相当一部分拉美国家的社会和国内差距也在加大，基础设施数量上的增加和质量上的改善就显得尤为重要。在上述三种情况下，基础设施服务质和量的改善有助于扭转上述这些不利的状况。

（一）生产率变革与基础设施

第一个层面是全要素生产率（PTF）。尽管近期经济正在恢复，但是历史地看拉丁美洲的全要素生产率（PTF）已经显现出一种疲态，并且没有提高到足以改善拉美各国收入的程度。事实上，拉美同世界其他地区的生产率的差距在逐渐扩大。举例来说，自1980年以来，该地区的生产力水平与美国相比明显地下降了；拉丁美洲生产力与亚洲和欧洲国家的差距也在不断地扩大。（安第斯发展集团，CAF，2006年）。

有证据表明，拉美地区与东南亚在基础设施方面的差距不断加大，这是由于国内生产总值差距的增大而造成的（卡尔德龙和塞尔文，2002年）。在这方面，中低收入国家基础设施使用的效率低下导致增长缓慢（赫尔滕，1996年）。一般来说，基础设施提高私人资本的生产率和回报率，并会刺激更多的投资。此外如前所述，考虑到基础设施对经济体生产率的影响，就应当注意到基础设施建成后必须要有效地运作才能达到其预期目标。事实上，在效率和基础设施管理及其影响和经济增长间存在正相关联系。此外，现有基础设施拥堵程度越严重，其所提供的生产服务能力越低，就越限制其影响力。

第二个层面与拉美国家在全球福利和服务贸易中所面临的激烈竞争环境有关，它导致拉美地区在国际市场的份额减少。尽管近30年来，拉美地区的国际贸易明显地呈现出快速增长趋势，但其在全球贸易中的份额却在下降。事实上，中国和东亚的贸易份额一直在增加，而拉美地区的份额却一直在下降，到目前为止，其份额仍低于上述两地区；至今不及其40年前份额的一半（CAF，2005年）。最近，由于主要原材料价格的上升，拉美地区在全球贸易中的份额有所增加；但是，同期内中国等其他国家的份额增加得更快[①]。

贸易自由化使各种非关税壁垒变得更加明显，它限制了拉美真正进入出口市场，因为实际上其运输成本高企，以及其他阻碍国际贸易流动的壁垒存在。事实上在当前的经济环境下，减少运输成本对贸易产生的重要影响要大于削减关税（布莱德等人，2008年）。其部分原因在于，贸易自由化进程启动之后平均关税持续降低。以巴西从其邻国进口为例，运输成本要远远超过其关税壁垒。除了不可改变的地理因素、各种地质变化或者缺乏入海口外，基础设施是决定运输成本的关键因素。

此外，运输成本直接与其他的物流成本和库存成本有关，并且可能成为遏制国际贸易的主要障碍。据瓜施和高根在2005年的调查，2004年拉丁美洲国家的平均物流成本比经济合作和发展组织（OECD）成员国的平均水平要高出两倍。这些高额物

[①] 近年来拉美地区贸易活力的加强一直与原材料价格的上涨有关。近4年来60%表现良好的拉丁美洲出口是由价格表现决定的。因此，拉丁美洲在全球商品出口中所占的份额从2003年的2.9%提高到2006年的3.5%；与此同时，中国所占比重则从2003年的5.8%提高到2006年的8%。

流成本主要由拉美基础设施数量不足和质量低下造成的。总之，基础设施影响了所有经济体与国际贸易（和投资）流量联系的能力。因此，对这类服务设施进行有效的管理是对贸易自由化政策的必要补充。

对此还要加上，拉美地区想成功地参与最具活力的产业内贸易所遭遇的困难。东南亚最成功的经济体都具有产业内贸易的特点。它们的经验证明，融入全球生产链中要求具备更具吸引力的国内环境，它是跨国公司将增值活动确定在这类投资接收国地点的关键条件。事实上，那些寻求效率的跨国公司建立了全球生产链来优化其生产过程，是通过将生产地设在能提供成本和进入出口市场优势的地区来实现其目标。吸引这类外国直接投资的决定性因素与进入出口市场、劳动力成本和质量、基础设施的质量等有关。印度在服务和技术部门的发展经验就是一个例子：他们成功的关键就是发展了一个相应的基础设施基地。在这种情况下，20世纪90年代服务贸易的出口翻了四番，在很大程度上这与非常高效的电信服务平台供应的增长有关。（戈登和古普塔，2003年）

另一种融入国际经济的方式是参与区域一体化。欧洲区域一体化的成功经验表明，建立一个共同市场是实体结合及区域各国与其他地区联系的基础。拉美缺乏相应的基础设施是提高其区域一体化程度，并形成能与世界其他地区有效竞争的广阔区域市场的主要障碍之一。通过提供一个更加密切的实体联系，基础设施既是区域一体化进程的补充又是先决条件。它将其周边地区连接起来，并为商品、服务和人员的自由流动提供便利。关于贸易一体化，基础设施也能起到关键作用，它直接以两种方式对进入市场产生影响：其一是将原料送至生产中心，其二是把生产中心与本国和国际的消费中心联接在一起。

（二）社会融合，治理和基础设施

　　第三个层面是强调基础设施对发展的重要性，社会差异是拉美国家的一个特点。事实上，拉美地区民众所拥有的经济和社会进步的机遇仍然有限。这有助于解释在一些拉美国家一直存在较高的贫困程度，以及该地区的收入分配仍然是世界上最不平等的事实。在包括以提高社会流动性为目标的公共政策中，尤其是人口中最弱势群体的社会流动方面，政府的公共政策中包括提供更多的水、医疗保健、能源和运输的基础服务（安第斯发展集团，CAF，2007 年）。事实上，公路的基础设施缩短了前往教育机构、工作地点、医疗中心、娱乐场所等所需要的时间，并且增加了用于家庭、休闲、体育和其他重要活动的时间；电力基础设施则为家庭照明、信息获取、水加热等等提供了便利；饮用水的获取则有利于改善家庭健康状况；天然气设施则降低了食物烹调和家庭供暖等的成本。

　　拉美地区在获取这类服务方面已经有所改善，但并非所有的收入阶层都能受益。如表 1.1，最贫困家庭只能获得很少的商品和基础服务，如住宅用水（最贫困的家庭使用率为75%，而收入最高的家庭为92%），公共下水道系统（20% 最贫困家庭使用率为35%，而最富有家庭的使用率则为77%）等。因此，基础设施服务政策的主要问题是确保拥有较少资源的群体可以获取这些服务。

表 1.1   拉美五个不同人均收入阶层家庭获取基本基础
设施服务的百分比（2001～2005 年）

服务	五个不同人均收入阶层家庭					平均
	1（最低）	2	3	4	5（最高）	
住宅用水的获取	77	83	87	90	94	87
公共下水道系统的获取	36	45	55	65	78	58
下水道或厕所化粪池的无臭连接	45	54	64	74	84	66
电力能源的获取	86	90	93	95	98	93
固定电话线	25	34	44	58	75	49

资料来源：根据分配、劳工和社会研究中心（CEDLAS）数据制作（2007 年）。

受基础设施影响的社会问题还表现在另一个层面上。拉美一些国家的城市不稳定性程度严重，其主要特点是居住环境存在很多问题，尤其是在住房的拥有及其相应基础设施方面，如饮用水、医疗和电力方面。根据联合国拉美经委会（CEPAL）的调查数据，尼加拉瓜城市人口的 45% 生活在贫民窟（约 250 万人）；巴西城市人口的 27% 生活条件不稳定，约 5200 万人口居住在这种情况下。

拉美城市已经改善了水的获取程度，其覆盖率在 80% 到 96% 之间。但是，如果用城市生活质量来衡量，城市人口的基础设施使用水平则显示出完全不一致的状况。举例来说，在卫生设施使用方面，巴西和玻利维亚的使用覆盖面在 50% 到 60% 之间。但是，一国的数据却掩盖了该国地区间的巨大差异掩盖。例如，2000 年，巴西隆多诺波利斯市中拥有卫生设施的人口仅占该市总人口的 28%（CEPAL，2008 年）。不能令人满意的基本需求的结果还显示，在排污系统方面存在巨大缺陷。如表 1.2

所示，拉美17个国家中的13个，超过30%的人口没有完整的公共下水道系统。

表1.2　拉美国家排污系统缺陷所占的人口百分比（2002年）

0% ~ 4.9%	5% ~ 9.9%	10% ~ 19.9%	20% ~ 29.9%	30% ~ 39.9%	40% ~ 100%
阿根廷	智利	墨西哥	哥斯达黎加	玻利维亚	
	哥伦比亚		厄瓜多尔	巴西	
			乌拉圭	萨尔瓦多	
			委内瑞拉	危地马拉	
				洪都拉斯	
				尼加拉瓜	
				巴拉圭	
				秘鲁	
				多米尼加共和国	

资料来源：根据拉美经委会（CEPAL）的数据制作（2007年）。

这种情况清楚地表明，在千年发展目标中克服城市的不稳定性，需要包括以下目标：获得饮用水、卫生设施和电力设施、建筑材料和稳定地拥有住房。[①] 根据拉美经委会制定的区域城市规划（2008），公共政策参与的基本点之一就是提供和获取基础设施的基本服务。这是指必须向那些居住在贫民窟中的民众提供的基本服务，尤其是饮用水和卫生设施。

另一方面，拉美国家内部不同地区间的差异也越来越严重。公共服务供应缺乏联系和效率低的差异，可能加剧某些地区的

---

① 千年发展目标（MDGs）包括了城市的不稳定性问题，尤其是贫民窟问题。事实上，第十个目标指出"到2015年使无法持续获得安全饮用水的人口比例减少一半"。另外，第十一个目标指出"到2020年使至少1亿贫民窟居民的生活有明显改善"。

孤立，并在一定程度上导致更大的社会冲突和治理问题。各项社会指标的地域差距不断扩大反映在基础服务的使用上，特别是在城乡差别上。例如，基本服务中的住宅供水的覆盖率，才勉强达到农村人口的70%（该地区总人口平均数），而城市覆盖率则超过90%。

地域的不平等危及到社会凝聚和治理，因为它造成社会紧张和引起关注度需求的提高。由于当地政府缺乏资金和管理方面的制约，其中许多要求超出其能力范围。地域差异也可能刺激大量移民朝发展程度高的地区流动（例如城乡之间的流动），其结果则导致流入上述人口的地区缺少相应的基础设施、服务和就业岗位，因为这些地区没有准备好吸收大量流动人口。

如同前面所评价的，基础设施服务的质量及其获取是有助于扭转一系列影响拉美地区不利趋势的关键因素。这些不利趋势包括，将拉美与发达地区分开的生产率差距的加大，拉美在国际贸易市场中的份额严重下降，拉美国家内部在改善平等使用基础设施服务方面的社会差距在加大。下面将详细介绍拉美基础设施的状况。

三 拉丁美洲基础设施状况

根据上述观点，基础设施的重要性体现在其作为一种手段，可以提高企业和产业的生产率，提高所有经济体的国际竞争力和家庭福利。这里需要回顾一下，拉美地区在增加基础设施总量、改善其质量和提高公共及私人部门的投资力度等方面所做出的努力。

近20年来，拉美地区已经扩大了基础设施服务的覆盖面，增加了获得固定电话线路和移动电话的数量，并提高了电力、饮用水和基本卫生设施的覆盖面。另外值得一提的是互联网的接入，近10年在该地区的用户数量的增长已经超过150%。然而，在交通服务覆盖范围方面并没有取得显著进展。

尽管如此，基础设施却仍然存在严重缺陷，且它的发展要比其他发达地区缓慢得多。如图1.3所示，自1980年以来，拉丁美洲与经合组织（OECD）国家相比，发电能力实际维持不变；与此同时，近20年来，世界其他发展中地区（如亚洲）与发达国家间的差距已明显缩小。事实上，2004年在电力方面，拉美地区与经合组织（OECD）国家在发电能力上的差距，比其他除撒哈拉以南非洲国家和中等收入国家以外的地区都要大。这一状况与其他指标类似，如固定和移动电话的普及率。在此情况下，尽管拉美已在缩小与发达国家的差距（尤其在90年代末）。但是，在电话普及率方面同其他那些已经缩小与经合组织（OECD）国家差距的地区相比，拉美依然是落后的（见图1.4）。

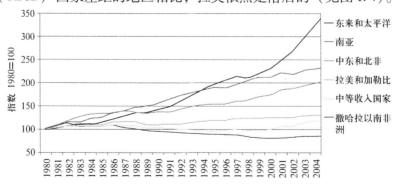

图1.3　世界各地区人均发电能力（1980～2004年）

资料来源：世界银行的数据（2007年b）。

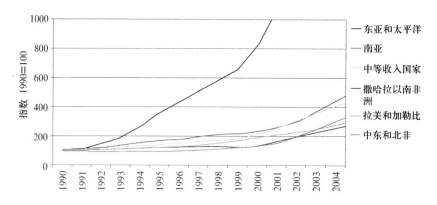

图 1.4　世界各地区每 1000 名居民所拥有的固定电话和

移动电话数量（1990～2004 年）

资料来源：世界银行的数据（2007 年 b）。

　　另外值得注意的是，在基础设施方面拉美不仅与世界其他地区存在较大差距，而且其内部也表现出了这种差距，在基础设施的城乡人口覆盖率方面存在很大差异。例如，尽管能够获得较好饮用水的人口比重从 1990 年的 67% 增长到 2004 年的 77%（见图 1.5），但如图 1.6 所示，城市人口中的 96% 可以获取饮用水，而在农村该比例却只有 73%。同样的现象也表现在拉美的其他基础设施的服务方面，如获取较好的基本卫生服务。

　　因此，尽管拉美在大部分基础设施的获取方面已有所改善，但这一过程仍非常缓慢，且落后于其他发展中地区。此外，在城乡居民获取基础设施服务方面的差异仍然巨大。

　　很显然，拉美基础设施的质量确实有所改善，但尚未达到其他地区的水平，上述所列举的趋势尚未发生太大变化。尽管基础设施的质量指标仍显不足，但有迹象表明，拉美公众并非都对基础设施的获取程度感到满意。由世界经济论坛发表的基

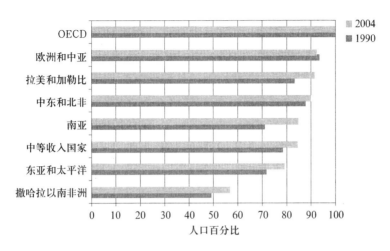

图 1.5 可以持续获得较好饮用水的地区人口百分比

（1990 年和 2004 年）

资料来源：世界银行的数据（2007 年）。

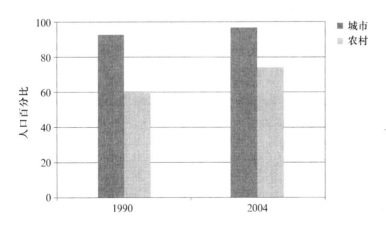

图 1.6 拉美可以持续获取较好饮用水的城乡人口百分比

（1990 年和 2004 年）

资料来源：世界银行的数据（2007 年）。

础设施质量指标[①]表明，拉美在 134 个国家中仅排名第 80 位，仅高于撒哈拉以南非洲地区（见图 1.7）。

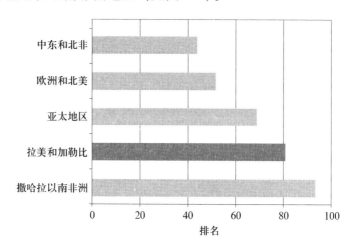

图 1.7　世界各地区的基础设施质量指标

资料来源：国际货币基金组织的数据（2008 年）。

　　这些不足也表现在发电和电力传输方面。图 1.8 显示了世界不同地区企业的停电指标（年停电天数）。拉美地区的年平均停电天数约 20 天，略高于欧洲和东亚，比经合组织（OECD）国家高出 10 倍。图 1.9 提供了同样的信息，但是把拉美各个区域情况分开分析。据悉，在萨尔瓦多、尼加拉瓜、巴拿马和巴拉圭超过 70% 的企业抱怨年停电情况（世界银行，2006 年）。但是在委内瑞拉玻利瓦尔共和国，却只有超过 20% 的企业反映停电问题。

---

　　① 该指标衡量的基础设施质量有港口、公路、铁路和航空，以及电力供应的质量。

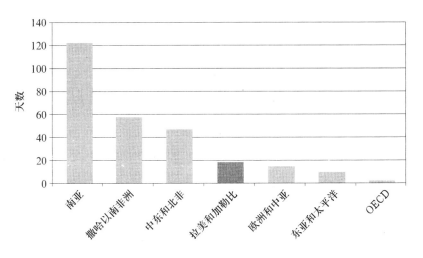

图 1.8 世界各地区企业停电天数（2006 年）

资料来源：世界银行的数据（2006 年）。

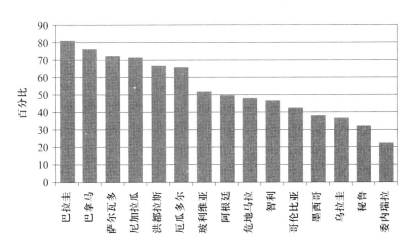

图 1.9 部分拉美国家遭受停电困扰的企业百分比（2005 年）

资料来源：世界银行数据（2006 年）。

　　停电问题直接对企业的生产率产生影响。2006 年拉美国家的平均损失相当于其销售额的 3.5% 左右（见图 1.10），这一指标超过了欧洲（3%）、东亚（2.5%）和 OECD（2.3%）。但是，在尼加拉瓜等国，停电造成的损失情况则更加严重（高达 16%）。

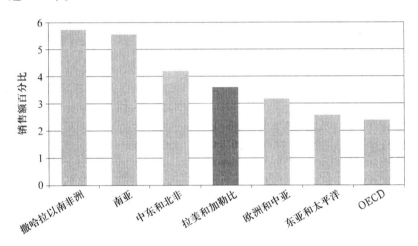

图 1.10　世界各地区由于停电所导致的在总销售额上的
损失的百分比（2006 年）

资料来源：世界银行数据（2006 年）。

　　拉美公路运输的质量同样远远落后于其他地区，包括发达国家和发展中国家。正如图 1.11 所示，在公路质量指数方面，拉美地区在 134 个国家中排名第 76。在港口和机场质量方面同样如此。另外，在铁路基础设施质量的指标方面，其世界排名还要更加靠后。

　　总体来讲，在基础设施的数量和质量方面，拉美地区都取得了一定的进步。然而，该地区仍然落后于其他发展中地区，

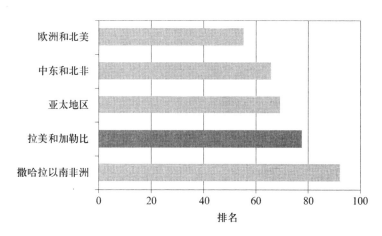

图 1.11 世界各地区的公路质量指数

资料来源：世界货币基金组织的数据（2008 年）。

并且与工业化国家的差距并没有缩小。另外，该区域内部在基础设施服务的获取、质量和可靠性方面也存在很大的差异。尤其是根据安第斯发展集团在 2008 年为本书做的调查数据中，煤气、废物收集和固定电话接入方面的差异都扩大了。以拉巴斯为例，只有 4.5% 的家庭可以有天然气网络，而在马拉开波则是 88.5%；此外，在这两个城市中，仅 44.2% 的家庭可以得到每天持续供水的服务，而在麦德林、圣克鲁斯、瓜亚基尔和蒙得维的亚这些城市里，100% 的家庭都能长期并稳定地享受这些可靠服务。

对拉美基础设施状况的上述调查提出了谁应该为拉美地区基础设施建设提供资金的问题。近 10 年来，在拉美各国都急剧减少了对基础设施的投资（见图 1.12）；该地区在这方面的投资总量已经从 1980 年至 1984 年占国内生产总值的 3.6%① 下降到

---

① 拉美六国按照国内生产总值进行的加权平均：阿根廷、巴西、哥伦比亚、智利、墨西哥和秘鲁。

2000 年至 2004 年的 1.9%。

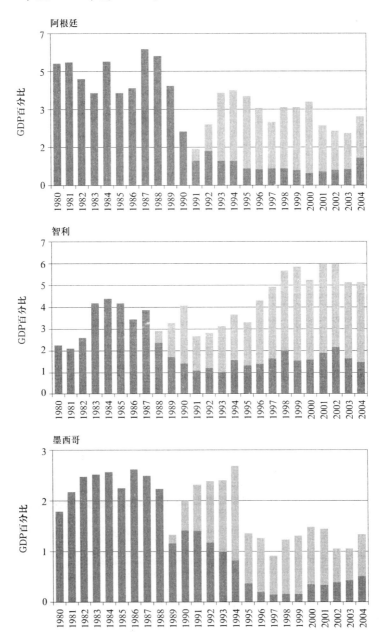

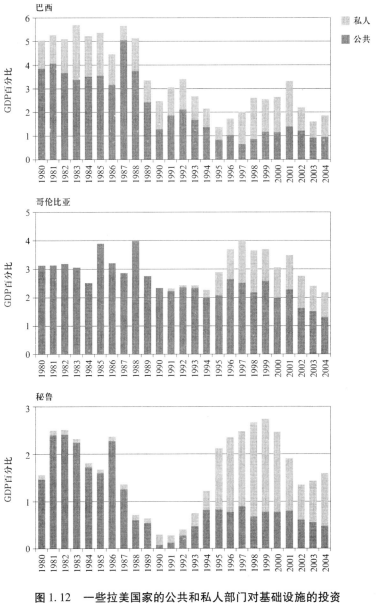

图 1.12 一些拉美国家的公共和私人部门对基础设施的投资

(1980～2004 年)

资料来源：卡尔德龙和塞文的数据（2008 年）。

从拉美在基础设施投资方面的变化中，清楚地看到私人部门在基础设施领域的融资和运营中的重组。因此，私人投资从20世纪80年代占国内生产总值的0.6%，提高到90年代的1.2%；与此同时，同期内公共投资从占国内生产总值的3%降至0.8%。如图1.12所示，在拉美地区的一些国家中，公共投资的减少并不能通过私人投资的增加来弥补。这表明，私人部门参与基础设施服务上存在一些制约，它必须要有公共部门的干预；作为替代的选择，也许可以考虑公共和私人部门间合作的新模式，以使私人部门可以在某些传统上专门由国家把持的基础设施领域内进行投资。

将拉美与其他地区相比，还可以发现在基础设施投资总量方面存在明显的差距。有人质疑，公共预算是否给予基础设施供应相应的比重。因此，相信是财政拮据违背了对基础设施进行投资的决策。

图1.13显示，选定的拉美四个国家对基础设施的公共投资及财政赤字。从图中可以看出，财政状况和对基础设施支出的趋势是相似的。但是，公共投资不是基础设施供应的惟一方式。这似乎证实了塞尔文在2007年提出的假设，即近10年来，拉美各国的财政调整导致其对基础设施的公共投资的萎缩。在此背景下，需要搞清楚，财政制度和其他与公共预算决策相关的机制，实际上是如何影响对基础设施的投资，以及制定什么样的机制可以改变这一结果。在下面的章节中，将对此进行深入的研究。

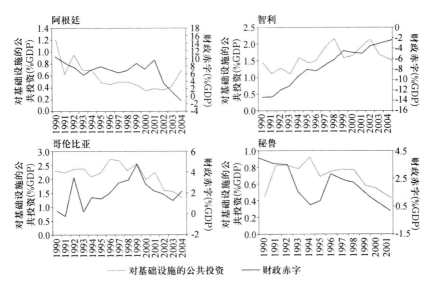

图 1.13　一些拉美国家对基础设施的公共投资及财政赤字

资料来源：卡尔德龙和塞文（2008 年）以及官方机构的数据

四　有效管理所面临的挑战

如前所述，无论在发展中国家还是发达国家，基础设施在其公共政策议程中都占据核心地位。上述关于投资支出的信息表明，从 20 世纪 90 年代初，私营部门大量参与对基础设施的投资。尽管如此，大量私人投资仍不能弥补公共投资的缩减，以及拉美各国对基础设施投资总量的大幅度减少。这一现象在一定程度上解释了各种基础设施服务的紧张和匮缺，甚至在那些授权私人部门特许经营的服务部门内也是如此，这就导致低收入家庭获取基础设施服务出现问题。在此情况下，民意调查的结果显示，私人部门对参与基础设施建设持消极态度。此结果并不令人吃惊。它表明，各国政府应该改善对基础设施服务的管理，既包括由公共部门直接提供的这类服务，也包括由私人部门参与提供的同类服务。

要应对这些挑战需要考虑多方面因素，其中包括对基础设施政策和管理产生影响的因素。一方面，要完善对已有信息和影响基础设施参与因素的评估方法，以便更好地衡量基础设施服务对福利的贡献，开发基础设施项目，并对此选择能做出决策。另一方面，这些基础设施服务的技术特点对市场结构和国家监管具有内在的重要意义。最终，由于大型基础设施投资需要较长时间才能完成，政府（和私人部门）在融资和预算项目分配上面临跨期决策的问题，它需要计划、确定优先顺序，及在政策上形成共识，所有这些都需要花费时间。接下来将对此进行更为详细的讨论。

（一）对基础设施影响的评估及项目选择

基础设施管理包括三个方面的政策，且它们彼此相辅相成。第一方面是关于在便利设施和基础设施工程上的新投资，在这方面应注意的是，对基础设施服务的需求已扩展到新的、此前未受关注的的领域（如城郊地区的天然气服务），或者新的可供选择的服务（如互联网连接）。第二方面是对现有基础设施的维护。这类投资虽然重要，但是总体来讲，并未受到政府太多的重视，这主要是因为它带来的相关政治利益较少，又或者是因为在传统公共财政形式下，其资金回笼非常困难。第三方面涉及对现有基础设施使用的管理。这包括，道路设施、网络（如公共交通网络和私人交通网络）使用者的优先权形式、过路费

（如高峰时间高速公路收较高的费用）或数量的限制（如私家车运动"高峰时段车辆限行""Pico y Placa"）。需要强调的是，拉美基础设施服务供应面临问题的应对方案可以通过以上三个方面来实现，将资金用于新的投资并非最佳选择。

在任何情况下，为了最终明确哪项政策对项目（电力、供水、运输等）的选择和干预（新的投资、现有基础设施的维修或管理）类型是有利的，就应评估政策的潜在利益和影响。这种类型的分析只能通过认真研究之前的经验才能有所发现。该研究主要通过使用高标准的科学方法，对基础设施干预产生的影响进行评估，以达到对公共资源分配的决策进行指导的目的。这样，除了可以指导政策方针以外，该研究还有助于完善基础设施项目启动前的各种评估信息。

阐明公共参与对某些利益（家庭收入、健康等）产生的确切影响，需要明确在某些情况下，这些影响难以实现。最重要的是，除了个体组织对参与基础设施所起到的作用外，其他信息说明，其他相类似的机构并不受到参与的影响。因此，就形成了与事实相反的情况，即如果参与并没有产生作用，结果会是怎样。通常情况下，基础设施参与取决于机构或者区域的特点。因此，很难辨别出，其他机构或地区（不包括政策）是否与之具有可比性。

在社会政策方面（如就业计划、粮食补贴等）有许多经验，其中对基础设施参与影响的评估较为进步。然而，在对基础设施的投资上，其项目的地点、规模和设计与本土化的特点密切相关的可能性是在增加，尤其是考虑到基础设施项目一般来说反映了当地特有的现实，且在许多情况下，需要利用大量无法再生的资源。这便对评估的严谨性的判断造成了困难，这也说明了在基础设施项目上的分析所存在的缺陷。这种情况强调了制定全新的机制以及基础设施政策的重要性，以便可以获取新的信息，甚至于在危及资源之前，制定对初步评估有利的参与措施。

应当指出的是，由于投资额度大和相近地域的固有限制，在新基础设施项目上，评估所面临的困难是显而易见的，但是在维护项目和使用管理政策上却不会如此，因此，在这一情况下，评价工作可以更容易地取得进展。

由于基础设施服务的网络化特点及其强大的外部性，对基础设施激励政策的评估具有积极的影响，尽管它对经济生产力的影响是潜在的非线性的。这在评估基础设施服务对企业和工业生产率的影响时，可能是非常重要的。事实上，如果基础设施的可使用资本非常少，（并且因此，基础设施服务网络非常不发达），对新基础设施投资的生产率将会相对降低。然而，当基础设施服务网络水平达到一个临界值时，新基础设施的边际生产率则会相对提高。因此，当基础设施服务网络高度发达时，新投资的生产率就会重新回落到相对较低的水平，这与其他类型的资本相类似。

另外，现有的基础设施拥堵情况越严重，其提供生产服务的能力就会越低，它限制了基础设施的积极影响。对拥堵的管理政策（对基础设施使用的管理）具有潜在效应，它类似于一种管理能力的拓展，并且有时实施起来不需要花费大量资金，只要制定出基础设施的计划及其使用规则就行了。因此，这些政策涉及的范围（新的基础设施建设、维修和拥堵）涵盖基础

设施对经济生产率效益的影响，要求政府对基础设施建设决策
给予特别关注。

（二）基础设施的特点：监管和体制的含义

为了评估基础设施公共服务管理的各种形式，并确定制定
相应政策的重要内容，首先就应该考虑到这些服务的基本技术
特征。基础设施的公共服务，如电力、天然气、卫生保健、公
共交通和电信（尽管在较小程度上）拥有相同的特点，如规模
和范围经济（中等成本和生产性的边际成本下降），网络性供应
的技术，需求－价格弹性低，缺少可接受的替代选择，正的外
部性联系，等等。然而，最重要的共同特点是，它们都是资本
密集型产业，并且相对于其他经济部门，其投资是专有的且不
可逆转的，这些行业具有非常高的"资本－产出"系数，并且投
资是专一的（不可再分配的），而且缓慢贬值（用使用年限来衡
量）。

在自然垄断下，经济规模的大小也对服务的供应产生较大
影响，即在一个明确的地域或区域内，只有一家企业作为其惟
一的生产者。在这种情况下，就要求国家对服务的价格进行监
管，以防止特许经营企业违背市场规则。

然而，由于这些服务可能或多或少在某些部门都会出现竞
争，这就要求垄断性企业在运营过程中不能对基础设施服务网
络（或"基本设施"）的使用（获取）区别对待。作为在基础
设施公共服务结构设计中的基本原则，应考虑到规模和范围经
济。此外，应该避免以效率为理由形成垄断，限制区域整合和
企业间的横向结合，造成规模和范围经济的丧失，并确保对基

础设施或垄断性服务网络获取的开放性及其使用的非歧视性，这些基础设施掌握在少数运营商（或者惟一一个）手中，他们可能在最终服务的供应上彼此竞争。

因此，在横向层面，由于运营和技术原因，补充服务具有很强的联合生产性和外部性（如卫生保健和饮用水服务的供应），且这些服务可以完全由一家企业以联合的形式提供。然而，在各种能源服务方面如电力、天然气或其他液体燃料上，这种形式却是不适当且没有必要的。在区域层面，服务供应网络可以在一个地域内形成惟一的自然垄断，因此，不宜将国家级的服务全部集中给一家企业。这将间接地阻碍其他公司通过制定正规或非正规的监管制度和竞争机制参与竞争。在纵向层面，尽管可能在一定的经济范围内进行协调、创新等，但是发电、输电和配电服务（或生产、运输和分配天然气）活动仍有着明显不同，且是没有联系的单独运行。因此，应该限制它们间的纵向融合，以避免在上述部门中出现市场权力扭曲竞争作用或扭曲对某些领域监管作用的风险出现。

如上所述，由于这些服务处于由经济规模和范围制定的合法垄断下，需要由国家对这些服务的价格予以监管。这方面存在两个标准：首先，监管成本。通过对其价格的调整，来满足运营成本的需求和管理所需的资金。这类监管可以通过不同方式实现，如对回报率的监管（北美的经验），或者补贴成本，不将基本成本或其他自然成本区分开来计算税率。其次，对固定价格和最高价格进行监管，称之为最高限价，短期内其价格独立于成本（根据通货膨胀和扣除事前预估的生产率利润，半年或一年进行调整），并定期进行审核（按照对未来成本如何变化的评估，每四或五年进行）。

作为对服务价格监管的补充，并在缺乏市场竞争性，无法使用户能够在不同的供应商之间进行选择的情况下，合同应当尽可能明确规定质量和覆盖率目标，由特许运营商去决定如何实现这些目标。如果在确定和衡量其结果和目标上存在困难，一种替代方法（尽管不完善）就是把它定为特许运营商在投资和专业技术方面的专门义务。

至此所提及的只是监管和市场结构问题的一小部分，且它们应该对基础设施服务的管理起决定作用。在某些情况下，这些具有重要的技术成分，它可以使法律规定缺乏透明度，并难以认识其后果。因此，提供信息并独立解释这些规定，对于向社会显示其透明度、改善消费者和公民的判断是非常必要的。

基础设施管理也许要强于其他方面的公共政策，具有包含长时期内所需要执行的决定。如前所述，这是因为这些基础设施服务的大型投资的成熟时期相对漫长。因此，政府和私人部门应该做出融资的决定（投资、财政预算分配、税收、社会价格等），这需要规划、确定优先次序、达成政策上共识，这些都应该会花费时间。为此，必须建立规划和评估机构、预算程序和监管机构来缓和经济周期和政治/大选周期对基础设施服务的融资和投资已有政策的影响。这些机构还应该提供基础设施服务运营和不同项目利益的公共信息，这些信息正在引起重视，使民意能够行使其参与讨论的权利，并就各种激励性政策达成共识，从而避免利益集团影响公共决策。

换言之，基础设施服务管理的关键方面和体制有关，在基础设施服务供应存在私人参与时，通过体制做出公共投资的决策，并设立监管的不同内容。国家应该如何有效组织完成这些任务？基础设施项目的宣传、规划和评估的工作是否应该同监管相结合？在这些项目各自独立的情况下，应该如何设计确定监管活动的执行机构？

私人参与的基础设施管理模式，需要国家不仅仅是监管者，而且还要积极地参与投资规划和评估工作。哪类公共机构（计划部门、投资促进机构等等）可以有助于强化这些工作呢？

制度设计的问题非常重要，因为不同机构和组织间相互作用和独立程度对明确政府官员和和决策者在政策制定方面面临的激励机制来说，是至关重要的。这也是私人部门包括企业、利益集团和消费者采取行动时所追求的。换言之，制度设计影响基础设施管理政策的可信度和稳定性，因为同样的监管，在不同的体制组织架构下，可以产生不同的行为和结果。

五 拉丁美洲走向有质量的基础设施建设

上面已经尝试分析各国发展议程中基础设施的重要性，同时解释了基础设施服务的有效管理为何在拉美构成重大挑战。本节力求总结全书的主要信息。因此，正如序言所述，本书的内容可以分为两部分。第一部分详细分析了基础设施对家庭福利产生影响的渠道（第二章），对企业和产业的生产力及国际贸易产生影响的渠道（第三章），以及对环境影响的渠道（第四章）。本节旨在对上述问题的讨论做出新的贡献，它对于确定项目的优先次序是很重要的，它也能面对其他选择为捍卫向基础设施领域分配资源提供所有依据。与此同时，本节还显示，可以使用哪一种评估方法以及应该收集哪类信息来进行这类评估。

该书第二部分分析基础设施的管理政策。关于这一点，应确定使公共和私人部门参与的不同管理模式。从概念框架入手，论证公共和私人部门的参与，分析在私人部门参与的模式下可以实施的监管内容，并且分析拉美地区样板国家的经验（第五章）。在私人参与的管理模式中（价格的确定在很大程度上反映了基础设施的运营成本），从社会层面看，保持可持续性的重要方面是建立再分配机制，以使低收入家庭能够得到基础设施服务。第六章对此进行了分析。从管理的观点出发，承认公共部门和私人部门结合（APP）也很重要，第七章对该模式进行了分析。它表明，公私结合是对政府供应的传统模式或对私有化模式起到一个中间替代的作用。在一定条件下，公私结合模式在选择私人参与基础设施服务时是值得肯定的，而且具有优势。最后，私人参与基础设施服务的任何模式都要求公共部门在不同程度上承担计划、评估、监管的职责。第八章将分析采用哪些体制最适合履行这些职能。以下将概述本书每一章的主要内容。

（一）基础设施与福利：进入所有家庭

有很多理由证明，基础设施对家庭的福利产生积极影响。基础设施是各国经济和社会发展进程中的重要组成部分。从长远来看，人口膨胀的地方就要有基础设施；但问题是有基础设施的地方，也是经济发展和人口密度大的地区。以为本书而作的调查所得出的新证据为基础，第二章表明，从巴西扩大电力网络这一经验来看，确实存在这一关系，且从20世纪60年代开始延续至今。

　　除了基础设施与长远发展之间的关系以外，通过"生产"的满意度，基础设施对福利也可以产生直接（或局部平衡）的影响。例如，道路基础设施缩短了前往教育机构、工作地点健康中心、娱乐场所等的时间，增加了与朋友、家人相处的时间以及体育锻炼和其他重要活动的时间。就此而言，电力基础设施为家庭照明、获取信息、水加热等等提供了便利等。因此，不同类型的基础设施可以对家庭福利产生直接的和积极的影响。但是，要确定每种服务对个人产生多大影响却不容易。

　　为了明确可能的干预和预算分配的优先顺序，除了考虑长期效应，或一般均衡的效应外，需要评估对福利的直接效应。完善基础设施的干预可以对福利产生直接影响。鉴于实践和统计上的巨大困难，第二章详细地分析了两种得到相应评估的政策干预，它有助于人们更好地认识秘鲁乡村道路维护政策的效益，以及阿根廷新天然气基础设施的建设。这些干预有助于强调维护政策的价值、确定新基础设施及其管理和进入社区，以及资金上对极端贫困者提供帮助的机制之间的互补性。

　　如上所述，基础设施（尤其是城市）政策非常重要的一项内容是，对现有基础设施使用的管理，以及公共政策能够得到信息的方式，它是通过对主观评价和准备支出的意愿进行调查来获取。其中为本书进行的一项调查涵盖了拉美地区 16 个重要城市①，为对各类基础设施的现状、其与支出的关系、准备付费

---

　　①　2008 年 6 月和 7 月进行的研究中包括的城市有：布宜诺斯艾利斯、科尔多瓦、拉巴斯、圣克鲁斯、里约热内卢、圣保罗、波哥大、麦德林、基多、瓜亚基尔、利马、阿雷基帕、蒙得维的亚、萨尔托、加拉加斯和马拉开波。

的意愿以及对某些政策选择的满意度和感知度做出了判断。调查显示，尤其是城市服务质量普遍要比刚刚获取该服务的时候低，特别是在电信和互联网服务方面。这在一定程度上说明，实际上家庭对基础设施服务的满意度更多地取决于其质量的变化，而并不是对它的获取性。

这一章还有一部分专门描述了城市交通问题，表明上述16个城市的居民对公共交通服务不很满意，大部分居民愿意花钱来改善其质量。同时，该章还介绍了民众通常在路途上花费的时间，以及城市居民希望缩短前往工作地点（或其他一般目的地）的时间，增加家庭活动时间的意愿。它为解决该地区城市拥堵成本提供了重要的措施。

总之，第二章传递的主要信息之一是，一般讲基础设施对居民的福利具有积极影响。基础设施政策涵盖新基础设施的建设、已有基础设施的维护或对某种专门目的基础设施使用的管理。尽管有证据表明，不同的选择可以改善居民的福利，其具体决策必须更多地借助于对基础设施影响的评估、判断性调查和主观满意度调查，以使公民的某些需要得到优先考虑。

（二）生产力变革的途径

第三章强调，基础设施投资的关键是提高生产率并使出口产品多样化，它将引导拉美生产力的变革，并以增加劳动者的实际收入和加快社会发展为最终目的。

另外需要指出的是，由于强大的外部性和网络经济的存在，基础设施对生产率的影响是积极的，但不是潜在的呈水平性的。实际上，如果基础设施已有的影响力很低（基础设施网络不发达），新基础设施投资所产生的生产率与实体资本（不是基础设施）的生产率相似。但是，当基础设施网络水平高于发展的最低门槛时，新基础设施投资的边际生产率将相对提高（与非基础设施的实际资本投资相比）。另外，当基础设施网络非常发达时，新投资的生产率就会重新回落至另一类资本的生产率相似水平。

尽管基础设施相对短缺，但是微观经济研究的证据表明，基础设施对生产率起到了积极的影响是毋庸置疑的。在电力基础设施方面，正如所预期的一样，发电和配电能力的提高可以提供稳定和有质量保证的电源（充足和稳定的电压），保障各个部门机器设备和高精密仪器的使用，以及成本的降低使企业可以自给自足。事实上，为本书专门进行的研究显示，在巴西的一个地区，电力使工业产值比2000年的平均值增长了45%。

在信息和通信技术（TIC）的投资方面，其生产性影响并不仅限于作为提高生产过程中所有要素生产率的一种要素。其最大的影响还来自于建立信息结构的作用，它降低了交易成本，提高了企业的组织效率，从而产生溢出效应，但这并不一定意味着这类基础设施受边际生产率递减的影响，因此其生产性影响可以是很大的。

第三章在将基础设施对生产力影响的程度进行量化方面做出了努力。以美国为例，有证据显示，对公路基础设施投资的生产率效应有积极的影响，尤其是在运输工具密集型的产业中。而在哥伦比亚，为本书所做的专门调查显示，公路存量每增加1%，制造业部门的全要素生产率就可以提高0.77%至1.03%左右，它取决于使用的生产方法。另外，在委内瑞拉玻利瓦尔共

和国，人们估计公共资本投资的生产率弹性在 0.33 和 0.35
之间。

由于基础设施对生产率具有非常积极的影响，在其建成后，
必须实行有效运营。事实上，基础设施的有效管理及其对经济
增长的影响是正相关的。随着各国采取适当的使用管理和维护
政策，基础设施投资的影响将会更广泛。因此，需要更加强调
对基础设施维护的资金投入，以便使这些基础设施得到更广泛
的使用，并提高现有基础设施的生产率。

第三章就基础设施影响生产率的各种途径进行了评估。一
方面，在公路建设的投资为交通提供了便利，减少了竞争壁垒，
刺激了全部生产率的提高（因为低效率企业将退出市场），以及
同一行业企业间的生产率趋于接近（因为产品的替代性增加了
而且市场竞争更加激烈）。另一方面，当运输成本降低后，基础
设施就提高了经济的生产率，从而增加了出口商的利润，更多
地进入外部市场（例如，可以到达更遥远的地区），同时还使出
口商拥有更低的单一成本。事实上有证据表明，那些面向出口
的、处于生产率边际的企业，现在可以这样做了，它提高了进
入市场的生产率的门槛，迫使生产率最低的企业放弃生意。

最后得出的结论是，国际贸易模式受运输成本的影响。因
此，对机场、港口和道路进行的专项基础设施投资（以及正确
的监管和对其使用的管理）就使运输成本得到下降。该章节得
出的信息是，上述投资降低了运输成本，推动了贸易，促进了
竞争力和比较优势的发展。

（三）基础设施在环境上是可持续的吗？

正如对基础设施在经济增长和发展的作用方面所达成的共识那样，同样不能否认基础设施对环境的影响。第四章提出，更深刻地认识基础设施影响环境的途径，有助于在对建设新的基础设施项目做出决策，并采取政策缓解基础设施可能对环境造成的不利影响。

在农村地区看到，丰富的自然资源使基础设施服务的建设和供应可能会与环境保护发生冲突。例如，基础设施（尤其是公路建设）和农业扩张及砍伐树木一起，都被视作是森林减少的直接原因。然而，从最根本来讲，该现象主要涉及如何使用土地的经济决策：影响运输成本的公路对土地收益产生影响，直接刺激了对森林的砍伐。对此的其他影响因素还有，土地质量及其受到影响的居民的经济状况。此外，对土地使用和政府森林管理的监管缺失加剧了毁林的后果。

第四章指出，在城区民众和基础设施的高度集中导致了与拥堵相关的环境问题，即空气和水污染，以及相关固体废料排放等。人口集中的加剧导致对基础设施（道路、饮用水和卫生、固体废物管理，等等）的需求增长，从而要求增加基础设施投资，并加剧了拥堵和污染问题。

据此判断，需要再次指出，在基础设施项目中纳入对环境的认识方面取得了重要进展，无论是在对项目的选择和设计方面，还是在其建设、管理和监督方面都是如此。"事前"的做法包括：环境影响评估（EIA）、环境战略评估（SEA），并连同经济可行性研究一起进行。这些措施有助于公共政策对寻求基础设施的需要和环境成本最小化的愿望之间的平衡负责。将 EIA 运用于专门的项目，尽管它可以降低该项目的环境成本，但仍经常被批评成只是一种官僚主义和形式上的步骤而已。另外，SEA 包括的范围则更广，它建立在整体考量的基础上，并运用于区域和国家层面的政策、计划和规划。

第四章的结论是，拉美国家必须在履行环保标准及对兑现有关环境承诺的激励措施方面还要做出更大的努力。与基础建设项目和环境相关的主要问题之一是，对环境保护并对环保发挥更好作用的激励措施在没有机会实施前就夭折了。因此明确地讲，按照环境成本比例，与环境风险相一致地引入一项相应的激励制度，有助于提高履行基础设施项目环境标准。这项激励制度应该与环境成本成正比，并在时间上与环境风险相一致。这些可能的机制包括减排资金，碳排放履约金和碳存款。

但是还需要重点强调的是，上述措施不能取代相应的地域规划及对自然资源的管理，尽管在产业、区域和国家层面上已经对环境的认识取得了很大的进展。实际的结论是，国家基础设施发展政策可以考虑采用对环境影响小的替代措施，或者是位置更好的替代方案来取代特定项目。拉美许多国家仍缺少有力的环境政策和健全的自然资源管理系统，这就加剧了基础建设对环境的负面影响。若要将基础设施项目潜在的负面影响最小化，就需要一个强有力的国家环境战略，以及国家规划程序，并且考虑到基础设施和环境之间的联系，并把环境、生产、人口、增长和发展作为土地整体规划的一部分来考虑。

（四）基础设施供应的选择：拉丁美洲经验

在上述章节中强调了，基础设施服务对家庭福利、企业和工业的生产率及对外贸易以及环境的多项指标产生影响。由此分析得出的主要信息有，基础设施是发展进程中的核心要素，它通过各种途径和可持续的方式，提高人民生活质量的标准，并提供企业生产的机会。在第五章以及之后三个章节中所要探讨的基本问题是，应该如何制定基础设施政策，使上述影响在实践中变为现实，并使基础设施服务管理更为有效。

与其他领域的公共政策可能出现的情况所不同的是，私人部门在基础设施服务的融资、生产和运营方面是重要的参与者。第五章回顾了证明私人参与观点的论据，并描述了国家监管的重要作用，它确保私人利益与社会福利最大化的一致性。同时还证明，私人参与基础设施服务管理为公共和私人部门对风险和责任进行有效和可信的分配，从而提高服务和投资的质量提供了机会。相反，不正确或不一致的激励措施或规定则可能产生不良后果。

还需要指出的是，监管方面仍存在很多问题，并且其中许多来自于"市场缺失"。在此情况下，政府采取的政策就要不断变化。基础设施服务管理的选择多样性，反映在目前拉美地区正在实施的管理政策或模式中。该地区国家间，以及在一国内的不同部门中，公共和私人部门的参与程度也是不同的。一般来说，公共部门强调其作为水和卫生的重要供应者，而私人部门则注重电信部门服务的供应。在其他如电力、天然气和交通等领域中则存在公共和私人利益的重要融合。

第五章指出，在自然垄断的条件下，基础设施服务的私人供应意味着建立监管政策的必要性。监管政策涵盖了大量的变量和标准，即价格、质量、投资、公共补贴总量、投标方式、合法产权等。该章还指出，可能采取的众多政策选择取决于部门和政府的偏好，并且并非只有一种监管模式存在。事实上，拉美地区所实行的各种基础设施特许运营法就反映了各种可能性。但是，该章得出的结论是，确实存在一些统一的要求，以便使得对不同部门的风险和责任分配能更有效地操作，并且不限制兼顾社会目标的竞争或一般服务的竞争。

该章还指出，在各种合法的监管机制和产权制度范式中，私人参与基础设施服务得到了发展。在 20 世纪 90 年代，基础设施服务的私有化推动了资产转让的大力发展，其中用户的缴费可以使部门获得盈利（在电信和能源方面）。自 90 年代末至今，私人参与更加趋向于通过公私结合来体现，这是资产部分或临时租赁的结果，通过这一举措，私人部门承诺在 20～25 年内负责基础设施建设、运营和维护。在公私结合的模式中，用户所缴费用经常不足以为投资提供资金，因此公共部门需要通过融资或提供担保来参与。

（五）平等地获取

第六章的部分内容涉及国家传统的目标之一，即减少不平等（机会或结果，取决于人们对平等概念的认识），但该目标有时却与提高整体福利的目标（通过有效监管来改善市场的效率，或提高商品和服务的直接供应效率）相矛盾。在基础设施的公共服务上，这一双重角色引导服务供应，并且几乎普遍采取各种形式的补贴价格。

该章从更广阔的视角讨论对基础设施服务的再分配政策，证明了在某些基本服务[①]的消费方面贫困的根源是缺乏对服务分配网络的获取。因此，政策就应朝这一方面努力，并减少消费补贴的范围。为了解这两方面的差异，解读不同政策，该章提供了一个概念框架。它具体分析了家庭所面临的种种制约，包括内部和外部的。对家庭的外部制约是指，与服务网络相关的服务供应方面的限制以及服务质量问题。而内部限制则是指，家庭为获取服务网络的缴费和最低消费支出方面所遇到的困难。

外部性制约表明，减少不平等和贫困的相应政策应该与增加服务供应相联系；而来自家庭内部的相关制约则证明，对家庭进行补贴的政策才是合适的。在许多情况下，对家庭（内部制约）的补贴政策是非常必要的，并且有效地界定补贴对象也很重要，以使对非政策目标人群的消费所产生的扭曲效应最小化，并确保补贴能实际到达应得到补贴的人手中。

在大多数拉美国家中，由于仍存在各种（机构、信息等方面的）问题，至今没有最佳政策，因此人们倾向于将在分配因素包含在许多基础设施服务定价中。对这类做法的评估是，实际上它们是进步的，但存在许多变化，这取决于用于确定物价补贴的标准。例如，阿根廷的经验显示了制度上分解的区域选择的范围，智利和哥伦比亚的经验则说明如何在"次佳"政策框架中完善确定补贴的形式。

该章的结论是，基础设施再分配政策主要应该面向对基础

---

① 可理解为低于人类生存所能接受的最低消费水平的人群。

设施服务的获取，这是基础服务消费不平等的最大根源。无论是通过供应政策或与之相关的补贴政策，必须确保贫困家庭获得基本服务。对于已经与基础服务连接上，但面临重大内部制约的家庭，应该选择直接补贴消费的做法，但要通过建立更有效确定的机制，使采取的补贴方式所产生的扭曲影响最小化。

（六）私人部门作为合作伙伴：分担风险与效率

自 20 世纪 90 年代起，拉美各国就已出现了私人部门参与基础设施建设的供应与融资的各种形式。在公私结合（APP）中，私人部门积极参与基础设施建设及其服务的经营，都伴随着公共部门的重要作用。因此，公私结合已成为最实用的方式之一。第七章将对此进行详细介绍。

该章在开头部分介绍了公私结合的各种定义，但其中最广泛使用的概念是，私人部门对那些传统上由公共部门提供的基础设施服务进行投资、管理和经营。公私结合模式具有以下三个基本特点；其中前两点是必有的，第三点是某些公私结合类型中特有的：1）在长期合同中公共部门与私人企业共同承担风险的责任；2）私人企业对资产的临时控制；3）投资与经营相结合；即在某种类型的公私结合中，由同一家私营企业进行投资和经营。

该章指出，公共部门和私人部门成功结合的最大挑战在于，所设计的合同是否能有效分配风险，并实现效率与社会福利的激励政策相结合。有利于公私结合的共同理由是，私营部门的参与使基础设施项目更有效率，因为私营企业通常在基础设施项目参与中寻求利润最大化，而公共部门则追求其他目标。但是，该章指出需要重视的一点是，私人企业对效率的追求有可能会导致社会福利的流失。因此结论是，设计一个相应的合同，可以将对私营企业的激励措施与对社会福利的激励措施一致起来，使私人基础设施服务的供应得到改善。

该章还强调了基础设施项目由于其自身特点而面临的主要风险。这些项目规模大，有效合作期长，且激励参与方按战略模式运行的措施有限。因此，需要指出有两个基本原则来指导风险管理：1）风险因素的责任方应当承担相应责任；2）风险应被指定给受该风险影响较小的一方。然而在实际上，很难将有效可控风险与不可控风险区分开来，并根据事先建立的标准来分配风险。投资者通常要求某种政府保证，但它可能对公共部门造成很大的负担，并降低了对私人投资者有效经营的激励。

并非所有与公私结合有关的风险都应该由私营企业或公共部门承担，尤其是多种体机构也可以起到重要作用。它包括减缓风险措施的决定者，以及直接融资的来源和吸引国际资金的推动者。此外，上述机构还在简化程序、拉近公共与私人距离以及评估由于信息缺乏所引发的问题等方面起到重要作用。

面对公私结合的日趋普遍，该章的结论是，这一形式并非在所有情况下都值得推荐。总体来讲，只有在下述情况下公私结合才是理想的，即项目的不同阶段的公司联合或绑定有可能节约运营阶段的成本时。此外，公私结合的收益取决于在合同中明确的质量和数量（并确保合同的执行），以及确立项目公共规划的重要性。最后，当基础设施服务有空间来发展创新方案时，公私结合形式更加合适，与私人部门相结合可以得益于他们的技能和经验。

（七）没有偏差的成功：体制的作用

上文已提到，基础设施管理包括了许多活动，涉及政府对融资、建设和提供服务的直接干预，以及在国家机构监管体系下的私人建设和供应模式。

第八章的部分观点指出，在实践中政府在制定基础设施政策上受到一系列限制。因此，政府并非是对基础设施建设起重要作用的惟一行为者。一方面，该章指出，政府不是惟一的代理机构，而是由多个机构组成的（执行机关及相关部委、议会、相对独立的监管部门、公共企业、政府的地方部门，等等），它们并非总是有相同的目标和议程。另一方面，对基础设施领域进行大量投资的企业、产业及利益集团，也会通过不同机制影响公共决策。最后，消费者可以通过消费者协会，对政策直接施加压力；或通过选举支持候选人或政策，对其产生间接影响。在这方面，要强调的事实是，并非只有政策的实施才会对社会福利最大化产生影响。

该章分析了基础设施部门与经济政策关系的论据。总体来讲，这些解释承认，政府在该领域做出决策的过程是政府得以实现其目标职能最大化，并非将增加福利作为重要的或惟一的理由，而是还包括这些决策可能对维护权利的潜在影响（使下届选举的支持率最大化），同时也受到政治秩序的制约（如：利益集团的行动、院外活动、追求其他社会福利目标）。

实行有利于增加基础设施建设中的公共与私人投资的政策遭遇到了政治秩序（选举周期）和体制（公共部门受院外活动

的影响）的制约。这些制约影响投资的公共决策与管理，但同时也使私人部门产生机会主义行为（造成对重新谈判合同的刺激，它意味着不合理的提价，提高由政府补贴的成本）。

该章承认，有些规定、程序和机构机制有助于解决这些问题。还需要强调加强对公共部门投资以及将由私人部门实施和运作的投资规划和评估能力的重要性。这个程序可以分散至国家的各业务部，尽管这也需要政府的协调并确定优先顺序（规划部或财政部）。这一规划与评估程序应该成为公共资金分配决策中的一个重要因素，也应该在长期预算的框架下进行，以确保投资的延续性及项目按照合理的成本完成。

该章还强调，投资分段支出计划并将其纳入长期计划的预算或规定中的能力，可以有助于减少短期财政调整政策不利于基础设施建设的情况发生（或至少以更合理的方式做出削减资本开支的决定）。因此该章建议，平衡预算或财政责任制的规定要考虑到（或给予其优惠待遇）长期计划中的公共投资支出。尤其是当这些计划满足了某些评估要求时，并在得到某类委员会或独立监管机构监督的未来收入计划的框架中来看也是合理的。

因此，该章还提出了改善公私结合的效率的建议。为了使公私结合的影响和收益最大化，公共部门必须要加强其规划和评估的能力。实际上面对选民和消费者，通过公共计划程序产生的公私结合非常容易被合法化（尤其当这类结合涉及动用公共基金时）。另外，为避免公共部门的机会主义行为（通过降价及/或变更合同条件），同时要防止私人部门施加压力对承诺进行不合理的事后重新谈判，就需要将公私结合形式设计和投资计划功能与合同控制职能及其执行跟踪分开。后者应由部或行业秘书处的独立代理机构来执行（它在特许合同制定阶段可以提出意见）。

该章还建议，为了发展公私结合，任务分配和体制模式方面最好的实践是：一是由政府制定战略规划并确定项目；二是由财政部门进行筛选、优化或协调（考虑到债务方面的处理）；三是公私结合的代理机构召集私人部门并制定合同；四是独立的监管机构控制合同的实施并提供基础设施服务运行的信息；五是监督也就是跟踪事后的影响（由协议中同一家监管代理机构与大学达成协议）。

一些拉美国家的体制模式（或正在进行相关改革）再现了上述原则。然而，很明确的是这类体制模式不是一成不变的，所有国家必须都经历一个学习过程，并在改革之初就应该认识到这一点（为了不再对修正错误进行解释）。

最后，跨国合作协议也可以成为改善基础设施服务的确立、规划、评估和监管程序的国家激励措施的一种补充。因此，现有南美地区基础设施一体化（IIRSA）倡议，要求各国在确定和执行基础设施项目时作出努力，推进经济的实际的结合。同样，在安第斯共同体（CAN）中，一体化在电力连接和共享及统一监管标准的建立方面也都取得了良好的成果。

本前言试图阐明第五个《经济与发展报告》中的基本观点，接下来的章节中将具体分析本报告的两个核心信息。第一，拉美地区对基础设施项目的影响在事前做出评估方面还要做更大的努力，这点很重要。它是预算分配和确定干预优先顺序的决策程序中的一个环节。第二，在拉美有效地提供基础设施服务需要将规划、私人部门参与度和监管等有机地结合起来，这就需要一个既稳定而又灵活的体制框架，它能对公共与私人部门间的风险分配提供重要信息，并且限制利益集团从项目中牟利的可能性。

第二章 基础设施与福利：
惠及每个家庭

一 前 言

人类物质生活的每个方面都在某种程度上离不开使之正常运转的基础设施。如果没有基础设施，人们的生活条件就会变得比道德上可以接受的水平糟糕很多。除了社会和谐共存必需的那些建立在标准、法律和机制基础上的契约之外，各种各样的基础设施也是生活必需的商品和服务的生产、交换和消费的必要条件。道路基础设施满足了生产资料和消费品的交换和运输需要；电力基础设施使人们享受现代化的生活成为现实；水力基础设施满足了健康生活不可或缺的最低卫生条件——健康的水源。总之，社会的形成及其在经济、社会领域的发展都是以基础设施的存在和使用为必要条件的。

由于人口集中与其生活所需的基础设施密不可分地联系在一起，因此很难把人口膨胀、经济增长与基础设施的扩张过程割裂开来。本章的主旨是研究基础设施在家庭福利中的重要性。因此，我们的出发点就是基础设施的扩张、经济发展和人口集中之间的关系。为了说明这一点，把巴西电力网络的扩展作为分析对象。本章还要研究有关对新建基础设施及其维护改善的干预对福利的直接影响。同时，为了更好地理解获得基础设施服务的条件、其服务的质量及对其服务的满意度与使用基础设施相关政策的实施情况的关系，安第斯集团（CAF）特别展开了有关调查，考察了拉美16个城市的各类基础设施服务的获得条件、质量和满意度，特别是城市交通条件和相应的政策选择。[①]

说到基础设施对家庭福利的直接影响，值得注意的是，以评估社会项目影响的严谨方法作出的研究成果非常鲜见。学术成果有限的主要原因，一是科学研究的自身特性，二是新建基础设施投资的特点。事实上，任何公共项目都会根据其所在地的具体特点，选择合适的地理位置。因此，当我们考察该项目的影响时，就很难区分项目本身产生的效果与其地理位置决定的自然特性。这一点在基础设施方面尤为明显。大部分新建基础设施建设项目都需要巨额投资，因而诸如教育、医疗等社会项目中通过进行尝试性的方案进行干预都是不可行的。

有关基础设施对经济增长和社会福利贡献的理解形形色色。特别是自1994年世界银行颁布"基础设施报告"以来，各类相关文章和出版物不胜枚举。普遍认为基础设施对家庭福利有非常重要的积极作用。根据对世界不同地区121个国家的调查，卡尔德龙和塞文（2004年）指出，基础设施与增长、基础设施与平等之间的关系是正相关的。这个基本结论经常被作为参考，也是形成基础设施对经济作用的传统观念的研究范例。例如，

---

① 2008年6–7月被调查的城市有：布宜诺斯艾利斯、科尔多瓦、拉巴斯、圣克鲁斯、里约热内卢、圣保罗、波哥大、麦德林、基多、瓜亚基尔、利马、阿雷基帕、蒙得维的亚、萨尔托、加拉加斯和马拉开波。

埃斯法哈尼和拉米雷斯（2003 年）和后来的斯特劳布等（2008
年）通过评估电话线路、教育成果、民族语言的多样性、民主、
集中化、私有化、腐败等不同变量，认为基础设施对经济增长
和提高生产力起重要作用。

根据若干国家的共性，公路、铁路、通信线路和能源设施
等基础设施在质量和数量上的差别还可能与收入分配有关。特
别需要指出的是，有人认为基础设施的质量和数量与收入不平
等的缓解有关。此外，基础设施数量的影响在发展中国家中更
加明显，而基础设施质量的影响在发达国家中更加明显（卡尔
德龙和崇，2004 年）。

另一方面，在某些特定国家，不乏对基础设施建设条件和
各种经济利益与社会福利随时间变迁而变化的例证。例如，根
据一项针对印度的研究，宾斯万格尔等（1995 年）指出，灌溉
渠道建设和道路建设及其改善、电网的扩张和初级教育对该国
农业生产的进步发挥了非常重要的作用。如肥料使用率提高、
水泵增多、交易成本降低，等等。在美国，道路设施与经济发
展之间的关系也是正相关的。基础设施使生产要素的流动更加
快捷。这一方面有助于人力资源的流动和物资的流通，另一方
面有利于居民、产业和收入的有效分布和分配（奎罗斯和高塔
姆，1992 年）。

如上文所述，由于新建基础设施项目的投资通常十分庞大，
一般讲无法进行尝试性的评估。此外，这类项目经常根据不同
地区具体的社会和经济特点被指定在某些地域内进行，这些特
点通常也与投资的后期效果相关。这也从某个侧面解释了，为
什么只有少数评估例子清楚地说明了新建基础设施对家庭福利

的因果作用。但在很多情况下，可以对一些政策，特别是与已有基础设施的维护或与基础设施的使用管理有关的政策加以严格的评估，以便为制定公共政策提供新的信息和参考。

本章的组织结构如下：第二节讨论人们期望基础设施对家庭福利发挥作用的几个原因；第三节量化说明某些基础设施对家庭生活不同侧面的影响；第四节诠释基础设施服务的客观使用方式及其质量与对这些服务的满意度的直接评价之间的关系，以及人们为获得更好服务的支付意愿；第五节集中阐述本章结论。

二 为什么期望基础设施改善家庭福利？

正如引言所述，基础设施可以被视为经济增长的推动者、进入市场机会的创造者或提高生产力的激励者[①]。实际上，基础设施还是每个国家经济和社会发展进程的同质组成部分。因此，在大多数情况下，不仅要重视基础设施对家庭福利或企业生产力的影响，还要强调人类生活条件或经济体制结构对各类基础设施需求的作用。例如，随着某一地区经济的增长，电力需求就会增长（家庭和企业消费需要）；同时，相关基础设施降低了烹饪及其他用途能源的成本，从而对家庭福利发挥积极作用。从总体上看，世界经济增长与人口增加之间有长期联系（克莱默，1993 年），上述两个因素都自然会影响对基础设施的需求。

当然，人口的集中和基础设施的扩张都是渐进的。因此，

---

① 详见本书第三章。

基本上要以一段较长的时期才可能加以考察。但是，基础设施的改善对家庭福利的积极影响可以在中短期内显现。例如，饮用水获得的便捷化会改善每个家庭、特别是弱势群体家庭的健康条件；道路建设有助于节省市内出行时间；通信网络的扩展可以改善私人和工作上的交流和沟通，以及大众获得信息的渠道。在中长期内，农村道路建设能够提高偏远地区人口的教育水平和免疫水平，也由于贸易成本的降低使之更易于参与非农业生产活动。

这说明，本章的关键词"家庭福利"的涵义十分广泛。家庭收入的增加、传染性疾病发生率的降低、儿童教育水平的提高都意味着福利的改善。对某种服务或生活整体的满意度也是考察福利的指标之一。因此，很难对"福利"这个概念做出惟一的定义。本章的"福利"泛指那些通常被视为有利于人类及其自身充分发展的因素。

（一）基础设施与长期发展的关系

在 CAF 针对本书作的一项专门研究中，巴哈姆等（2008年）创造性地分析了有关基础设施和人类物质福利的长期关系。作者们仔细研究了 1960～2000 年间巴西电力传送网络的发展进程证明，10 年内电力网络的发展不仅促使人口密度翻了一番，而且由于人口密度的加大还推动同期人均 GDP 增长了 25%左右。

它为研究基础设施与经济发展之间的关系提供了崭新的分析视角。巴西领土辽阔，水力资源十分丰富，水利设施遍及全国。巴西 77.3% 的电力供应依靠水力发电（能源与矿产部，

2008 年)。作者们以一个最可能、最现实的假设为前提，即为了获得尽可能大的发电量，水力发电设施要么建在落差较大的流域，要么建在流量较大的流域。除了考虑实际需求，上述取决于地质因素的特点从某种程度上决定了水力发电站的位置，因而也有助于确定电力的可用性对经济增长、人口集中等各种福利指标的作用。

图 2.1* 用圆点代表 1967 年已建水力发电站的位置，用三角形代表基于上述地质因素预计修建水电站的位置。根据这项 60 年代的预计，一种以最低成本扩大电网的模式形成了。在这种模式下，一方面把新的水电站建设在从地质因素考虑最适宜、但电力网络尚未覆盖的地方；另一方面，考虑距离、河流落差、

● 实际位置

▲ 模式预测位置

图 2.1* 巴西地址模式预测的水电站位置及
1967 年实际水电站位置

资料来源：Barham et al. （2008 年）。

56

植被密度等因素，把电力传输设施（每个发电站配置两个）建设在较低成本的地方。巴西电网的这种扩展模式完全与实际需求无关。这种模式确立了从地质和技术角度考虑、绝对的供给因素对电网扩展的决定性作用，因而有助于确定其与人口密度和人均 GDP 等变量之间的因果关系。

这项研究的突出成果是证明：电力的使用在 10 年之内能将人口密度翻一番。这说明，基础设施使有利于社会生计的经济活动的开发成为可能，并在很大程度上能够成为解释人口集中的因素。研究表明，实际上无论是人均 GDP 还是工业生产，都由于实现了电气化而增长了 100% 以上。

（二）基础设施的直接作用

这里，必须特别强调经济长期发展与基础设施建设齐头并进的重要性，以及基础设施在这一发展进程中的关键作用。同时，还必须了解不同类型的基础设施对大众生活质量的直接或间接作用。

家庭福利在某种程度上取决于家庭成员获得各种商品和服务的便捷性。每个家庭都在其能力范围内对时间、商品和服务进行最合理的结合，以获得最大程度上的满足[1]。在很多情况下，基础设施能够提供消费商品或获得某种服务的便利。这些商品或服务能够降低家庭实现福利整体改善的若干间接目标的难度。

---

　　[1] 贝克尔（1965 年）在其个体时间优化配置理论中指出，个体的满足并不是直接从商品消费中获得的，而是来自这些商品与其消费背景的结合。例如，在阳光下的高温环境里喝一杯冷水与在有空调的办公室里喝同样一杯冷水的感觉是绝对不同的。

例如对一个农村家庭而言，铺设一条道路意味着从家庭所在地到最近的市中心的时间从 2 小时缩短至 20 分钟。由于每天从家到学校的时间由 4 个小时大大缩短至 40 分钟，该家庭孩子上学的可能性就增加了；其他家庭成员从家到农产品市场的时间也会缩短，因此也增加了他们参加有薪工作的可能性。这些都有利于提高家庭的收入水平。在这种情况下，新建基础设施至少直接影响了人们到达医疗、教育等各类服务场所以及商品交换和消费场所的时间。基础设施减少了为了改善生活质量使用其他商品的成本，因而直接改善了生活水平。

这种论证同样适用于电力、天然气、水和通信设施。除了人的时间及其他商品和服务之外，上述不同类型的基础设施对生活质量的改善起到了补充性作用。例如，电力为家庭提供照明，使人们在夜间也可以阅读；可以煮制食物或烧水（和直接连接天然气管道一样）；可以使用各种家用电器，如电视机——最重要的信息传播工具、冰箱——方便保存食物、减少易腐食品的购买次数以节省时间进行其他活动。

必须要注意的是，尽管可以预见很多基础设施对目标家庭福利的积极影响，某个特定项目可能会对非直接受益群体产生消极影响。例如，修建地铁可能会造成公共汽车线路的减少，那么通往较偏远地点的交通条件就会变糟。再如，在某个落后地区修建水道可能会因为部分经济活动迁移到该地区而使附近居民的生活条件变糟。因此，除了强调基础设施的积极作用，非直接受益群体的那部分居民因基础设施而导致福利水平下降的可能性也不可否认。①

　　个人将商品与服务转变成对家庭的满足（结合各个要素并花费时间实现）的便利性与其可用的基础设施密切相关。当然，不同类型的基础设施对家庭生活的各个方面产生的影响也是不同的。但作为一般规律，在理论上可以说基础设施是对家庭为追求福利而消费的商品和服务的必要补充，因此也直接影响这些商品和服务。在接下来的一节，我们要讨论与此关系有关的实证研究，并对一些案例进行详细评述。

三　超越传统观念

　　除了对"基础设施的价值受到各种福利指标与各类基础设施之间的长期关系（本章开始时的有关讨论）的影响"的普遍认识之外，也存在在前一节提及的"现代日常生活的质量在很大程度上取决于可用的基础设施"的观念。但是，要把这些观念转化为对某一社会基础设施条件的改善对大众福利的真正影响的深刻理解，是一件很复杂的事。

（一）直接影响的计算

　　从总体上看，公共政策规划和设计的主要目标之一是制定建立在知识基础上的政策。在《2007/2008 年经济与发展报告》中，CAF 强调了这个愿景在社会政策范围内的重要作用。《报

---

　　①　遗憾的是，有关基础设施对其非直接受益群体福利影响的研究十分有限。埃切韦里等（2005 年）曾试图研究这个题目，但由于变量计算的各种方法问题和时间上的滞后性，很难从他的研究中得出明确的结论（佩尼亚洛萨，2005 年）。

告》中突出了，明确激励不同的参与者以及保证这些激励能够真正符合政策实施目标的干预行为的重要性（CAF，2007年）。只有对实际经验进行细致的研究，才可能形成这种明确性。这种研究的要义在于使用高标准的科学方法评估干预行为的作用。只有这样，学术知识才能指导有关公共资源分配的决策。从该意义上看，这些评估不仅可以作为政策指导的依据，而且有助于丰富有关基础设施项目的各种事前评估的信息。

能否对某项利益结果（如教育、医疗等等）的公共干预影响作出准确定位取决于某些条件的满足，有时甚至是难以达成的条件。最重要的是，除了关于作为干预对象的个体群体的信息，还需要类似的、可比较的其他没有受到干预影响的个体群体的信息。因此它有助于提出，在与实际情况相反的情况下，没有实行干预会是什么样结果的问题。通常讲，干预行为本身取决于作为干预对象的个体群体或地区的特点，因此确定其他个体群体或地区（非干预对象）是否与前者可比并非易事。

在社会政策领域中，此类的实验已经得以实施，由此形成很多既有经验。但是，具体到基础设施投资，项目的位置、规模、设计与项目实施地的具体特点可能有很大关系，特别是那些针对项目实施地特定条件的基础设施项目。在很多情况下，大量其他项目无法复制的资源牵涉其中。这一点凸现了建立辅助基础设施政策创新机制的重要性。这些创新机制有助于收集新信息，甚至可以为规划有助于在使用全部资源之前作出初期评估的干预行为提供支持。

需要指出的是，在新建基础设施领域，因投资规模及由此产生的找到一个相似地域的难度导致的评估障碍非常大。相比而言，对维护性项目和使用管理的政策评估的障碍要小得多。由此可以推断，对后两个领域的评估更容易取得进展。

（二）评估干预的案例

尽管困难重重，还是有一些评估基础设施对家庭福利直接影响的成功范例。例如，乔杜里和托雷罗（2006 年）研究了道路、电话、电力等基础设施的改善对孟加拉国北部农村地区生活条件的影响。他们发现，基础设施方便了农民以更高的价格出售其产品，同时也增加了妇女从事非农业生产活动的机会。此外他们还发现，不同类型的基础设施之间存在互补关系。比方说，如果同时连接电力设施，道路改善的效果更大；如果还能连接电话线路，那么效果就更为明显了。范等（2002 年）研究了中国内陆地区各类基础设施对减贫和改善不平等的作用。他们发现，不同于对灌溉系统的投资，对道路、电力、电信的投资对缓解贫困有重要作用。

同样，其他有关对印度和中国的研究（范和哈泽尔，1999 年；范等，2002 年；张、范，2004 年）不仅强调了基础设施对家庭收入的积极影响，而且还强调了各类基础设施之间的互补性和干预的福利对更贫困地区来讲在数量上的重要性，它意味着干预的福利对解决不平等问题也有积极的影响。对此还必须说明，也有明显的证据表明，基础设施的增加可以加剧不平等，如果这类基础设施（不如教育）是对不平等分配的私有资源的补充的话（范德沃尔，2000 年）。因此，在基础设施与不平等的关系问题上，应当具体问题具体分析。

鲁尼和弗雷德里克森（1981 年）发现，在墨西哥，因每个地区已有发展水平的差异，对各类基础设施的投资效果也不同。从集群分析角度出发，他们认为道路、交通方式、电信等领域的投资对中等收入地区的家庭益处最大。但对于较贫困地区的家庭而言，对教育和医疗基础设施的投资回报更佳。专栏 2.1 描述了波哥大"跨越千年"大型交通系统及其补充性政策对该系统覆盖区域公共安全的重要作用。这个例子说明，在某些情况下，相比基础设施项目本身，这些项目的相关政策或动议与基础设施对大众福利影响之间的关联更加紧密。

专栏2.1 "跨越千年"项目与犯罪

2002 年，波哥大市市长批准建设大型城市交通系统"跨越千年"，以节省市民出行时间，改善生活质量。"跨越千年"系统由一个微型监控的大载客量公共汽车网络构成。系统内的公交车都在主干道的专用车道运营。

第一批投入使用该系统的是加拉加斯大道。此前，这条大道的犯罪率极高。加拉加斯大道启动了一个大型城市规划和基础设施项目，包括建设 28 个服务站点、与波哥大警察局签署保障行人安全的协议、雇用私人安保公司进行夜间保安工作。莫雷诺（2005 年）分析了加拉加斯大道的改革对该大道及其周边地区犯罪状况改变的意义。

他采用空间计量经济学模式和考察差异性的差分方法，考察了 1999－2002 年间（即"跨越千年"项目实施前后）加拉加斯大道周边 65 个区域的 9 种犯罪行为的变化。研究说明，

> "跨越千年"系统投入使用后，每种类型的犯罪行为都有显著
> 变化。比方说，与初期相比，2002 年加拉加斯大道及其周边
> 地区的袭击商铺案件减少了 78%，人身侵犯案减少了 90%，
> 谋杀案减少了 95%，汽车盗窃案减少了 87%，商铺盗抢案减
> 少了 85%，人身盗抢案减少了 88%，住宅盗抢案减少了
> 82%，犯罪案件整体减少了 85%，犯罪案件整体减少了 86%。
> "跨越千年"系统投入使用后，住宅侵犯、汽车盗窃、商铺盗
> 抢、人身盗抢等罪案逐渐向远离该系统的区域转移。
>
> 　　这个例子说明，基础设施建设项目可以与一系列补充性
> 政策有所关联，进而大大改善社会福利的某些重要方面。
>
> 　　资料来源：根据莫雷诺的研究（2005 年）整理。

　　基础设施投资之一是对道路使用和农村道路改善的投资，对其研究最多的是其效果。如上述研究所证明的，农村通讯线路和交通运输的改善为其进入市场（运输成本较低）、教育机构和医疗机构提供了更多便利，产品市场的竞争力也有所提高（阿吉翁和夏克尔曼，1999 年）。或许因为大多数这类干预的规模较小，可以找到对控制的群体及其对待办法的合理定位。雅克布（1998 年）提出了一种非参数方法，用于研究尼泊尔农村道路改善对农村地区家庭收入的影响。他认为，到达市场的便利性为每个农户提供了同等的增加收入的机会，因此似乎在减少不平等方面作用不大。另一方面，范德沃尔和克拉蒂（2002年）证明，道路质量的提高加大了农村人口，特别是最贫困群体接受公共服务的可能性。洛克辛和耶姆特索夫（2005 年）采用类似方法研究发现，格鲁吉亚共和国的学校、道路、水等农

村基础设施的改善对接受医疗、减少疾病、获得非农部门工作机会有积极影响，特别是最贫困的群体。

另一方面，最近的一项研究评估了印度的水坝建设对农业生产和减贫的作用。研究中考虑了印度不同地区在地形特点上的差异。巴哈姆等（2008 年）对根据河流落差和流量确定巴西水电站的位置进行了研究（详见本章第二节）。根据这个研究，印度的水坝建设对河流下游区域的减贫有积极作用，但加重了水坝修建地区的贫困问题（杜芙洛和潘德，2007 年）。下面两个小节更详细地描述了对两个干预行为的评估，这是本书研究所作努力的一部分。

（三）维护：秘鲁农村道路的案例

正如上文所述，基础设施的公共政策主要有三种模式：新建基础设施、基础设施维护、既有基础设施的使用管理。无论是维护行为还是优化使用行为，通常相比新建项目而言投资额相对较少，最初都更易于成为严格评估的对象。我们前面说过，最受到学术界关注和解读的基础设施干预行为是世界上不同地区的农村道路维护和改善。这一小节更详细地描述秘鲁农村道路项目，作为对基础设施维护干预行为的范例。该项目在短期内就对家庭福利产生了直接影响。

1995 年以来，秘鲁农村地区的道路维护（"PROVIA"）项目运转良好。该项目旨在改善秘鲁农村地区的交通运输条件。为达到这个目标，项目与地方微型企业签约，进行持续性的农村道路维护工作。地方政府与项目代表协作，号召有兴趣的个人开办道路维护微型企业，其业务就是道路维护。有关单位根据是否有道路维护经验、居住时间、教育水平等标准挑选合适人选。在"PROVIA"项目和道路维护微型企业的协议中，规定前者按照道路维护的实际情况向后者支付费用，以鼓励后者积极完成道路维护工作。1995－2000年，协议覆盖12000千米农村道路和3000千米不可通车道路的维护或复建（埃斯科瓦尔等，2005年）。这个项目只包含道路修补、林木修剪、路面平整等道路维护，不包含铺沥青和加大负载量等道路改善和翻新①。

　　埃斯科瓦尔和庞塞（2002年）评估了这个项目对贫困家庭收入的影响。他们发现，维护后的道路状况更好，人们出行更加方便，从而加大了农村家庭通过农业活动或非农活动获得收入的可能性。但是，这个评估仅比较了秘鲁不同地区在同一时期的情况，那些不包含在统计数据分析范围内的受项目影响区域的特点会使评估结果比较模糊。因此，在CAF授权为本书所作的一项研究中，瓦尔迪维亚（2008年）专门设计了一项调查（2004－2006年），作为重新评估该项目的参考。被调查对象既包括项目受惠家庭，也包括非受惠家庭。这样，就可以比较两种不同类型的家庭在不同时期的一些家庭层面的指标。这是一次方法上的飞跃，它排除了一些用统计数据方法无法测量的家庭特点的因素。瓦尔迪维亚（2008年）的评估针对一年或两年的干预行为，因此他考察的是项目的短期效果。

　　研究结果说明，维护或复建较好的道路大大节省了出行时间，从而直接影响收入、就业类型（农业与非农）和家庭医疗、

---

　　① 可通车道路指道路宽度可满足车辆通行但没有铺设沥青的道路；不可通车道路指道路宽度只能满足步行或动物拖车通行的道路。

教育投资。但是，因家庭特点、居民区、复建道路等具体情况，项目效果有很大差异。具体说来，可通车道路的维护主要对家庭收入有所影响，既增加了非农活动的工资收入（男性），也增加了从事非农活动的时间。而不可通车道路的维护确实对家庭人均收入有积极影响，特别是妇女从田间无薪劳动向有薪劳动的转变；但对家庭消费毫无影响①。

最后，瓦尔迪维亚（2008 年）说明，可通车道路的维护大大提高了 12 ~ 18 岁男性和 6 ~ 11 岁女性的就学率，也大幅降低了所有家庭成员，特别是 0 ~ 5 岁儿童的疾病及意外事故发生率。同时参照对其他国家此类干预行为的评估结果，研究表明简单的道路维护项目对节省到达居民区和城市中心及两地之间通行的时间、降低商品和人员的运输成本和提高进入市场、获得教育及医疗服务的便利程度都有显著作用。这些项目不仅取得了市场机制下的短期效果，而且具有人力资本投资的长期效果。

（四）新建基础设施：布宜诺斯艾利斯的天然气项目案例

基础设施维护能够改善福利。所有拉美国家都有因为缺乏必要的基础设施无法受益于某些服务的人群。因此，除了第二节提到的那些整体平衡或长期效果，还应当了解有关针对某一特定人群的新建基础设施的政策在何种程度上直接影响着目标人群的福利。

这是阿根廷社会住宅促进基金会旗下大布宜诺斯艾利斯地

---

① 这说明增加的收入主要用于储蓄。这种行为说明受惠家庭认为政策带来的好处只是暂时性的（埃斯科瓦尔等，2005 年）。

区的一家特许天然气分配企业发起的一项倡议。该企业为布宜诺斯艾利斯省莫雷诺市的 4100 个家庭供给天然气。这个被称之为"信托协作型网络"（Fideicomiso Redes Solidarias）的项目，旨在解决为弱势区域家庭连接到管道天然气所必需的天然气管道铺设的固定成本融资的问题。由于管道天然气与罐装煤气的价格不同，该项目有助于在一段时期内节省价格差异成本。只要一直有足够的新用户，管道铺设成本也能够回收。之前曾有过通过更换燃料类型节约成本的先例，但这个项目的创新之处在于社区参与了组织和协调工作。这样，更多希望降低铺设管道的单位成本的家庭加入该项目。通过社区征集参与家庭组成团体，以及建立每个地段至少有 70% 家庭连接的最低条件，该项目签约家庭达到目标家庭总数的 82%。

在为本书展开的一项研究中，戈伊蒂亚等（2008 年）利用项目分配过程中的自然实验，对该项目对家庭福利若干指标的影响进行了评估。虽然该项目涵盖了莫雷诺市第五区（以图 2.2* 标示区域为界）的所有住宅。严格的技术性因素，即临近天然气主干线并尽量排除扰乱车辆交通因素，决定了项目的第一阶段将在图 2.2 标示的街区实施。

作者们指出，在项目实施前，目标群体家庭与监控群体家庭的特点非常相似。因此，项目实施后家庭成员健康指标的差异在很大程度上是因为大部分目标群体家庭的住宅通过"信托协作型网络"项目连接了管道天然气。

项目的目标家庭连接管道天然气后，其家庭成员的健康状况明显改善。戈伊蒂亚等（2008 年）指出，通过缩小在家庭收入、住宅特点和人口构成等方面的差别，受惠家庭的呼吸疾病

图 2.2* 第五区及构成第五区的目标群体街区和监控群体街区

资料来源：Goytia *et al.* （2008 年）。

发生率降低了 3.5% 左右，感冒发生率降低了 5% 左右，胃肠道疾病发生率降低了将近 3%。此外，研究还发现这些家庭的住宅翻新投入有所增加，这也从某个侧面解释了健康指标的变化。

　　排除研究和分析的实施难度及其局限性，很显然大部分证据说明基础设施对家庭福利的影响是积极的。但是，还有必要以从被调查对象自身特点的角度考虑更易于入手的干预行为为出发点，更准确地考察基础设施相关政策的影响。这些研究是必须的，因为它们可以为社会政策提供借鉴和参考。正如 CAF 在若干个出版物（例如 CAF，2007 年）中多次强调的，社会政策应当建立在知识的基础之上。有关各种基础设施项目影响的信息量越大，实现基础设施项目的决策优化的可能性越大。事实上，虽然在大部分情况下在某个领域的效果不能完全照搬到其他领域，但效果的规模和意义通常是可以互转的，这决定了某个干预行为的好处和社会成本。

四　将主观评价作为评估工具

本章前几节从宏观角度讨论了基础设施与经济发展的长期关系和基础设施对家庭福利（劳动收入、教育水平、医疗条件等等）的直接影响。从此我们可以推断，根据可观察到的具体指标，基础设施对大众福利有积极影响。但是，要对不同的影响进行比较或以此为依据列出优先解决问题清单并不容易。尽管不能作为确定解决优先需要解决的问题的充分条件，对民众的主观评价的分析，以及结合有价值的客观方法，有助于对上述两个方面的干预行为的评估取得进展，并有助于评估每一项具体的服务。这样，就能够根据民众的实际需求确定需要优先处理的领域。

根据本章开头提到的 CAF 对 16 个拉美地区城市展开的一项调查，我们对民众对若干项基础设施服务的主观满意度与这些基础设施服务的使用方式及其质量之间的关系进行了初步分析。此外，我们还描述了这些城市中服务质量提高的成本，并分析了城市交通状况及公共交通的重要性。[1]

据估计，2010 年拉美人口的城市化程度将接近 80%（CE-PAL，2007 年 a）。这意味着在未来几年，大部分基础设施领域的挑战将以某种形式与地区的城市规划有关。人口聚集化本身

---

[1]　每个被调查国家选取 400 个家庭的 25～65 岁男性和女性为调查对象。误差率为 4.9%，可信度为 95%。调查期间为 2008 年 6 月 27 日～7 月 20 日。

对经济活动、贸易往来和文化交流具有积极意义，但伴随而来的还有对现有基础设施的集约化使用成本。城市交通拥堵现象在这类问题中最具代表性。即使这只是可供分析的若干侧面中的一个，上述调查还是专门设置了针对城市交通问题的模型。很多有关城市基础设施的公共政策的实例都涉及这个问题。主要原因是拉美及其他发展中国家大城市的地域扩张是僵化、无序和缺乏规划的。城市交通系统（包括公共交通和私人交通）的主要使命是实现在很多情况下杂乱无章扩张的城区之间的协调运转。在专门论述这个问题的章节，我们分析了交通系统的条件直接影响大众福利的几个侧面。

（一）对服务的判断和评价

必须把拉美地区基础设施服务的状况作为研究的出发点。表 2.1 显示了被调查的 16 个城市的水、电、直通天然气、固定电话、移动电话和因特网等项目的指标。[①] 这次调查的结果与马古利斯等（2002 年）、费尔南德斯（2004 年）、卡里罗等（2007年）和 CEPAL（2007 年 a）的结果差不多，尽管后者关注扩张后的联邦区或大城市与前者调查对象不同。在大多数情况下，合理的比较是可以实现的。例如，调查显示利马市管道供水家庭占 86.3%，而 2007 年普查的官方数字（见国家统计局文献，

---

① 被调查项目的定义如下：自来水，连接水路或公共水网的家庭；电，有电表或无电表的连接公共电网的家庭；天然气，天然气管道直通家庭；公共交通，在离住处不超过 3 个街区的范围内可搭乘任一公共交通工具的家庭；固定电话，家庭是否拥有固定电话；移动电话，家庭是否拥有至少一部移动电话；因特网，家庭是否接通因特网；垃圾收集，家庭垃圾是否直接由垃圾车或类似车辆收集。

2007 年）显示大利马市（含利马省和卡亚俄省）的相应比例
为 81.8%。[①]

表 2.1 被调查拉美城市的服务覆盖面指标（用户家庭比例,%）

城　市	水	电	天然气	公共交通	固定电话	移动电话	因特网	垃圾收集
布宜诺斯艾利斯	74.5	98.8	75.3	83.9	74.3	69.6	31.3	96.3
科尔多瓦	97.3	100.0	43.5	95.7	59.8	71.4	22.8	99.8
拉巴斯	93.5	99.7	4.5	96.0	50.0	69.0	6.9	74.2
圣克鲁斯	92.7	96.7	3.5	96.9	29.5	71.6	5.6	94.5
里约热内卢	84.2	100.0	5.8	96.2	66.3	63.5	24.9	93.0
圣保罗	94.5	99.8	15.5	98.0	72.8	75.5	35.8	99.0
波哥大	99.5	99.7	84.5	87.2	80.8	78.4	34.0	79.5
麦德林	98.8	100.0	32.5	91.7	93.0	64.2	25.3	95.3
基多	98.5	100.0	0.3	97.2	72.3	68.3	9.5	95.0
瓜亚基尔	94.5	99.8	1.8	95.8	59.5	65.5	5.3	80.5
利马	86.3	96.5	0.8	86.7	59.0	62.3	15.0	91.3
阿雷基帕	94.3	99.8	0.3	93.5	45.0	68.0	14.5	97.5
蒙得维的亚	95.2	99.5	2.8	92.4	66.5	84.3	21.6	40.3
萨尔托	94.5	98.3	2.0	99.0	56.8	76.8	15.4	97.7
加拉加斯	98.5	99.5	45.5	89.9	79.3	86.0	41.4	37.8
马拉开波	82.0	100.0	88.5	90.7	45.8	53.4	24.5	70.0
加权平均数	89.1	99.1	34.5	91.1	68.1	70.5	25.7	87.5

资料来源：CAF（2008 年 a）。

[①] 官方数字包括公共水网直接入户（74.6%）和公共水网连通住宅楼但没有入户（7.2%）。CAF 的调查没有对此加以区分。必须考虑到上述两个方面才能进行数据比较。

根据新的数据，在很多城市，水电网络的覆盖面很广，几乎达到100%。管道天然气的覆盖面通常不够广，且国家间的差异很大。例如，厄瓜多尔仅有1%左右的家庭拥有管道天然气，哥伦比亚的相应比例则为72%。同一国家的不同城市之间也有很大差别。例如，加拉加斯45.5%的家庭拥有直通天然气，而马拉开波的相应比例为88.5%。虽然有10%左右的城市家庭距离公共交通相对较远，但从整体上看公共交通的覆盖面很广。

有意思的是，很多国家的移动电话覆盖面（平均70.5%）大于固定电话覆盖面（平均68.1%）。主要原因是移动电话服务相对便宜和固定电话线路安装成本较大。城市的因特网入网率较低（平均25.7%），但比2005年被调查国家15.33%的平均数有很大提高（世界银行，2007年；联合国，2007年）。因特网入网率的城市间差别很大。举个极端的例子，加拉加斯41.4%的家庭连接因特网，而瓜亚基尔的相应比例仅为5.3%。

除了每项服务的硬指标，用户对每项服务的满意度还在某种程度上取决于这些服务的质量。表2.2显示了每项被调查服务的质量（或可靠性）指标。[①] 供电服务的可靠性指标明显低于覆盖面指标。85.3%的用电家庭认为从未或几乎从未断电。在大多数城市，对连接自来水网的家庭的供水服务可靠性相当高。但也有特例，如马拉开波和加拉加斯的自来水网覆盖面很广，但

---

① 对各项服务质量的评估标准：水，家庭是否能够每天得到水源（可靠性）；电，家庭是否从未或几乎从未因电力公司问题导致的断电问题申诉；天然气，家庭是否从未或几乎从未因家庭自身以外的原因断气申诉；固定电话、移动电话和因特网，家庭是否认为从未或几乎从未因互联网公司问题中断通话或上网服务；垃圾收集，家庭是否认为每星期至少两次收集垃圾。总之，本调查中的"质量"指服务的可靠性。公共交通服务质量的有关指标将在下一节详细阐述。

可靠性很低。

表2.2　被调查拉美城市的服务质量指标（用户家庭比例,%）

城　市	水	电	天然气	固定电话	移动电话	因特网	垃圾收集
布宜诺斯艾利斯	98.0	76.3	99.0	81.7	76.3	71.2	99.7
科尔多瓦	97.7	63.8	100.0	90.2	63.8	72.2	98.2
拉巴斯	98.9	86.3	—	92.4	69.4	64.0	92.8
圣克鲁斯	100.0	88.1	—	92.3	77.4	77.3	82.4
里约热内卢	99.7	86.8	—	80.9	78.3	60.4	99.7
圣保罗	92.9	89.2	—	87.0	90.7	77.5	100.0
波哥大	99.5	89.7	98.5	88.2	94.6	82.2	95.3
麦德林	100.0	97.2	98.4	98.0	84.4	71.3	98.2
基多	99.0	75.4	—	91.3	75.0	34.2	96.3
瓜亚基尔	100.0	86.1	—	90.7	83.2	73.7	95.7
利马	99.4	86.5	—	82.3	75.1	58.6	90.7
阿雷基帕	98.1	82.4	—	84.8	67.6	69.0	82.0
蒙得维的亚	100.0	94.2	—	98.5	86.6	77.6	96.9
萨尔托	98.9	94.7	—	97.3	87.0	90.0	99.5
加拉加斯	81.1	90.6	98.9	96.4	89.5	69.8	97.4
马拉开波	44.2	90.5	94.0	96.2	84.9	81.4	39.4
加权平均数	95.6	85.3	98.8	87.0	81.6	70.0	94.9

资料来源：CAF（2008 年 a）。

通信服务的质量状况与供电服务差不多。87%的用户认为固定电话和移动电话服务可靠，70%的用户认为因特网连接中断的次数不多。

无论从哪种角度看，拉美在基本服务的覆盖面方面进步很大，但某些服务的质量有明显问题。本章强调，无论是供电、供水，还是固定电话、移动电话服务，在可靠性指标上尚有很大的优化空间。

　　家庭对每项服务的消费水平是影响家庭福利及提高服务质量的成本的重要因素之一。表2.3显示了被调查家庭平均每个月在每项服务上的消费占家庭收入的比例。拉美国家的城市居民每月在公共交通服务上消费3.9美元（除加拉加斯和马拉开波之外的其他城市的平均数为2.3美元），占家庭月收入的0.4% ~ 0.8%。平均每月的供电服务消费高于供水、固定电话和因特网服务消费。虽然移动电话的使用成本通常高于固定电话，但前者的消费在整体上低于后者。换句话说，后者的消费量更大。

表2.3　被调查拉美城市的服务消费占家庭收入的比例（%）

城　市	水		电		天然气		公共交通		固定电话		移动电话		因特网	
	最低	最高	最低	最高	最低	最高	最低	最高	最低	最高	最低	最高	最低	最高
布宜诺斯艾利斯	1.1	2.1	2.3	4.6	3.5	7.0	0.3	0.5	3.4	6.8	2.2	4.4	1.7	3.3
科尔多瓦	1.2	2.4	2.9	5.8	4.4	8.7	0.5	0.9	3.2	6.4	2.4	4.9	2.0	4.1
拉巴斯	2.2	4.4	5.0	9.9	—	—	0.6	1.1	3.0	6.0	2.7	5.3	—	—
圣克鲁斯	3.4	6.8	6.1	12.2	—	—	0.4	0.8	4.3	8.6	3.3	6.7	—	—
里约热内卢	3.3	6.6	5.6	11.2	—	—	0.5	0.9	5.9	11.7	2.4	4.8	4.2	8.4
圣保罗	3.9	7.7	5.8	11.7	2.9	5.8	0.5	0.9	6.3	12.6	2.9	5.7	3.9	7.7
波哥大	4.5	8.9	2.7	5.4	1.6	3.2	0.2	0.5	2.5	4.9	1.3	2.7	2.5	5.0
麦德林	2.7	5.5	4.0	8.0	2.7	5.4	0.5	1.0	2.7	5.3	2.2	4.4	0.9	1.8
基多	3.3	6.6	4.0	8.0	—	—	0.5	1.1	3.7	7.3	2.4	4.7	—	—
瓜亚基尔	3.0	6.1	4.7	9.4	—	—	0.5	1.0	3.4	6.8	2.2	4.5	—	—
利马	3.4	6.7	5.9	11.7	—	—	0.5	1.0	4.7	9.3	2.2	4.4	8.9	17.8

城　市	水		电		天然气		公共交通		固定电话		移动电话		因特网	
	最低	最高	最低	最高	最低	最高	最低	最高	最低	最高	最低	最高	最低	最高
阿雷基帕	2.7	5.3	4.8	9.6	—	—	1.3	2.7	4.5	9.0	2.3	4.6	5.0	9.9
蒙得维的亚	2.5	4.9	8.0	15.9	—	—	0.2	0.4	4.7	9.3	2.5	5.0	3.5	7.0
萨尔托	4.5	9.0	10.5	21.0	—	—	0.3	0.7	5.6	11.2	2.1	4.2	3.4	6.8
加拉加斯	0.7	1.3	1.1	2.2	0.5	0.9	1.1	2.2	1.4	2.8	0.9	1.9	1.4	2.9
马拉开波	2.2	4.3	3.9	7.7	1.2	2.3	1.9	3.8	2.1	4.2	1.4	2.9	2.7	5.4
加权平均数	2.9	5.8	4.7	9.3	2.8	5.6	0.4	0.8	4.3	8.5	2.3	4.6	3.8	7.5

资料来源：CAF（2008 年 a）。

　　从公共政策的角度看，大众对各种基础设施服务的满意度是很重要的问题。除了考虑家庭特点的客观因素，被调查家庭要根据服务的可用性和质量对满意度在 1～10 分之间打分，10分代表完全满意。此外，为了包含影响某项服务满意度的个体特征因素（如乐观主义情绪或过度适应性），被调查家庭还需要对生活的整体满意度打分。在下文的分析中，这个指标也将作为参考变量之一。

　　表 2.4 显示了每个被调查城市居民对每项服务的满意度评分。图表首先说明，虽然公共交通消费较低，但对这项服务的满意度大大低于其他服务。这在某种程度上成为下面有关城市交通及交通问题对家庭福利影响的章节中，更为详细的分析阐述的佐证。图表还说明，虽然供水、供电服务的覆盖面最广、质量指标也最高，但居民对这些服务的满意度较低。例如，波哥大的自来水管道覆盖面达到 100％，99.5％ 的被调查家庭认为从未或几乎从未因家庭自身以外的原因中断过服务，但对这项

服务的满意度平均分仅为 7.3。再如，布宜诺斯艾利斯的供电覆盖面达到 98.8%，可靠性为 76.1%，但对这项服务的满意度平均分只有 7.8。这些例子说明，对服务的满意度不仅仅与服务的使用方式、质量和相应消费等因素有关。因此，必须对图表 2.1、2.2、2.3 和 2.4 中的数据和信息进行更加细致的分析，才能更准确地理解和比较每个因素的相对份量。

表2.4　被调查拉美城市的服务绝对满意度指标 *

城 市	水	电	天然气	公共交通	固定电话	移动电话	因特网	垃圾收集
布宜诺斯艾利斯	7.0	7.8	7.8	5.5	7.3	7.9	7.4	8.2
科尔多瓦	8.0	7.2	7.5	5.6	8.3	8.1	7.8	8.3
拉巴斯	6.8	7.1	5.2	5.4	7.4	7.0	7.3	6.1
圣克鲁斯	7.7	7.6	6.1	5.6	7.8	7.7	7.8	6.0
里约热内卢	8.1	7.7	8.5	6.2	6.5	7.8	7.4	8.7
圣保罗	8.1	8.2	9.1	6.3	7.6	8.4	8.0	8.8
波哥大	7.3	8.0	8.2	6.1	7.6	8.2	7.6	7.5
麦德林	8.8	8.7	8.5	8.2	8.7	8.5	7.7	8.7
基多	7.6	7.7	8.3	5.3	8.5	7.5	7.4	6.4
瓜亚基尔	7.3	7.1	8.0	6.5	7.7	7.9	7.9	6.7
利马	6.5	7.1	6.9	4.7	7.0	7.3	7.1	6.5
阿雷基帕	6.5	6.8	6.3	4.2	6.4	6.6	7.1	6.2
蒙得维的亚	8.4	8.2	8.5	6.1	8.4	8.5	8.2	7.2
萨尔托	8.6	8.5	8.8	7.1	9.1	9.0	8.9	9.2
加拉加斯	8.0	8.8	8.7	6.3	8.9	8.7	8.5	8.0
马拉开波	6.3	8.7	8.4	5.2	9.1	8.8	9.0	6.3
加权平均数	7.4	7.8	7.9	5.8	7.5	8.0	7.6	7.7

注：* 受访者对服务的满意度评分，1～10 分
资料来源：CAF（2008 年 a）。

分析的目的是量化服务的覆盖面和质量，在多大程度上影响大众对每项服务的满意度。为了得出该结论，要估计出现"较低"满意度（3分或3分以下）和"较高"满意度（8分或8分以上）的概率。这两个概率都包含服务的覆盖面、服务质量及其他影响满意度的因素，如对整体生活的满意度、家庭收入水平、家庭成员的年龄和性别等等。这样，一旦作出估计，就可能计算出服务覆盖面的扩大和服务质量的提高在多大程度上影响"较低"满意度或"较高"满意度出现的概率。

通电家庭和未通电家庭的用水方式可能差别很大。例如，在有的情况下，这决定了人们是否用热水淋浴，进而决定了能否从中获得满足感。是否连接水路也可能影响家庭的用电类型，如自动洗衣机等电器的使用。总之，很有可能出于某种原因，一个家庭对某项基本服务的评价在某种程度上取决于其他服务的状况。因此，除了要研究对供水、供电服务的满意度在多大程度上取决于这些服务的可靠性/质量外，还要量化对某项服务的满意度在多大程度上取决于其他基本服务的情况。

图 2.1 显示了根据供水服务的可靠性差别，"较高"满意度（正数）和"较低"满意度（负数）概率的百分比变化。① 为了研究对供水服务的个体满意度是否在某种程度上与供电服务是否覆盖及其质量存在互补关系，估计的比例分三档显示：一是全部被调查家庭（标注"所有家庭"），二是连接电路的家庭（标注"有供电服务的家庭"），三是连接电路并认为没有经常断

---

① 为了得到更准确的结果，在从经常断水到"从未或几乎从未"断水的各种情况下都进行了比较。

电的家庭（标注"有可靠供电服务的家庭"）。

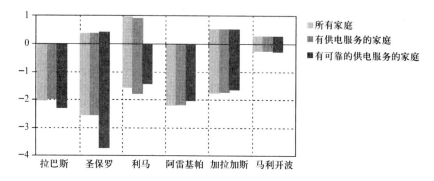

图2.1 对供水服务"较高"和"较低"满意度概率的弹性幅度
资料来源：CAF（2008年a）。

举例说明，图解显示，在圣保罗，从没有可靠的供水服务到有可靠的供水服务，对供水服务的"较低"满意度的概率仅降低了2%多一点，完全与家庭是否有供电服务无关。但如果供电服务是可靠的，那么概率的下降幅度将近4%。这说明，在圣保罗供电服务的质量对评估供水服务十分重要。值得注意的是，同等情况下，对供水服务"较高"满意度的概率百分比变化只有0.4%，这种互补性几乎不存在，即完全与供电服务的情况无关。

但在加拉加斯和马拉开波，从没有可靠的供水服务到有可靠的供水服务，对供水服务"较低"和"较高"满意度的概率变化都几乎与家庭是否有供电服务无关。"较低"满意度概率的变化相比"较高"满意度概率受质量的影响相对较大。这个结果与没有纳入图解的10个城市类似。后者在同等情况下的概率百分比变化几乎为零。

同样的方法也适用于对供电服务的满意度调查。和图2.1一样，图2.2显示，供电质量低（供电不稳）到高（不经常断电），对供电服务的"较低"和"较高"满意度概率的百分比变化。与供水服务的情况不同，"较高"满意度概率的变化相比"较低"满意度概率受质量的影响相对较大。这很可能是因为被调查城市供电服务的整体可靠性低于供水服务。在那些没有纳入图解的城市，概率的百分比变化几乎为零。

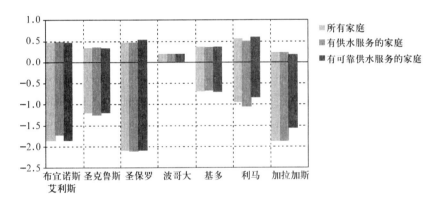

图2.2　对供电服务"较高"和"较低"满意度概率的弹性幅度

资料来源：CAF（2008年a）。

虽然图2.1和2.2分别显示了提高供水和供电服务质量的效果，但两个图解中的弹性数值更多地反映了改善供水和供电服务覆盖面的效果。在供电服务方面，只有萨尔托市的供电服务覆盖面因素在"较低"满意度概率的下降中有明显作用，其他城市都不明显。这可能是因为大多数城市居民家庭都有供电线路连接（正规的或非正规的）。在供水服务方面，布宜诺斯艾利斯、瓜亚基尔和利马市供水服务的覆盖面对家庭对供水服务的满意度有明显作用，弹性数值与质量效果的情况几乎相同。

虽然一些效果统计值不为零，但从整体上看，对供水和供电服务质量提高的敏感度相对较小。在圣保罗，供水服务可靠性的提高对"较低"满意度概率的影响为4%。这是最大的变化幅度。变化幅度较小的可能原因是被调查城市的大部分居民有供水和供电服务，而且在很多情况下质量较高。这说明，拉美城市中大众关注的服务质量的改善还与管理、客户接待及其他没有纳入调查的因素有关。研究还说明，供水和供电服务的覆盖面和质量问题主要集中在农村地区。

在效果统计值很小的情况下，拉美地区城市居民对供水和供电服务的满意度受服务质量/可靠性的影响相比服务覆盖面要大一些。这在某种程度上是因为这些服务的覆盖面已经很广。由于对服务可靠性相对较高的敏感度，且考虑到服务的可靠性并不是大众最关心的质量因素，提高某些服务质量的支付意愿也成为大众认为服务质量不足的原因。[1] 此外，随着大众对支付意愿的态度改变，各种公共政策的可行性也会发生改变。以某个提高供电服务质量的项目为例，直至这个项目对消费者的好处有所显现，项目投资的回报才可能增加。

被调查者被问及"是否愿意为获得更好的供水、供电、供气、公共交通和固定电话服务支付更多钱"。表2.5显示了每个城市中愿意为获得更好的服务支付更多钱的家庭比例。加拉加斯和马拉开波的支付意愿率高于其他被调查城市。这种差别证

---

① 自我声明并不是真正和完整意义上的支付意愿。因为个体可以依据他们的偏好、预算，甚至其他真正要做出是否改变消费的决定时无法实际呈现出来的因素（如羞于不"人云亦云"）作出回答。虽然存在这些局限性，但因为没有其他有关偏好的研究作为参考，我们在这里采用这个作为"支付意愿"的概念（卡尼曼和里托夫，1994年）。

明，某些特殊因素影响了委内瑞拉人在这个问题上的态度。虽然在表面上，支付意愿与作为家庭收入一部分的服务消费有关，[①] 且在逻辑上家庭收入在服务消费上的比例越高，该家庭对服务的支付意愿越低，但根据支付意愿及其与家庭收入、服务质量等因素关系的相关统计数据，这些城市中不同收入（或消费）水平的家庭对更好服务的支付意愿并无明显区别。在大多数情况下，拉美城市的不同阶层居民对服务质量提高的关注相当一致。虽然表 2.2 显示圣克鲁斯市供水服务的可靠性达到 100%，但该市只有 24.7% 的居民愿意为获得更好的服务支付更多钱。同时，除了服务的可靠性之外，还有其他质量因素影响着大众福利。

表 2.5　拉美被调查城市居民对获得更好服务的支付意愿（家庭比例，%）

城　　市	供水	供电	供气	公共交通	固定电话
布宜诺斯艾利斯	22.1	12.4	15.5	19.7	9.9
科尔多瓦	19.9	20.6	24.0	1.7	16.6
拉巴斯	20.8	17.3	31.1	30.6	15.9
圣克鲁斯	24.7	19.1	23.2	31.5	19.5
里约热内卢	8.8	9.1	8.1	9.5	9.4
圣保罗	13.4	11.0	8.3	9.5	10.7
波哥大	10.8	9.8	9.8	39.0	7.0
麦德林	14.3	14.0	14.5	17.0	14.3
基多	22.8	20.8	19.5	33.1	20.4

---

　　① 公共交通在这方面也很有代表性。将近 24% 的家庭表示愿意为获得更好的服务支付更多钱，这个比例是针对消费仅占家庭收入 0.4%~0.8% 的基本服务的。但居民在供电服务上的消费更多，只有 17.7% 的家庭愿意为获得更好的供电服务付出更多钱。

续表

城　市	供水	供电	供气	公共交通	固定电话
瓜亚基尔	19.6	19.3	17.9	19.9	19.9
利马	34.1	24.7	23.7	25.9	21.8
阿雷基帕	20.3	14.3	10.9	19.5	8.7
蒙得维的亚	13.7	9.0	8.9	15.9	7.1
萨尔托	11.6	8.6	8.2	9.5	6.9
加拉加斯	68.4	55.8	58.0	60.4	52.7
马拉开波	64.1	46.6	45.7	43.0	46.1
加权平均数	23.1	17.7	18.4	23.7	16.1

资料来源：CAF（2008 年 a）。

　　我们通过这种研究得出了基础设施与福利的量化关系指标。虽然这种关系从定义上来说就是不甚严谨的，但这种分析方法有助于我们从受惠人群的角度发现最重要的因素，从而为对新建基础设施、现有基础设施的维护或使用管理的投资等公共政策的某种干预行为提供参考。

　　由于大众对公共交通的满意度很低，下面我们详细讨论这个问题，并从对现有基础设施的使用率的干预行为出发，说明有助于显著改善大众福利的政策选择。

（二）城市交通与使用政策

　　拉美城市居民以公共交通为主要出行工具。表 2.6 显示了被调查城市居民到达经常性目的地所搭乘的各种交通工具的比例。60% 的居民每天乘坐公共汽车上班或上学，只有 15.9% 的居民驾驶私家车。公共汽车及其他交通工具的出行方式通常要与从出发地到目的地步行某段距离及公共交通线路等因素结合进行。
这解释了为什么有 24.1% 的城市居民认为步行也是其通常的出
行方式之一。

表2.6　拉美被调查城市居民的交通方式和出行用时（%，分钟）

城　　市	公共汽车	私家车	私人摩托车	地铁	出租车	火车	自行车	步行	出行用时
布宜诺斯艾利斯	46.6	17.4	1.8	4.8	2.0	15.4	5.8	25.9	34.3
科尔多瓦	46.2	16.1	8.3	—	4.5	—	4.5	33.9	26.4
拉巴斯	85.2	8.0	0.0	—	8.5	—	0.5	8.8	32.7
圣克鲁斯	84.7	15.6	1.5	—	8.5	—	1.0	7.0	37.2
里约热内卢	63.3	16.0	2.3	13.5	13.1	1.8	0.8	31.0	44.9
圣保罗	65.0	17.3	1.0	6.3	15.6	2.5	7.8	29.3	34.1
波哥大	53.0	16.8	4.1	—	9.4	—	10.7	25.4	41.0
麦德林	55.3	7.8	7.0	12.8	12.6	—	1.3	34.4	28.6
基多	80.7	19.1	0.3	—	7.9	—	1.0	8.7	46.5
瓜亚基尔	56.8	14.6	1.0	—	3.5	—	1.3	30.3	25.7
利马	65.9	7.8	1.3	—	7.8	—	1.8	25.3	33.1
阿雷基帕	78.7	8.5	0.5	—	12.8	—	1.0	10.5	26.8
蒙得维的亚	62.0	12.8	5.7	—	2.1	—	9.4	18.2	31.7
萨尔托	19.2	18.2	30.9	—	2.0	—	11.8	35.8	21.7
加拉加斯	54.3	27.0	1.3	45.0	2.0	—	0.0	14.0	39.2
马拉开波	47.1	35.9	0.8	—	7.1	—	0.0	16.2	36.2
加权平均数	60.0	15.9	2.1	6.2	8.1	3.7	4.3	24.1	35.7

资料来源：CAF（2008 年 a）。

因为每个人在一次出行中可能结合多种交通方式，如先乘
坐公共汽车，再乘坐地铁，最后步行一段，问卷的答案可以多
选。因此，每个城市各种交通工具的比例总数不一定恰好是

100%。但很有可能的是，在大多数情况下，那些认为通常驾驶私家车出行的被调查者不会结合其他交通工具出行。例如，拉巴斯、圣克鲁斯和布宜诺斯艾利斯、科尔多瓦使用公交车的重要性有很大差别。前两个城市85%的居民乘坐公共汽车出行；而后两个城市该比例只有46%。

在小城市，如只有大约10万居民的萨尔托市，骑摩托车和自行车出行的居民比例很高。在加拉加斯，大概27%的居民驾驶私家车，其他人乘坐公共交通工具（公共汽车54%，地铁45%，步行14%）。

被调查城市居民到达工作地点或其他经常性目的地的平均时间为35.7分钟。最短的是萨尔托市（22分钟），瓜亚基尔市26分钟；最长的是基多市（47分钟）。但是，时间长短取决于选择的交通工具。图2.3说明了平均流动时间与表2.6中的4种交通工具之间的关系。主要乘坐公共汽车出行的居民到达经常性目的地平均用时45分钟，而主要自驾车出行的居民平均用时32分钟左右。此外，在那些修建了地铁的城市，乘坐地铁出行平均用时38分钟以上。出租车平均用时28分钟，是用时最少的公共交通工具。

当然，受到交通拥堵问题影响最大的人群是乘坐公共交通工具，特别是公共汽车的人群。因为上述人群代表了拉美城市居民的多数，提高城市交通的通行效率对相当一部分人群的福利有重大意义。另一个很重要的考察侧面是交通拥堵和公共交通系统的糟糕状况对城市环境的影响。①

———————————

① 这个问题将在第四章详细阐述。

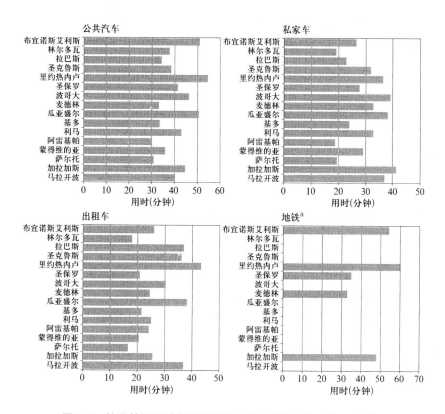

图 2.3 拉美被调查城市居民不同交通方式的出行时间（分钟）

a/ 有些城市没有该种交通方式，因此用时为零。

资料来源：CAF（2008 年 a）。

很难确定每个城市最理想的出行用时。实际上，判断出行
用时适宜与否十分复杂（卡尔菲等，2001 年；布朗斯通等，
2003 年；OCDE，2007 年 a）。但是，可以从多个角度分析这个
问题。例如，可以计算通常的出行用时与交通通畅条件下（如
星期天，没有交通中断）的出行用时的差别。上述用时差不能
单纯理解为"被浪费的时间"，因为理想的通行条件，进而保证

通常出行用时与星期天出行用时完全相同是不现实的。当然，确实有相当一部分被浪费的时间是道路通行效率不足造成的。图 2.4 显示了交通拥堵及人口数量造成时间浪费的情况（数值为占通常出行用时的比例）。

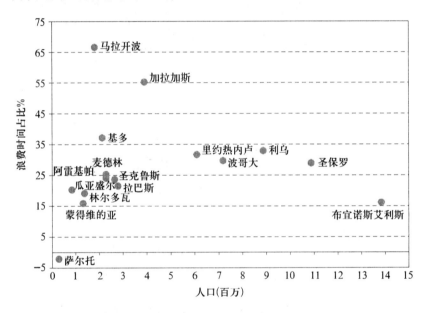

图 2.4　拉美被调查城市人口数量及浪费的时间占通常出行用时的比例（%）
资料来源：CAF（2008 年 a）。

　　图 2.4 说明，城市规模与出行用时过量指数呈正比关系。大布宜诺斯艾利斯、上报罗和利马的情况说明，还有其他因素影响出行用时。人口数量（及其对现有通行方式的需求）、城市地区扩大、城市地形特征等是城市中任意两地之间通行方式的决定性因素。虽然在逻辑上大城市的交通拥堵问题会很严重，但并不是所有城市都是如此。例如，表 2.6 显示，虽然布宜诺斯艾利斯和蒙得维的亚的地理位置和特征有很大差别，但前者的平

均出行用时（34.3 分钟）和后者（31.7 分钟）差不多。上述两
个城市通常出行用时与理想通行条件下的出行用时的时间差比
例（占通常出行用时的比例）都为 15%。这说明，前者的平均
出行速度高于后者，这与两个城市的道路宽度及其他道路特征
有关。

　　图 2.4 显示，加拉加斯和马拉开波的时间差比例很高；但麦
德林、基多、圣克鲁斯、瓜亚基尔和拉巴斯等人口相对较少的
城市，时间差比例小得多。在拉美，旨在实现道路使用合理化，
进而缓解高峰时段交通拥堵的城市干预行为对节省出行用时，
继而提高城市生活质量有很大作用。需要特别指出的是，在大
多数情况下，针对道路拥堵的小幅度措施调整就可以大大节省
出行用时。图 2.3* 显示了以同一条路上的两地之间的出行用时
为参考的，道路的使用需求与其通行能力之间的关系（莱文森
和黄，1997 年；本 - 阿基瓦等，1998 年；纳卡姆拉和科克尔曼，
2000 年；刘，2004 年)。

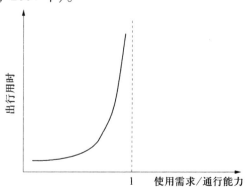

图 2.3*　出行时间与道路使用率

资料来源：Nakamura y Kockelman（2000 年)。

图2.3*说明，如果道路的使用需求低于其通行能力，出行用时就随着需求的增加逐渐增加。如果需求与通行能力相近，那么只要道路的使用率接近其通行能力，出行用时就会成比例增加。需求小幅减少就可以大大缩短出行用时。

在每周一天或两天的几个时段根据车牌号实行车辆限行，是降低高峰时段道路使用率的措施之一。最近，波哥大和加拉加斯的巴图塔市和查考市也开始实行这一措施。专栏2.2简要评估了委内瑞拉查考市"高峰时段车辆限行"（Pico y Placa）项目对日间车辆交通分流及平均出行用时的影响。该评估说明，虽然加拉加斯的其他辖市没有实施这个项目，但比较正规的日间车辆交通分流措施大大缩短了该市的出行用时。

专栏2.2　委内瑞拉查考市"高峰时段车辆限行"项目

查考市是构成大加拉加斯的5个辖市之一。查考市位于加拉加斯东北部，面积13平方千米。根据2001年人口普查，总人口64629人。查考市46.5%为居住区，35.5%为商业区，9.3%为办公和服务区，3.3%为工业区，其他区域为El Avila国家公园用地。查考市在地理位置上处于大加拉加斯3个辖市的中间位置，这决定了其车辆流量大、出行频繁的特点及其辖市间交通枢纽的角色。

道路基础设施使用率的测量方法之一是计算每小时进入和离开城市的车辆数量。以查考市登记车辆的数量为基数，加上每小时进入该市的车辆数量，减去每小时离开该市的车辆数量，得出每小时在该市运行及停放的车辆总数。根据交通运输局（Instituto Autónomo de Tránsito, Transporte y Circulación）2008 年的一份报告，1994 年查考市车辆数不足 3 万辆，2006 年则超过 5 万辆。这意味着该市道路基础设施的使用压力大大增加了。这种状况迫使有关机构推出根据车牌号限行的项目。

查考市的"高峰时段车辆限行"项目与波哥大正在实施的、加拉加斯另一个辖市巴图塔曾实施的措施近似。该项目规定，根据车牌号末尾数字依次禁止两名或两名以下乘员的车辆在高峰时段（6:30am–9:00am，4:30pm–7:00pm）通行（周一：尾号 1、2 限行；周二：尾号 3、4 限行；周三：尾号 5、6 限行；周四：尾号 7、8 限行；周五：尾号 9、0 限行）。用于评估的数据分别取自 2007 年 10 月 15–21 日（试行开始前）和 2007 年 10 月 29 日–11 月 2 日（试行开始后）。下图显示了项目开始前和实施期间查考市车辆日流量。我们可以看到，高峰时段的车辆流量明显减少，其他时段的车辆流量增多。

下表显示了四个方向的出行用时的减少比例。效果最明显的是上午高峰时段的东向西和西向东方向。北向南和南向北方向及下午的高峰时段，出行用时也有所减少，但减少幅度不及上午。

资料来源：根据 IATTC（2008 年）及统计数据整理。

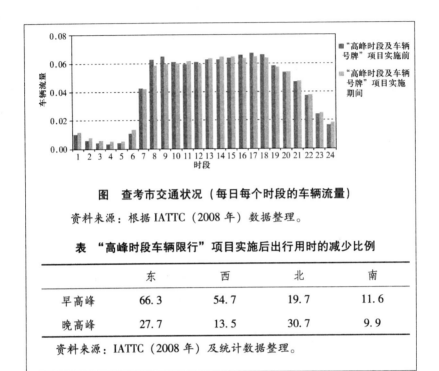

图　查考市交通状况（每日每个时段的车辆流量）

资料来源：根据 IATTC（2008 年）数据整理。

表　"高峰时段车辆限行"项目实施后出行用时的减少比例

	东	西	北	南
早高峰	66.3	54.7	19.7	11.6
晚高峰	27.7	13.5	30.7	9.9

资料来源：IATTC（2008 年）及统计数据整理。

　　如何具体地把城市居民出行用时的减少诠释为福利的改善呢？某个特定的评估很难适用于每个人进行的各种各样的活动。但是，人们在出行用时减少的情况下会如何支配节省下来的时间，这是可以记录下来的。表 2.7 显示了被调查城市中从事每一项指定活动的居民比例。每个城市比例最高和次高的类目都是"与家人共享"和"家务劳动"。至于第三高的类目，被调查城市各有不同选择。虽然城市间存在差别，但这种模式在被调查的 16 个城市具有相当的代表性。这个结论很有意义。它说明，城市交通拥堵导致的最重要的福利成本是人们与家人的共享时间。当然，我们并不是说其他的活动时间不会受到交通拥堵的影响。例如，波哥大将近 26% 的居民会把节省下来的时间用于继续工作，加拉加斯 23% 的居民用于睡觉，里约热内卢 19% 的居民用于和朋友聚会，基多将近 15% 的居民用于体育活动。所有活动都是每个家庭重要的时间支配对象，只是很明显，大多数被调查者花费更多时间与家人分享或从事家务。

表 2.7 拉美被调查城市居民如何使用因出行用时减少
所节省下来的时间（人口比例 %）

城　市	继续工作	体育活动	学习	家务	与家人分享	朋友聚会	睡觉	就医
布宜诺斯艾利斯	3.1	7.6	5.3	27.8	29.5	9.6	9.8	3.1
科尔多瓦	9.0	1.6	3.2	25.7	36.3	2.7	8.8	1.3
拉巴斯	21.2	6.8	8.5	35.1	32.5	7.4	4.5	4.8
圣克鲁斯	22.0	3.1	3.7	38.5	40.5	5.8	4.5	2.1
里约热内卢	15.8	8.5	6.0	17.1	38.8	19.2	9.3	7.8
圣保罗	4.5	7.3	6.0	11.6	29.5	9.3	6.0	5.8
波哥大	25.5	13.3	7.9	30.7	40.8	18.5	25.0	12.2
麦德林	9.1	6.3	3.0	21.2	17.5	4.7	10.7	2.8
基多	22.3	14.9	5.9	47.2	52.5	8.5	9.2	6.7
瓜亚基尔	9.6	3.1	1.6	31.3	16.5	3.1	3.9	0.3
利马	13.4	8.2	4.7	31.3	35.0	5.5	11.8	1.1
阿雷基帕	19.6	8.3	4.8	40.2	28.8	3.5	4.6	2.7
蒙得维的亚	5.4	8.4	6.9	24.0	24.5	6.3	14.7	2.7
萨尔托	3.9	1.0	0.6	25.0	13.5	3.2	15.6	2.3
加拉加斯	11.4	14.1	7.7	38.7	35.5	15.4	23.1	5.0
马拉开波	9.4	6.0	4.7	34.8	21.3	9.0	11.2	0.9
加权平均数	11.6	8.4	5.7	27.1	32.8	10.2	11.2	4.7

注：允许多选，因此每个城市的比例相加总数不一定为 100%。
资料来源：CAF（2008 年）。

如上文所述，对城市道路的使用需求与经济活动和人口密度等多种因素有关。另外，空间和资源的有限性常常也制约着对新建基础设施的投资。因此，为了节省城市中的出行用时，必须制定旨在更有效的使用现有的道路基础设施的政策，如公共交通、道路车辆停放、拥堵路段的通行费、分时段限行，等等（戈肯海默，1999 年；帕里，2002 年；OCDE，2007 年 a；OCDE，2007 年 b）。

在分时段限行措施在拉美的若干城市已取得效果的基础上，我们调查了大众对私家车限行和高峰时段收取通行费的看法。表 2.8 显示了赞同"高峰时段车辆限行"项目（波哥大和加拉加斯正在实行）等车辆限行措施的受访者比例，以及赞同高峰时段收取通行费的受访者比例。大概 40% 的受访者表示赞同私家车限行措施，25% 的受访者表示赞同高峰时段收取通行费。但每个被调查城市的情况并不相同。例如，萨尔托只有 10% 的受访者赞同车辆限行；而麦德林的比例为 65%，加拉加斯的比例为 52%。在所有被调查城市中，赞同车辆限行者都多于赞同高峰时段收费者。

表 2.8　拉美被调查城市居民对两项交通限行措施的赞成率（人口比例 %）

城　　市	赞同私家车限行	赞同高峰时段收费	赞同私家车限行		赞同高峰时段收费	
			有车者	无车者	有车者	无车者
布宜诺斯艾利斯	34.4	24.3	10.3	88.9	11.0	87.8
科尔多瓦	36.6	22.5	13.9	86.1	14.3	85.7
拉巴斯	46.2	30.9	5.0	95.0	3.0	97.0
圣克鲁斯	42.3	34.2	13.9	86.1	17.2	82.8
里约热内卢	34.2	26.9	8.4	91.6	10.6	89.4

城　　市	赞同私家车限行	赞同高峰时段收费	赞同私家车限行		赞同高峰时段收费	
			有车者	无车者	有车者	无车者
圣保罗	43.2	30.7	11.7	88.3	11.5	88.5
波哥大	50.3	22.3	15.9	83.6	24.7	74.1
麦德林	64.5	20.3	7.4	91.9	2.6	97.4
基多	40.8	34.6	16.1	83.2	13.0	87.0
瓜亚基尔	19.3	14.9	13.5	85.1	8.8	89.5
利马	28.3	26.1	3.7	95.4	6.1	92.9
阿雷基帕	24.2	21.8	5.4	94.6	4.8	95.2
蒙得维的亚	25.1	18.6	14.0	82.6	15.9	79.4
萨尔托	10.2	7.0	16.1	80.6	13.6	86.4
加拉加斯	52.2	30.3	29.5	70.5	32.2	67.8
马拉开波	21.7	9.5	38.4	60.3	50.0	50.0
加权平均数	38.5	25.8	12.5	87.1	13.2	86.2

资料来源：CAF（2008 年 a）。

　　相对较多使用道路的人群，为较少使用道路的人群发放隐性补贴也一个可以重点考虑的政策选择。为了说明这一点，表2.8 显示了有私家车和无私家车的受访者赞同上述限制性措施的比例。85％以上赞同车辆限行的受访者没有私家车，利马的比例高达95％以上；麦德林97％以上赞同高峰时段收取通行费的受访者没有私家车。

　　正如预期，没有私家车的受访者因可以从高峰时段私家车限行措施中受益，且无需忍受因时间或费用调整直接造成的种种不变，更倾向于实行这些措施。这些措施的积极意义非常明显，因为惟一会付出时间或金钱代价的是私家车的所有者或使用者。

1. 居住环境与公共交通

拉美大概75%的城市人口使用某种公共交通工具出行。这意味着公共交通是除了供水和供电服务以外使用频率最高的公共服务之一。使用人数之多本身就充分证明了公共交通在所有基础设施相关公共政策中的重要地位。如表2.4所示，大众对公共交通的满意度明显低于对其他服务的满意度。公共交通对大众福利非常重要，但必须要了解哪些是导致大众对公共交通的糟糕评价的主要原因。首先，可以预料公共交通服务的质量对满意度的影响是很大的。但公共交通服务的质量包含很多侧面，如安全、便利性、准时程度等等。因此，有必要考察每个侧面对满意度的影响。

在 CAF 为本书所作的调查中，除了询问受访者对公共交通服务的满意度，还让受访者从8个侧面分别评估公共交通服务状况。这个8个侧面是：车辆拥挤程度、快速性、准时性、便利性、[①] 乘坐车辆的人身安全、无事故率、维护和成本。图2.5显示了其中4个侧面对"较高"满意度（正数）和"较低"满意度（负数）概率的影响。[②] 图中显示，在里约热内卢，公共交通

---

① 公共交通的便利性指综合使用公共交通系统各个环节的便利程度。比方说，如果某人从下车的公交车站到达通往最终目的地的换乘公交车站需要穿越几条马路或大街，那么这个系统就是不便利的，如果只需要穿越一条马路或步行很短一段路程，那么系统就是便利的。

② 与对供水、供电服务的评估一样，调查包含了受访者的整体满意度、收入水平、年龄、性别等要素。因为乘坐车辆的人身安全、无事故率、维护和成本这4个侧面对公共交通满意度的影响在数值上几乎为零，图解仅包括其他4个侧面的数据。

的快捷性每提高 10%，"较高"满意度概率就增加 8% 以上，"较低"满意度概率就减少将近 10%；在蒙得维的亚，公共交通的准时性每提高 10%，"较高"满意度概率就增加 7% 以上，"较低"满意度概率就减少 8% 以上；在瓜亚基尔，车辆拥挤程度每降低 10%，"较高"满意度概率就增加 4% 左右，"较低"满意度概率就减少将近 16%。

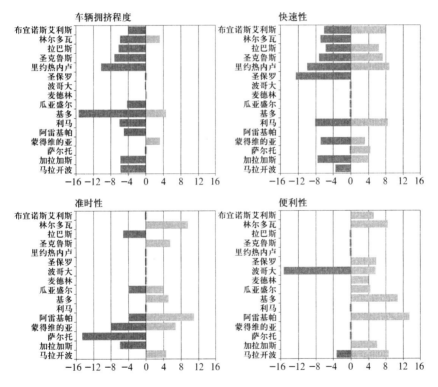

图 2.5 公共交通质量的 4 个侧面对拉美被调查城市居民对公共交通服务的满意度的影响

资料来源：CAF（2008 年 a）。

　　这些数据不仅有助于比较城市间差异，还有助于比较某个城市中不同侧面的重要性。例如，在基多、蒙得维的亚、萨尔托，准时性似乎是最重要的侧面；而在波哥大、麦德林马拉开波，便利性对满意度的影响最大。但对于拉巴斯、圣克鲁斯、布宜诺斯艾利斯、里约热内卢、圣保罗、利马和加拉加斯等大多数城市而言，快捷性是十分重要的。值得注意的是，快捷性、准时性和便利性这3个影响公共交通满意度的侧面都在某种程度上与公共交通系统的"效率"有关。它们也直接关系到人们的通常出行用时。

　　考虑到相当比例的人群使用公共交通工具出行及常规的步行因素，城市居住环境（道路照明、广场和公园等休闲场所等）对人们的生活质量有很大影响。因此，居住环境应当是城市规划的关注对象之一。表2.9显示了住所附近有选定基础设施/服务的受访者比例。

表2.9　拉美被调查城市居住环境各项指标（家庭比例％）

	阿根廷	玻璃维亚	巴西	哥伦比亚	厄瓜多尔	秘鲁	乌拉圭	委内瑞拉
道路照明	85	68	95	86	75	84	85	74
沥青马路	83	41	95	80	69	71	81	75
沥青人行道	76	38	73	72	70	65	69	42
公共下水道	52	46	81	72	76	29	70	56
广场	73	41	68	22	25	29	74	54
公园	24	43	30	81	61	70	37	33

资料来源：CAF（2008年a）。

　　在有无广场和公园乃至沥青马路或道路照明的问题上，国家间差别很大。这些居住环境要素直接关系到人们散步、公园锻炼或逛广场等休闲活动的可能性，从而与大众福利密切相关。我们以里约热内卢为例说明居住环境的重要性。该城市 14.6% 有道路照明的家庭称曾在最近一年内被盗，而没有适宜照明的家庭比例为 21.7%。

虽然这只是一个城市的例子，但居住环境影响大众福利的方式很多。因此，居住环境的改善是城市基础设施相关政策的重要组成部分，应当把它与城市道路规划、交通信号、公共场所的使用等有关公共交通或现有道路基础设施使用的政策结合起来考虑。

五 结 论

总而言之，基础设施对大众福利有积极影响。但这个肯定的结论受到若干条件的限制。首先，基础设施需要成本。任何一个新建基础设施项目都必须付出可以用于另一个领域（如公共政策）的公共资源。有的人为了获得基础设施服务支付金钱意味着牺牲在其他商品或服务上的消费。其次，鉴于基础设施一般都建在某一特定地理区域内，通常不是一个国家的所有公民，乃至一个城市的所有市民可以同等地从中受益。实际上，如果在两个居住群体之间修建一条快速通道，就很可能减少对第三方群体的商贸流动，进而损害其福利。如果在某个城市建设电表系统，很可能改善电力企业的财政状况，提高服务的可靠性，但也可能损害那些因为项目实施导致供电服务中断的群体。

与任何公共资源分配的相关决策一样，基础设施的投资、维护及有关其使用的政策都必须从广义的视角加以评估。也就是说，不仅要考虑基础设施的客观有益性，也要考虑基础设施的直接成本及其对非直接受惠群体的影响。

要准确说明某个特定的基础设施相关政策的影响并非易事。要做到这一点，通过细致评估基础设施的影响所得到的信息是最有用的。但这种研究十分有限。这一方面是由科学研究和基础设施本身的特性决定的。这说明，政府更加系统性地评估其基础设施领域的干预行为是非常重要的。这些评估不仅要针对新建基础设施项目，而且要特别关注基础设施维护及其使用管理的政策，因为后者更值得评估。这种信息对公共政策的制定和规划具有重要价值。

运用关于主观满意度的民意调查等替代工具对确定公共行为的优先性十分有用，而且有助于从民众接受程度的角度考察一些干预行为的政策可行性。作为这种替代工具的范例，CAF进行的民意调查说明，在拉美，从民众对供电服务满意度的角度看，该服务的可靠性很受关注。调查还说明，将近80%的拉美城市人口使用公共交通工具作为日常出行方式（乘坐公共汽车的占60%），民众对这项服务的满意度主要取决于快捷性、准时性、便利性等与服务效率有关的因素。这说明，减少出行用时意味着家庭福利的改善，因为人们可以把节省下来的时间用于与家人分享或从事家务。

除了关于基础设施有利于经济发展和福利改善的传统观念，还必须在广泛的知识基础上了解拉美地区基础设施的影响和人们最急迫的需求。

第三章　生产率转变之路

一　前　言

基础设施投资对于提高生产率,[①] 使出口产品多样化是至关重要的, 这有利于促进拉美地区生产转型, 增加劳工收入, 并最终促进社会发展 (CAF, 2006 年)。研究表明合理的基础设施配套对于国家发展可产生积极影响, 有利于提高生产率, 促进经济增长, 提升国际竞争力。具体到拉美地区, 有人认为拉美和东亚国家差距加大, 很大一部分原因是基础设施的不足 (Calderón 和 Servén, 2004 年)。讨论基础设施对于提高生产率的重要性, 必须建立这样的出发点: 基础设施是实现生产以及商品和服务流通的必要条件。

关注基础设施对国家发展的作用由来已久, 最早始于美国 20 世纪 80 年代中期的讨论, 当时很多经济学家发现与经济增长的前几十年相比, 生产率出现了相对停滞。因此 Aschauer (1989 年) 提出, 一个可能的原因是美国等发达国家基础设施投资减少, 继而很快出现生产率停滞。其他作者继续这个方向的研究

---

① 本章中生产率指每个劳动力产出水平 (即劳动生产率) 以及导致资本和劳动要素生产率变化的技术成分 (即全要素生产率 PTF)。

（如 Biehl，1986 年；Munnell，1990 年，1992 年）。从那时起，有关研究著作在基础设施与生产率之间建立起了联系，但究竟是怎样的联系以及通过什么渠道产生影响的，这些仍旧是研究的对象。

国家间的比较研究发现，基础设施有助于促进私人投资和经济增长。Ahmed 和 Miller 于 1975 至 1984 年间对 39 个国家（包括发达国家和发展中国家）进行了取样研究。他们得出的结论是：交通和通讯的基础设施支出刺激了私人投资，在发展中国家尤其如此。但是很多时候基础设施投资的影响取决于一系列因素，例如国家的特点、投资的数额和类型等。[①]

具体到拉美的情况，已经发现，基础设施水平是经济长期增长的重要决定因素，如果所有国家基础设施都能达到拉美地区最高水平（哥斯达黎加），经济增长率将显著提高（Calderón 和 Servén，2004 年）。[②]

研究基础设施对经济增长影响的出发点是基础设施和生产率的关系，并由此推测出对经济增长的效应。分析基础设施对生产率直接效应时，假定基础设施是一种生产投入，通常会提出这样的问题：公共资本是否替代或补充生产要素，特别是私人资本？要依据实际经验确定基础设施与其他生产要素的互补程度，因为从理论层面分析这种关系有两种相反的见解：首先，

---

① 此外，Easterly 和 Rebelo（1993 年）的研究表明交通和通讯投资可促进经济增长。其他国家的对比研究也发现基础设施对经济增长的积极作用，如 Sánchez-Robles（1998 年），Easterly（2001 年），Denetriades 和 Mamuneas（2000 年），Roller 和 Waverman（2001 年）等。

② 这并不意味着基础设施一定供应不足（包括发展中国家）。如果分析基础设施供给最优，根据边际效应值的不同，可以发现很多情况下，不一定比私人资本回报高很多（Canning，1999 年；Canning 和 Pedroni，2004 年）。

基础设施增加私人资本的生产率，提高回报率，从而导致投资增长；其次，公共资本与私人资本争夺资源，因此有可能影响私人投资的积极性。尽管在理论层面还没有定论，但大多数经验证明基础设施起到主导作用，公共资本可以刺激私人资本，在微观层面尤其明显。

分析基础设施对经济生产率效应要考虑的一个重要方面是，基础设施建成后必须有效运营，以获得预期目标。从政策的角度讲，不仅要实现合理的基础设施投资规模，现有的基础设施（以及将要建成的新基础设施）正确使用管理也是非常重要的（Hulten，1996 年）。多位研究者发现基础设施使用的效率是影响生产率和经济增长的关键因素（参见 Machicado，2007 年[1]和 Hulten，[2] 1996 年等）。基础设施的管理效率与经济增长确实存在正相关性。国家管理越是有效（维护公路，提供高质量服务等），基础设施上公共投资的增加对于国内生产总值的影响就越大。

现有基础设施越是拥挤，提供有效服务的能力越低，对经济增长的积极影响就会受到限制。治理拥挤与扩大基础设施容量的效果类似，政策实施不需要大量资源，而是要求基础设施有合理的规划和使用规章。因此，这些政策（建设新基础设施、运营和维护）左右了基础设施对经济生产率的影响，需要政策制定者给予特别关注。

本章讨论基础设施与发展关系的不同侧面。第二节从宏观

---

① 为本书编写的研究报告。
② Hulten（1996 年）发现基础设施效率提高1%比公共投资增加1%对经济增长的影响大7倍。

经济层面分析基础设施对于经济中生产性部门的影响。第三节
从微观经济层面讨论基础设施的效应，并分析通过更好的资源
配置，基础设施对于提高经济总生产率的作用。第四节分析基
础设施作为改善拉美出口产品竞争力和多样性的关键因素，如
何决定拉美国际贸易运输成本和模式。最后在第五节得出本章
结论。

二 对生产率的宏观影响分析

本节介绍宏观层面对基础设施对生产率作用的主要研究成
果。要特别指出测量方法上遇到的挑战，主要是因为生产率的
提高和更好的基础设施之间存在双向因果关系。而且还要考虑
到存在外部性和网络效应，这些因素对基础设施的生产率效应
有非线性影响。

从宏观层面研究基础设施对经济生产率影响的主要著作有
Aschauer（1989 年），Biehl（1986 年）和 Munnell（1990 年，1992
年）。这些最早的研究发现，公共基础实施对经济全部生产率有
非常大的影响，该影响太大了，以致后来一些学者认为不可信
（甚至比私人资本对生产率的效应还大）。这些研究报告很快招
致批评并推动新一轮研究的展开，新研究试图解决以前研究中
的经验化问题。

宏观数据研究中遇到的最大问题之一是双向因果关系。这
是由于收入高的、要素生产率高的国家（地区）可能有更多资
源投资于公共基础设施，因此生产率和基础设施之间的关系是
双向的，即更好的基础设施提高了生产率，但更高的生产率也

改善了基础设施水平（Tatom，1993 年）。同一个国家随着时间
发展也呈现这种双向因果关系。随着经济增长，对新基础设施
的需求增加，提供了基础设施后，生产率得到了提高，使经济
进一步增长（出现良性循环，尽管比较难界定基础设施与生产
率提高之间，孰是因，孰是果）。

　　宏观视角分析基础设施和生产率的另一个问题是被遗漏的
变量，因为有些变量没有包括在分析中，但可能是导致生产率
提高的真正原因，而不是基础设施造成生产率提高。每个地区的
独有特点（例如气候、地理、文化因素）是其生产率的重要决定
因素（Holtz-Eakin，1994 年）。此外，还有影响经济生产率变化的
总体震动，也不一定与基础设施投资有关（Tatom，1993 年）。①

　　另外一些学者指出有关基础设施对于生产率作用的研究结
果非常多变，其原因在于传统视角无法观察到存在网络效应，
因此也无法发现基础设施效应的非线性。如果存在网络效应，
那么新基础设施对生产率的效应取决于先前基础设施的水平。
基础设施在短期和长期影响资本和劳动生产率，对经济生产率
产生非线性效应，使生产函数呈 S 形变化。如果现有基础设施很
少（因此网络很不发达），任何新基础设施投资都与有形资本投
资的产出率近似。当基础设施网络达到了最低发展水平，新基础
设施的边际生产率就会比较高（与不同于基础设施的有形资本投
资相比较）。如果基础设施网络非常发达，新投资的生产率再次回

――――――

　　① Tatom 提出 1973 年石油冲击即属此类情况，这可能造成影响美国经济的结果。拉
美存在结构性震动（很多是外因的），结构性震动既影响经济生产率也影响基础设施（以
及基础设施对生产率的效应）。20 世纪 80 年代的债务危机即是一例，既影响了地区增长
和生产率，也影响了政府获得资源投资基础设施的能力。

落到与其他资本投资回报率比较接近的水平（Hurlin，2006 年）。①

当存在网络效应时，如果测算中不考虑非线性（现有基础设施水平不同，意味着新基础设施的生产率不同），则得出的结果不能反映基础设施对生产率的真正影响（不管是哪个方向的影响）。

为获知宏观层面上基础设施对生产率的非线性效应，Hurlin（2006 年）采用了等级法计量非线性影响。Hurlin 将获得的计量结果与假设存在线性关系情况下的典型估算得出的结果进行比较，其结论是存在明显的网络效应，例如道路交通，变量是每个劳动力的道路千米数。（使用三个等级和四种类型）结果显示基础设施投资对生产率的效应是非线性模式，如果现有人均公路里程很少，则基础设施投资产出率高（类型 1）；如果人均公路里程多一些，但道路网仍不发达，基础设施投资产出率显著下降，与其他生产性投入相比，甚至可能是负数（类型 2）；中等发达程度的道路网络基础设施投资的产出率是最高的（类型 3）；高度发达道路网络，基础设施投资产出率又回到正常水平（类型 4）。

为了进一步理解这个结果的含义，专栏 3.1 详细说明了基础设施投资对生产率的效应有不同等级，并介绍了 Hurtin 得出的经验性研究成果，特别指出拉美国家按照这些等级标准得出的数值，说明（按照这样的估算）增加新基础设施可能得到的产出率。总的看来，拉美地区基础设施水平相对值低，增加基础设施投资可以获得正的（虽然只是不显著的）产出率。

---

① 此外，当存在网络效应时，新基础设施的生产率取决于网络的整体发展，也取决于与现有网络哪个部分相连接。例如，建设新基础设施连接州际道路和国道，与连接地方道路系统相比，所能产生的生产率不同。

专栏 3.1 基础设施对全部生产率的
非线性效应：拉美属哪级？

本章讨论了基础设施的网络特点，很多学者认为这些特点导致基础设施对生产率的非线性效应。因此，Hurlin（2006年）提出了一种模型，在模型中，根据现存基础设施是否超过一定水平，以非直线表现基础设施的生产率效应。Hurlin 指出，如果基础设施网很小，增加投资的回报率就比较低；如果基础设施网完成了一半（即现有基础设施超过了一定水平），回报率最高；基础设施网如果很完善，回报率重回正常水平或者低水平。

现有基础设施水平的不同造成增加基础设施投资的边际产出率不一致。如果将现有基础设施分成三个水平，基础设施投资边际产出率如下图所示，呈现中 - 低 - 高 - 中的模式。

为进行实证估算，Hurlin（2006 年）使用与 Canning（1999 年）以及 Canning 和 Bennathan（2000 年）一样的国别数据，包括 146 个国家从 1950 年到 1995 年的数据。Hurlin 的模型包括几个最低值系数，以获得基础设施网的效应。他分别计算了几种基础设施：电讯、电力、地面道路和铁路网。前三类基础设施的研究结果表现出明显的非线性效应（要使网络生产率高，现有基础设施必须达到一定水平）。然而，铁路网络效应不是那么明显，反映出铁路可能被其他运输方式代替。Canning 和 Pedroni（2004 年）的研究根据边际效应数值讨论了基础设施供给最优，确定出线性效应。与他们不同，Hurlin（2006 年）一开始就承认根据基础设施是否达到了一定水平，其产生的效应有所不同，因此对于政策制定者来说，基础设施供给的概念已经不限于将每个国家的数值简单地与平均效应做比较。

下文以道路为例介绍，对应不同的生产率效应，Hurlin（2006 年）设定的道路基础设施等级为平均每个劳动力铺设公路长度分别为 3.6、5.26 和 334.87 米，确定了生产率四种情况（表）。按照这些等级，利用世界银行信息（2007 年）汇总了一组国家的数据，其中包括 9 个拉美国家。下表可以看到与世界其他地区/国家相比拉美国家的位置。表中的数值表明拉美即使将道路长度数翻倍（劳动力数量保持不变）也不会跌入低生产率那一等级，这适用于大多数拉美国家，但靠近第一水平线的阿根廷除外。这项研究可以给阿根廷的政策建议是，如果决定投资扩大公路网，投资必须足够大，就可以直接进入产出率最高的第三类型。

发达国家的生产率水平表明其道路网相对成熟，但平均来说，仍旧有扩大投资的可能并获得正的边际产出率，然而，一些国家的道路网已经太发达了，因此新投资的产出率很低。

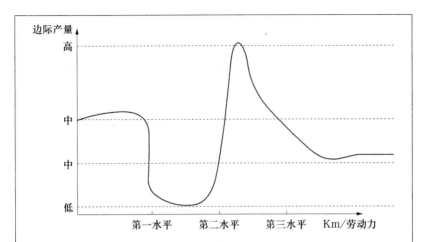

图　在三个生产率水平上的基础设施非线性效应

表 1　公路网络生产率各等级（按照每个劳动力平均千米数）

第一等级	0.003602
第二等级	0.005262
第三等级	0.034869
拉美	0.001847
阿根廷	0.003484
玻利维亚	0.000799
巴西	0.001729
智利	0.001971
哥伦比亚	0.000467
厄瓜多尔	0.000910
墨西哥	0.002450
秘鲁	0.000662
委内瑞拉	0.002712
欧盟 15 国	0.024456

续表

美国	0.025519
中国香港	0.000539
日本	0.010410
韩国	0.003159
中国	0.002087

资料来源：根据 Hurlin（2006 年）研究编写。

专栏 3.2 总结了前文提到的从宏观层面分析研究的著述，特别要强调一些研究方法的细节。由于研究方法的不足和限制，清晰识别效应和作用的渠道很困难，因此得出的结果模糊不清。但学者们努力克服这些阻碍，并促成微观层面研究方向的出现，下一节将介绍的微观研究克服了很多宏观研究的不足。

专栏 3.2　基础设施对生产率的作用宏观层面研究的简要总结

Aschauer（1990 年）的最初估算显示公共基础设施投资对于国内生产总值的效应比私人投资大 2 至 5 倍。从那时起，人们的结论是这个数字太夸张了，并质疑使用经济总量数据的合理性。另一些研究使用了州和地区数据，得出的结果就温和多了。Munnell（1990 年）使用美国各州数据，同样发现公共资本对于产量有很明显的正向影响，对于全国总量来说，公共资本的产出弹性大约是 Aschauer 得出结果的一半。

很多学者批评的另一问题是 Aschauer 结论中是否存在可疑的因果关系。Tatom（1993 年）的研究证明经济增长影响基础设施投资，但没有反向效应。

虽然基础设施与生产率不一定互为因果，可能基础设施与生产率只是发展趋势相同，其原因可能在于第三方因素，而不是二者之间的因果关系（Hulten 和 Schwab，1991 年以及 Tatom，1993 年）。如果这两个变量之间存在长期关系，发展趋势相同也是符合逻辑的，因此如果不考虑这种长期关系，研究结果就可能倾向于将基础设施对生产率效应的最小化（Munnell，1992 年）。

用宏观视角分析基础设施与生产率关系遇到的另一个问题是忽略的变量。Holtz-Eakin（1994 年）引入了地区监控以测算基础设施对地区生产率的影响，发现结果接近 0。20 世纪 70 年代初期石油危机恰逢美国经济增长率下降、基础设施投资减少时期，石油危机这样的震荡可能造成一大部分现有资产变得破旧，从而降低经济生产率，而这种情况不一定伴随着基础设施投资下降（Tatom，1993 年）。

很多研究以静态视角分析基础设施对生产率的效应，他们不仅不考虑短期效应，也不考虑基础设施对经济增长的累积效应，特别是对于长期人均生产总值的效应（Shioji，2001 年）。如果考虑到这些最具活力的因素，具体到美国和日本各地，作者证明基础设施对于这些地区的增长有显著的积极效应（人均生产总值与基础设施短期弹性为 0.15），这证明基础设施对这些经济体的增长作出了正贡献，但比 Aschauer（1989

年）的研究结果低很多。此外，这份研究报告还质疑 Holtz-Eakin（1994 年）有关如果考虑地区固定效应，基础设施积极效应就不存在的看法。

宏观视角研究文献承认存在外部性和造成基础设施对生产率明显非线性影响的网络效应。一些学者证明，基础设施对经济生产率的影响使得生产函数呈 S 型，这意味着执行正确的基础设施投资政策，经济（或产业）就能以高边际回报率获得快速扩张（Duggal et al.，1999 年，2007 年）。承认如果存在网络效应，网络一个组成部分的边际生产率取决于网络各组成部分的能力和布局（Romp 和 De Haan，2005 年）。为获知宏观层面上基础设施对生产率存在非线性效应，Hurlin（2006 年）使用等级法测算非线性效应。

资料来源：作者整理。

总体上可以说宏观层面研究结果出现了严重的方法问题，无法识别基础设施投资对经济生产率影响的因果关系（以及产生作用的渠道）。这意味着研究结果非常不一致，其中本文提到的一些研究结果质疑基础设施有积极显著效应；其他的研究结果则提出反驳，支持基础设施与生产率之间存在联系的观点。然而，宏观研究方法本身就无法在这场争论中得出结论性观点。因此，新的研究方向指向微观视角，微观视角考虑到上述方法上的缺陷，并可以正确识别基础设施对生产率（双向）的效应（和作用渠道）。确实，微观视角可以根据不同种类的基础设施，分别研究对不同产业产生的效应，因此研究中遗漏重要变量的

风险小。下一节将介绍微观层面分析基础设施对生产率影响
（对企业和产业的效应）的主要研究报告（包括一些拉美国家的
研究）。

三 对生产率效应的微观分析

本节介绍基础设施对经济生产率效应的研究成果，这些效
应通常是积极的。正如在上一节看到的，由于基础设施自身的
特性，很难精确测算生产率效应。但这方面的研究已经向更微
观的方向发展，在企业和产业层面进行分析，因为微观研究更
能控制造成测算结果和解读偏差的问题。有必要提醒读者，本
节介绍的著述并非对所研究的产业和地区进行了详尽无遗漏的
分析，而只是精确测算基础设施对经济中企业和产业生产率的
影响以及产生影响的渠道。必须指出基础设施的生产率效应常
常是适用于一个国家、行业、投资数量和类型、商业环境等，
因此具体经验不一定可以普遍适用。但是，从这些分析中可以
得出对于政策制定来说重要的教训。在这些研究的主要成果中，
有必要强调基础设施对经济生产率的积极效应是基础设施作用
于企业内部的积极作用（特别是那些密集使用基础设施的企
业），以及将资源从生产率低的企业转移到生产率更高的企业所
产生的产业资源最优配置。

分析基础设施对生产率效应的出发点是基础设施的定义，
正如第一章所述，重要的是网络经济的特点，存在外部性、基
础设施投资的资本密集性以及沉淀成本。讨论基础设施对生产
率的效应，这些方面都是很重要的，因为这意味着基础设施的

社会边际收益可能非常高（甚至高于私人资本收益）。存在外部性意味着基础设施的收益不限于基础设施所在区域，而且还延伸到周边地区（除了受基础设施直接影响的产业，还波及其他产业）；基础设施形成网络的特点意味着规模回报率递增。

很多学者认为基础设施不是作为一种生产要素作用于生产率，而是通过一系列间接渠道产生作用（Duggal et al.，1990 年，2007 年；Gramlich，1994 年）。这个讨论很重要，虽然从宏观（总体）角度可以认为基础设施是内生的，从企业层面看现有的基础设施可以视为企业决策的外生变量，因此认为企业将基础设施视为一种生产要素（即决定签约和使用的因素）的看法是不正确的。但必须将基础设施作为一种影响企业整合生产要素能力，即影响企业科技水平的因素考虑进来。

首先必须指出，企业不以成本和边际收入作为使用基础设施的考量。基础设施上投资多少以及如何投资（由政策制定者决定）的决策方式，以及公共基础设施资金主要来自税收这一事实，这一切意味着基础设施的单位成本并非由市场决定。因此，企业不一定知道基础设施的成本，甚至基础设施成本对于不同企业可能是不一样的，把基础设施视为一种生产投入可能高估基础设施回报率。[1] 因此，基础设施不是一种生产要素，而应该视为一种可以提高其他生产要素生产率的因素（科技系数增长率的决定因素）。投资在基础设施上的公共资本通过相对价

---

[1]　Gramlich（1994 年）认为宏观研究中得出的高回报率是由于将基础设施视为一种生产要素得出的，而不考虑前文提到的原因，这就必然出现这样的问题，既然公共投资比私人投资收益更高且成本更低，私人投资者为什么不进行更积极的宣传以扩大公共投资呢？事实上公共投资不可能比私人投资收益更高且成本更低。

格和产量的变动间接影响私人资本的构成：当其他要素的生产率提高时，边际生产成本下降，私人生产水平提高。提高生产能力，对于经济增长的效果更持久（Agénor 和 Moreno-Dodson，2006 年）。[①]

测算基础设施对企业生产率效应另外一个需要考虑的方面是，所投资的基础设施类型以及基础设施对不同生产要素最大的潜在效应。道路投资对于大量使用车辆行业的影响即属此情况。确实已发现对这类行业的效应更大，这意味着根据每个行业使用基础设施的密度强度不同，基础设施效应有所不同（Fernald，1999 年）。

微观研究能否有助于解释效应不同意味着基础设施作用于生产效率的因果关系。Fernald（1999 年）对这方面的研究做出了突出贡献，对这些问题给出了很好的解答。这位学者将高强度使用公路的行业与较少使用公路的行业分开研究，分析了美国州际间高速公路系统的效应。按照他的分析，道路系统发展的同时，与较少使用车辆的行业相比，依赖车辆发展的行业生产率增长更快。这表明，其他研究成果中全部生产率与基础设施的关系反映的是道路系统是原因，生产率是结果的因果关系，而不是反向的因果关系。要是高速公路并没有为企业的生产率做出贡献，而是随着全部生产率提高，高速公路的投资增加，也就不能期待当道路基础设施投资增加的时候，一个行业使用车辆的频率与相对生产率的变化之间有什么关系了。

---

① 必须指出基础设施的效应并非都可以用企业的生产率测算，因为大量基础设施不是用于生产，而是用于改善民生（第二章），改变土地用途，并且有环境影响（第四章），只关注于基础设施对企业生产率直接和（或）间接影响的测算方式无法量化上述效应。

另一方面，基础设施本身的特点决定了这种投资不是持续的，即不能支出额外的边际单位，而是必须作为一个整体进行决策。随着用户的不断加入，基础设施服务的拥挤可能使新投资的效益"跳跃式"地提高。这些因素可以解释前文所述，基础设施对生产效率的影响是明显的非线性的（Fernald, 1999 年；Duggal et al., 1999 年，2007 年；Hurlin, 2006 年）。

基于已经讨论过的几个因素，可以肯定测算基础设施效应是艰巨的任务。下文介绍主要的研究成果以及对制定政策的意义。

虽然数量较少，但微观研究相当确凿地证明了存在基础设施对生产率的正向效应。一方面，有的研究通过成本函数分析基础设施对生产率的效应。Morrison 和 Schwartz（1992 年）使用美国制造业地区数据，发现公共资本通过降低成本提升了生产效率的增长。另一方面，公共基础设施创造了有利条件，增加了市场上中间产品的种类，这有利于改善企业的生产效率（Ho-ltz-Eakin 和 Lovely，1995 年）。其主要理由是，公共基础设施降低了企业设立和运营的固定成本，因此增加了企业平衡数量，这导致企业间竞争加剧，扩大了生产投入的多样性和异质性。[1]同时，这也降低了中间产品价格，减少了最终产品生产商的成本，因此提高了最终产品生产商的生产效率。

至于电力基础设施，发电输电能力的提高可以推动稳定高

---

① Bougheas et al.（2000 年）证明美国产业（四位数行业）的专业化程度与基础设施水平呈现明显的相关性。按照他的模型，基础设施促进经济增长的方式与 Holtz-Eakin 和 Lovely（1995 年）的类似；基础设施起到了科技的作用，降低了中间产品的生产成本，并由此推动了专业化水平。

质量供电（稳定合适的电压），有利于在各生产行业使用更尖端的机器和设备，并降低企业自我供电的成本（Lee 和 Anas，1992 年）。具体到巴西的情况，Barham（2008 年）的研究[1]测算了电力对工业产品的正效应（数值相当高）。测算结果显示，在巴西的一个地区，与 2000 年平均值相比，电力可以使工业产值增加 45%。[2]

Hulten（2005 年）的研究显示，在印度各地区现有电力基础设施的回报率为 5% 左右。[3] 这份研究报告使用了 Hulten 和 Schwab（1991 年）的方法，与对美国的研究不同，将印度作为对象的研究中发现了基础设施对制造业生产率的积极效应。这对于政策讨论非常重要，因为表明了基础设施对生产率的作用取决于所处的环境。

此外，电力基础设施还通过其他机制影响生产率。其中一种方式是基础设施对人员和企业流动的影响作用，如果"质量更好"的劳工和企业对某个地区的电力作出回应，那么向有电力地区的迁移也可能导致电力基础设施对企业生产率的正效应。这可能意味着电力对企业生产率有很高的正效应，尽管电力本身并不具备高生产率。

关于信息通讯技术投资，必须指出生产率效应不限于使用信息通讯技术提高各生产要素的生产率。其最大效应在于建立信息结构以减少企业交易成本，提高组织效率。产生的涓滴效

---

[1] 为本书撰写的论文。

[2] 如果控制电力基础设施的内生性，得出的数值就没有那么高了，虽然效应保持在 20%，但这是在数据相当不精确的情况下测算出来的，也不排除效应为零的可能。

[3] 这份研究使用了印度制造业 20 年时间（1972～1992 年）16 个州的数据，共 320 份信息。

应意味着信息通讯基础设施不一定受制于边际效益递减规律，因此其生产率效应高很多（Duggal et al.，2007 年）。基础设施的网络特征在信息通讯技术领域呈现特殊性，即不仅存在效应为非线性的有形基础设施网络（如已讨论过的公路），而且作为补充效应，随着用户的增加，网络越来越有效率。[①] 虽然电信也会发生拥挤，但更多的用户接入网络时，生产效率提高，因为用户之间的通讯能力、信息交换和接入增加。一旦平均接入率达到关键水平，信息通讯技术网络的生产率也是非线性的，而且生产率非常高。根据对经济合作与发展组织国家的研究，这个关键水平近似于全民接入网络（Roller 和 Waverman，2001 年）。

信息通讯技术对经济生产率最重要的效应是与信息通讯技术有关的资本品价格持续下降，这对其他生产行业产生了外部性、导致资本类型替代的过程，如同任何技术变革一样，使生产函数（包括行业和总量生产函数）向上移动。美国的测算显示，1995～2000 年间信息通讯技术投资促成了行业劳动生产率提高的近 80%，特别是大量使用信息通讯技术的行业（Jorgenson et al.，2008 年）。[②] 这些数值在最近时期（即 2000～2006 年）下降了，虽然对经济总体而言仍保持在 38% 以上。这一点很重要，因为要强调说明的并非是信息通讯技术投资是劳动生产率提高的主要原因，而是说信息通讯技术在提高生产率上起到了不可忽视的作用，有时是主导作用，美国 1995～2000 年间

---

① 其他类型基础设施的情况与此不同，在其他类型基础设施上，新增用户对其他用户造成的净效应是增加了拥挤，从而降低了生产效率。

② 信息通讯技术对生产率增长的贡献计算方式如下：信息通讯技术投资对资本存量的贡献加信息通讯技术对全要素生产率增长的贡献，除以当期平均劳动生产率。

的经验既是如此。

信息通讯技术对企业生产率的作用是通过间接渠道实现的，因为通常需要企业在企业组织、劳动方式、人员培训和无形资产等领域进行配套投资和创新（参见 Black 和 Lynch，2004 年；Brynjolfsson 和 Hitt，2003 年；Bresnadhan et al.，2002 年）。此外，还应指出信息通讯技术投资的生产率效应不限于现有的生产行业，还包括在服务业等行业创造的机会，以及企业在各层次管理部门进行的管理方法的改善。

另外，有效并且可信赖的基础设施不仅可降低设立新企业的后勤成本，还可以降低企业内私人提供基础设施的成本（例如，自有发电机）。这一点特别重要，因为会增加应变成本，应变成本是妨碍企业快速完全适应由相对价格变化引起的需求冲击。在以中小企业为主的低收入国家，这种效应尤其明显，因为这类企业用于支付应变成本的资源少（Holtz-Eakin 和 Lovely，1995 年）。

前文提到 Fernald（1999 年）的研究显示，存在道路基础设施投资对生产率的效应，大量使用车辆的行业效应尤其显著。[①]此外，这份研究得出的结果可以解释，为什么基础设施投资的效应是非线性的。在他的研究中，Fernald 的结论是"50 年代 60 年代大量修建公路导致生产率一次性增长，而不是生产率高速持续增长。1973 年之前道路基础设施生产率特别高，但边际增长并不高，这个结论与网络理论是一致的。修建州际公路网非常有利于提高生产率，但修建第二条州际公路网就不是这样了"

---

① 在 Jorgenson et al.（2008 年）的研究中讨论了信息通讯技术投资的相同效应。

117

（Fernald, 1999 年, p. 4）。[1]

　　Cárdenas 和 Sandoval（2008 年）[2]按照 Fernald（1999 年）的方法，使用哥伦比亚三位数代码制造业 1991～2001 年度调查数据，全国公路局（INVIAS）有关公路存量和质量数据以及日交通流量数据，并据此进行了估算。作者获得的证据证明，公路基础设施的增长对哥伦比亚制造业生产率的提高有显著的积极效应。得出的结果显示公路存量增加 1%，根据所使用全要素生产率衡量标准的不同，制造业全要素生产率可以提高 1.03% 到 0.77%。具体到工厂，得出的结果显示道路网络增加 1%，工厂全要素生产率提高 0.08%。专栏 3.3 更详尽地显示了 Cárdenas 和 Sandoval（2008 年）的估算，并强调了私人部门在道路基础设施投资上日益重要的作用，以及道路基础设施对哥伦比亚制造业的积极效应，包括哥伦比亚整个产业和制造业企业层面的积极效应。

专栏 3.3　道路基础设施对哥伦比亚制造业的影响

　　自 20 世纪 90 年代初一系列改革开始，基础设施私人投资大幅增加。在改革更深入的行业，私人投资增加也更明显，但交通基础设施投资相对停滞。图 1 和图 2 显示了近年来基础设施公共和私人投资额，以及按行业划分的数额，可以看到交通基础设施投资趋势不明显。

---

① 作者翻译。
② 为本书撰写的论文。

自 1955 年开始，制造业年度调查汇总了雇员人数超过 10
人或者产量超过 1.55 亿哥伦比亚比索的加工制造业企业的数
据。数据包括企业所在的城市、雇员数量、工资、财产清单、
消耗能源、房屋、机器设备、交通设备和中间消耗（Cárdenas
和 Sandoval，2008 年）。

政府负责建造、维护、运营一级道路网络（国道）的中
央机构 INVIAS 汇总了道路长度、质量和交通流量数据，包括
私人部门运营的公路。

图 3 显示了 1993 至 2001 年间主要公路网长度的变化情
况，这期间公路网平均每年增加 1.1%。

利用这些数据，Cárdenas 和 Sandoval 测算了 330 个城市半
径 100 千米范围内的公路密度，这些城市坐落有制造业年度
调查中包含的企业。他们还测算了半径 50 千米内的公路密
度，以证实研究结果是有效的。企业周边可使用公路的方便
性是回归分析的自变量，以解释全要素生产率的增长，全要
素生产率有两种测算方式：经济增长的会计计算，即 PTF1，
以及 Levinsohn 和 Petrin 的非参数方法（2003 年），即 PTF2。
使用这些数据，学者试图判定道路基础设施增加导致的生产
率提高在各个产业中和经济总量是否一致，也就是说，是否
（如 Fernald，1999 年所述）根据每个行业使用车辆的程度不
同，道路基础设施的效应不同。

首先，两位学者计算了经济总量的全要素生产率相对于
公路存量的弹性，PTF1 和 PTF2 的弹性分别为 1.03 和 0.77。
工厂的全要素生产率相对于公路数量的弹性是 0.08（包括拥

堵可能造成的效应）。这个方法也可以测算公路网拥挤的影响，他们发现交通流量每增加 1%，工厂的全要素生产率下降 0.076%。这项结果对于 PTF1 的影响很明显，但对 PTF2 不明显。

作为结论，这些发现表明道路基础设施对哥伦比亚制造业生产率有积极效应，拥挤会产生负面效应。

资料来源：根据 Cárdenas 和 Sandoval（2008 年）的研究制作。

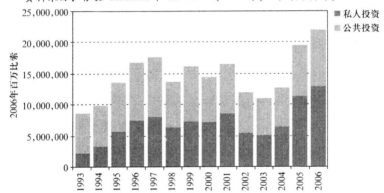

图 1　哥伦比亚基础设施公共和私人投资（1993 ~ 2006 年）

资料来源：Cárdenas 和 Sandoval，2008 年。

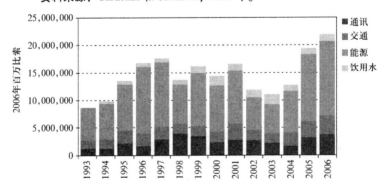

图 2　哥伦比亚按行业划分基础设施投资（1993 ~ 2006 年）

资料来源：Cárdenas 和 Sandoval，2008 年。

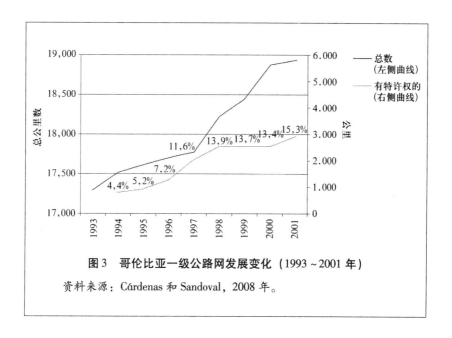

图3 哥伦比亚一级公路网发展变化（1993～2001年）

资料来源：Cárdenas 和 Sandoval，2008年。

Hulten（2006年）的研究显示，印度道路基础设施存量的回报率逐年增加（从1974年的大约2%到1992年大约5%）。Pineda 和 Rodríguez（2007年）通过评估基础设施投资对委内瑞拉制造业企业的效应，研究了双向因果问题，基础设施投资的经费来自地方政府公共投资的转移支付基金，即权力下放政府间基金（FIDES）。FIDES 对委内瑞拉各州投资拨款的规则是外部因素决定的（也是非线性的），因此不存在政策制定者倾向于某些州，给某些州拨款更多而造成的偏差。这些学者发现，生产率相对于公共资本投资的弹性大于0.3（在0.33和0.35之间）[①]；2001年公共资本存量是国内生产总值的0.615%，这意

[①] 与 Fernald（1999年）研究结果很接近，Fernald 发现美国制造业的弹性是0.38。

味着资本回报率短期是0.52，长期是0.8。专栏3.4详细介绍了这份研究，研究结果有助于解释基础设施投资对推动委内瑞拉私营部门生产率提高和经济增长所起的作用。需要强调的是，自60年代以后委内瑞拉基础设施投资减少造成了经济增长下降。

基础设施对经济的积极效应受制于提供服务的能力。因此，必须分析保养、维修水平以及拥挤问题对基础设施效应产生的影响。①

专栏3.4　FIDES基金的公共投资对委内瑞拉制造业生产率的效应

委内瑞拉部分增值税收入拨给各州作为公共投资基金。管理这项基金的机构是权力下放政府间基金（FIDES），该机构以外部因素（至少与各州制造业企业的生产率无关）和非线性作为准则，将预算拨给各州，条件是拨款用于投资项目。这项基金成立于开始实施增值税的1993年，负责将增值税收入的15%下拨给地方。每个州获得的数额取决于其人口和面积占全国总量的比重，还设置了补偿指数，以帮助欠发达地区，并与各州获得的其他转移支付比例以及人类发展指数呈逆相关。其他的转移支付来自石油开采提炼的税收，其中70%划拨给产石油的州，30%给其他各州。

上文所述的基金拨款函数，其最大的影响是增值税收入，

---

① 拥挤是个问题，因为会抵消基础设施对经济的积极效应，基础设施没有得到有效使用。例如，按照运输货物和生产要素的时间计算，高拥挤道路等于延长了道路或者降低了道路质量。

即国民收入的波动。因此这些变动对于各州来说都是外生的，与单纯的时间效应也没有直接关系（受石油开采税收变动影响的转移支付亦是如此，显然这与各州企业无关）。使用这种拨款机制，可以将公共投资的生产率效应与决定基础设施投资拨款的内生力量分离开。

学者们使用国家统计局发布的工业调查企业数据，以及FIDES给委内瑞拉每个州的预算拨款数据，对1995和2001年进行了测算。结果显示使用FIDES基金的基础设施投资对生产率的效应体现在本国企业和服务于国内市场企业的生产率上，这些企业利用了此项基金的投资类型（主要是地方的基础设施，如连接城市和州的道路）。

学者们发现FIDES基金投资的基础设施对生产率的效应在0.32到0.40之间。他们用这些数值进行模拟（见下图），发现要是委内瑞拉的公共资产保持在1978年的水平，人均国内生产总值可以比实际高出37%。

资料来源：根据 Pineda 和 Rodríguez（2007 年）的研究制作。

图　历史和模拟人均 GDP，委内瑞拉基础设施投资
未降低的情况（1957～2001 年）

资料来源：Pineda 和 Rodríguez（2007 年）。

（一）维护

除了基础设施的应变成本，基础设施（以及基础设施的状况）对于私人资本折旧率有明显影响。根据 Agénor（2005 年）的研究，维护公共基础设施可以降低私人资本的折旧率（例如，要是公路维持在良好状况，车辆的磨损就少；要是公共输电更有效率，私营企业使用的信息通讯设备以及机器就可以在电力系统中受到更少的损害）。"维修开支"是指使用资源保持资产的运营状态（Kalaitzidakis 和 Kalyvitis，2004 年）。这些学者认为公共资产的维护费用可以视为投资，因为这笔支出不是政府消费开支，而是增加了经济中公共资产的存量。

维修与投资新基础设施并不是完美的替代物。实际上，一单位新增投资直接增加了公共资产存量，增加一单位维修开支，通过影响折旧率，间接影响资产积累。这意味着使用同样数量的资源，可以更高速积累资产，因为更有效的资源再配置可以降低折旧率，从而提高积累。积累了更多基础设施后，私人资产的影子价格提高，经济增长率提高。政府可以不增加资源需求，改变用于维修费用的比例，制造这种经济增长，因为经济可以转而更有效使用私人资产存量。所以增长和资源配置的关系不是线性的，这种非线性取决于资产折旧的方式（Kalaitzidakis 和 Kalyvitis，2004 年）。

由此展开了维修开支和新基础设施投资开支最佳组合的讨论。在这两种选择间重新分配支出可以改善基础设施效应，通常最好的组合方式取决于每个国家的具体情况以及支出的数额。改变两项开支组合比例的可能性表明这是政策中必须考虑的，同时并不意味着其中某项开支可以随意增加。研究结果显示，如果维修支出相对于新投资支出比例较低，那么最优政策是提高维修支出的比例（Kalaitzidakis 和 Kalyvitis，2004 年；Rioja，2003 年）。[①]

由于缺少数据，很难得出结论性的证明，以上提到的研究表明维修开支水平与提高公共和私人资产的生产率正向关联，从而提高了经济增长。从政策角度来说这具有重大意义，因为在维修和新投资间配置资源是个变量，这个变量掌握在政策制定者手中，他们必须选择两种开支的最佳组合，该组合取决于每个国家的具体国情以及这些支出的数额。

（二）拥挤

很多基础设施受困于拥挤问题。例如，道路交通流量加大增加了平均运输时间及其不确定性。如果电网用户增多，达到了一定程度，则供电服务可能出现问题，电信网络、输水和环卫系统也是一样。虽然一定程度的拥挤[②]可能只是经济发展的表现，但滞后而且不稳定的基础设施服务可能使福利水平和生产率下降，并最终影响经济，严重阻碍发展。

[①]　Kalaitzidakis 和 Kalyvitis（2005 年）使用加拿大维修开支一个非常全面的数据库进行研究，发现维修支出的比例和经济增长之间的关系不是线性的；两者的关系呈 U 型，也就是说，维修支出在一定比例时，生产率和经济增长最高。Rioja（2003 年）对拉美 7 个国家进行了模拟，测算将新基础设施投资重新分配用于维护现有基础设施所引起的生产率效应，以及相反做法的生产率效应。

[②]　必须指出拥堵问题是经济著作中称为"公共资源悲剧"的一个例子。拥挤减少了所有使用者的福利，但对于每个新用户来说，加入网络时其净福利增加，因为他无法内化其他用户受到的负效应。具体到交通运输，虽然大量使用公共交通可以缓解拥堵问题，但公共交通乘坐者的移动方便性总是不如私人轿车使用者，因此任何有能力支付私人汽车的用户都会使用私人汽车（Gakenheimer，1999 年）。

第二章分析了拥挤对居民生活福利的影响。本节侧重于分析拥挤对生产率的影响。最显而易见的影响之一是时间成本，员工需要花更多时间才能到达工作地点。拥挤既影响了交通速度也影响了人们对交通运输条件的信心。对于个人和企业来说，对交通缺乏信心这一点最重要，因为无法合理安排商品和生产要素的运输，会增加企业成本。例如，更高的存货成本，更高的物流成本和信心成本，"及时生产"战略实施成本等。

运输速度下降造成的市场缩小也是一种成本，这相当于增大了要素市场和商品市场之间的距离：道路越是拥堵，对于企业来说，获得劳动力、特殊生产要素以及将产品送往消费者手中的成本越高。长期来看，这将影响企业的选址决定，短期则意味着一些产业受到的影响更大。使用高专业化要素（不管是更高素质的劳动力或是特殊的生产投入）的产业，其成本结构对于拥挤程度的变化更敏感。此外，拥挤程度的增加等于企业商品市场规模的缩小，因此利用规模经济的机会减少，从而降低了企业生产率。拥堵还造成市场更加本地化，有可能对产业内部竞争程度造成负面影响。[1]

拥挤的增长与基础设施的"整体"供给特点有关。扩大道路网络才能增加道路基础设施的容量，这通常意味着新基础设施在短期使用不足，中期使用合理，长期过度使用。

拥挤对企业和产业生产率效应的测算显示，拥挤对全要素

---

[1] 重要的一点是基础设施拥挤的可能性与基础设施融资的关系，这可能影响基础设施的供给水平以及非线性效应。Mankiw（1992 年）提出如果政府不能收取公共产品使用费，可以提供低于最优水平的公共产品服务，因为这样可以减少公共产品过度使用的问题（以及由此带来的拥挤问题）。

生产率有明显的负面影响（Fernald，1999 年）。拥挤对工厂生产率的负面效应在规模上甚至接近增加公路存量所产生的积极效应。以哥伦比亚为对象的研究中可以看到，按照每日交通流量计算，拥挤每增加 1%，工厂的全要素生产率下降 0.076%。必须强调指出，拥挤的负面效应在程度上（虽然是反方向的）与前文所述增加道路对全要素生产率 0.08% 的正效应近似（Cárdenas 和 Sandoval，2008 年）。基础设施拥挤对企业的负面效应表明，运用车辆行驶政策对于保证现有道路对生产行业提供有效服务是很重要的。

解决拥挤问题可以采取的措施（排除扩大基础设施网络的可能性）有：执行差异价格（比如公路的收费），以使交通流量在全天平均分配缓解高峰时段；规划现有基础设施的使用（见第二章中高峰时段车号限行的范例）；推行鼓励有效使用基础设施的措施（例如鼓励多人共乘一辆私家车或使用公共交通）。如果是更高一级的规划，企业采用弹性工作时间可能是缓解上班时段公共服务压力的有效措施。

可以概括说，有很多微观分析研究强调了基础设施对生产率的积极作用，以及与该积极作用相关的网络效应和非线性关系。从公共政策角度看，将资源用于维护修缮基础设施有积极意义，虽然拥挤问题可能严重影响基础设施对生产行业的积极效应。诚然，微观视角有其研究方法问题。其中部分问题是基础设施本身特点造成的，比如使用中的外部性、规模效应递增、微观研究很难全面覆盖基础设施的范围。[①] 虽然有研究方法的困难，基础设施和生产率研究显然必须转向更微观的视角，因为可以大大改善对效应的识别和测算，有利于得出更具决定性的结论，也有利于评估基础设施对不同生产行业的效应。显然，要想进行这样的研究，当务之急是尽快解决缺少数据的问题。

本节介绍的研究成果显示最能反映基础设施对企业生产率效应的是那些大量使用基础设施的企业。下一节将讨论经济总量的生产率提高，这种提高是资源再配置以及基础设施降低产业成本、改善产业内部效率的结果，这可以加剧竞争，导致效率低下企业退出市场，将资源再分配至生产率更高的企业。

（三）资源重新配置导致的生产率提高

基础设施对生产率的另一个效应是基础设施可以影响市场的竞争格局（Syversson，2004 年 a 和 2004 年 b）。高度竞争环境下不会出现同一行业内企业生产率的离散。Syversson（2004 年 a）认为生产率离散的原因是不同企业生产的产品缺少替代性，导致消费者很难改换供应商，因此生产效率低下的企业可以在缺少竞争的情况下盈利运作。[②] 替代性增加时，低效的生产商被迫退出市场。如果生产率高的企业必须远离生产地销售产品，由于产品替代的障碍之一是产品运输成本，产品替代就与基础设施建立了关联。低交通成本、产品差异性较小和（或）广告

---

① 微观研究的另一个问题是分析的是具体情况，因此显然无法将经验推而广之，为制定政策提出建议。

② 该作者测试了 Melitz（2003 年）和 Bernard（2003 年）研究成果在实际经验上的有效性，得出的结论是：导致产品替代性的不同产业生产要素的差异与产业内工厂生产率的平均水平和分散程度相关。

较少（产品替代高的所有指标）的制造业倾向于拥有更高的平均生产率，且生产率分散程度低（Syversson，2004 年 a）。

道路投资可改善交通，减少产品替代阻碍，从而促进生产率提高（因为效率低下的企业将退出市场），缩小同一产业内不同企业的生产率差异（由于市场上产品替代性的加大）。前文所述 Cárdenas 和 Sandoval（2008 年）对哥伦比亚的研究中可以看到这样的结论。研究表明道路增多使同一行业位于相同地点的工厂的全要素生产率趋向一致，同时最低和平均全要素生产率提高。

从出口的角度分析，Bernard（2003 年）也有类似的观点，他们认为，国际贸易伴随着运输成本的下降，导致资源由效率低下企业再配置到高效企业，企业内部特别是整个产业提高了生产率。[①] 从微观角度研究贸易政策与贸易利润关系时，发现贸易成本变化与工厂的生产率之间存在联系，因此开始了这个问题的研究。

微观实证研究显示，从事出口的企业很少，相比没有出口业务的企业，出口企业通常生产率更高、规模更大、更容易在市场生存（Bernard 和 Jensen，1995 年）。存在一个进入市场的生产率门槛，还有一个更高的从事出口的生产率门槛，这是由于存在两种活动的固定成本。运输成本下降，则进入外部市场的可能性增加（例如，可以到达更远的销售地），而且单位成本下降，因此出口商的利润增加。原先生产率接近出口要求的企业现在可以出口了，这提高了进入市场的门槛，迫使生产率低下企业退出行业。从事出口业务的生产率门槛下降，因为从事

---

① 本专题专业著述的一致结论（发达国家和发展中国家均适用）是更激烈的国际竞争减少了效率低下企业参与市场，增加了高效企业的参与，参见 Tybout（2003 年）有关此问题的概述。

出口的企业数目增加，出口额增加。

运输成本的下降将增加进口商品种类，减少本国企业的国内销售，加速低效企业退出市场，只有最高效的企业才能出口，这可以补偿在本地市场参与程度的下降。Bernard（2006 年）对美国制造业的研究显示这些理论在实践中是有效的，因为他们发现交通运输成本下降一个标准差可导致生产率年增长率提高0.2%，企业关门的可能性增加1.3%，企业出口的可能性增加0.6%（美国企业平均出口可能性约为7.2%）。

下一节将更深入分析国际贸易运输成本的变化（包括基础设施的作用以及如何管理作为运输成本决定因素的基础设施）与贸易专业化模式的关系，以及物流、运输方式等与生产性行业国际参与相关的话题。

四 贸易模式和运输成本

如前所述，基础设施投资对提高生产率、推动出口产品多样化（本节将讨论这个问题）至关重要。下文介绍的研究成果展示了更多更好的基础设施如何能降低运输成本，改变贸易使用的各种运输方式（包括物流链），成为提高出口竞争力的源泉。

有关国际贸易运输成本的著述比较新，其中一个前沿研究是 Limao 和 Venables（2001 年）的。大多数研究一致认为，由于实行贸易自由化，取消了很多人为的贸易壁垒，运输成本转而成为国际贸易最大阻碍之一。

对于发展中国家（撒哈拉以南非洲、拉美和加勒比、亚洲部分国家）来说，运输成本对贸易的影响比关税的影响大五倍

（世界银行，2001 年）。① 发达国家的数据更全面，可以进行更准确的估算，贸易总成本是生产边际成本的 170%（Anderson 和 Wincoop，2004 年）。表 3.1 是总成本的分项列表，包括运输成本、过境成本、当地销售成本等。

高昂的运输成本减少了出口（特别是加工制造产品），使一些国家更难获得外汇，购买经济增长必不可少的资本品，以及生产产品、提供服务需要的资本品和中间投入品。运输成本高的国家进行的贸易少，对于投资也缺乏吸引力（Radelet 和 Sachs，1998 年）。②

表 3.1　发达国家贸易总成本（%）

项目	比例
运输成本	21
运费	12
运输时间价值	9
过境费	44
关税和海关管制	8
语言障碍	7
使用外汇的成本	14
信息成本	6
安全	3
当地销售成本	55
商品最终成本（121%）×（144%）×（155%）	270

资料来源：Anderson 和 Wincoop（2004 年）

---

　　① 在大部分的研究中，运输成本包括：运费（运输公司收取的服务费）、保险费、港口装运费（装船、卸船、装集装箱等），合同成本（获取信息、起草制作合同等）。

　　② 这些学者在对 64 个国家 1965～1990 年数据分析发现，海运距离每增加 10%（平均 1000 海里），运输成本增加 1.3%（CIF/FOB 之比增加 0.6%）。CIF 和 FOB 用来衡量一国进口额，其区别在于 CIF 包括保险和海运费，因此在很多研究中作为运输成本的指标。

专栏3.5分析了一组国家运输成本的变化情况，表明运输成本在出口总价值中的比例呈下降趋势，虽然最近由于燃料价格上涨运输成本有所增加。

运输成本的效应分析通常分两步进行。首先，评估运输成本的决定因素以及每个因素的影响，重点分析基础设施投资对这些成本的影响。然后测算运输成本对国际贸易的效应，将运输成本与商品价格以及其他贸易壁垒（例如关税）进行比较，还有运输成本对商品相对价格的影响（Hummels，2007年）。

专栏3.5 运往美国的运输成本发展变化

本专栏分析1990～2006年按照出口值计算的平均运输成本变化。必须指出这一时期燃料（运输成本的主要组成部分）市场波动很大。例如，1990～2001年间，原油平均价格是每桶22.63美元，2002～2006年是38.24美元，2006年是56.28美元。[①]燃料价格的上涨部分抵消了科技进步引起的运输价格下降。现在的疑问是近几年的燃料价格上涨是否使从价运输成本呈增长趋势，还是说尽管有能源市场的波动，运输成本仍旧延续下降趋势。下图显示了代表性国家巴西从价运输成本的发展变化，图上可以清楚看到近几年运输成本的上升部分抵消了下降趋势。

在对14个国家进行的取样调查中，[②]计算了每个国家运输成本趋势值。结果显示所有国家的趋势都是从负数到1%的显著性差异，虽然由于燃料价格上涨，一些国家近几年运输成本

上升。下表是回归分析的结果。

　　还发现运输成本下降的总体趋势伴随有各国国际贸易标准分类一位数产业相同的变化。结果显示以下产业有显著的正相关：食品和动物（0）、饮料和烟草（1）、非食用原材料（2）、工业制成品（6）、机器及运输设备（7）和杂项工业制成品（8）。这表明在所研究的国家中这些产业的运输成本同方向变化，因此看来这是一种普遍效应，而并非一些国家或产品的个别情况。

①价格以 2008 年美元表示。

②研究中包括的拉美国家是：阿根廷、巴西、智利、哥伦比亚、厄瓜多尔、墨西哥、秘鲁和委内瑞拉。作为对比组，研究还包括了韩国、西班牙、芬兰、中国香港、爱尔兰和挪威。

　　资料来源：根据 Pineda 和 Stephany（2008 年 a）研究制作。

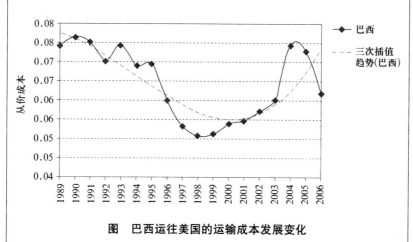

图　巴西运往美国的运输成本发展变化

　　资料来源：根据 USITC 数据制作。

表 运输成本趋势回归分析结果				
国　家	趋势系数	R^2	p 值	取样数量
阿根廷	− 0. 0070	0. 0040	0. 0000	10371
巴西	− 0. 0717	0. 0568	0. 0000	14165
智利	− 0. 0067	0. 0298	0. 0000	7687
哥伦比亚	− 0. 0049	0. 0420	0. 0000	8852
韩国	− 0. 0026	0. 0325	0. 0000	13942
厄瓜多尔	− 0. 0048	0. 0095	0. 0000	5510
西班牙	− 0. 0074	0. 0193	0. 0000	13927
芬兰	− 0. 0069	0. 0372	0. 0000	10056
中国香港	− 0. 0039	0. 0177	0. 0000	12421
爱尔兰	− 0. 0047	0. 0206	0. 0000	10549
墨西哥	− 0. 0038	0. 0604	0. 0000	16027
挪威	− 0. 0061	0. 0142	0. 0000	9709
秘鲁	− 0. 0050	0. 0320	0. 0000	6579
委内瑞拉	− 0. 0058	0. 0323	0. 0000	8295

资料来源：根据 USITC 数据计算。

（一）决定运输成本的因素

产品运输成本的决定因素包括原产地和目的地之间的道路特点、原产地特点以及目的地特点（Limao 和 Venables，2001年）。路程最重要的一个因素是两国共享的边境：这可以降低运输成本，因为邻国通常有更一体化的交通网络，可减少装货卸货成本；两个邻国更有可能签署海关协定，缩减运输时间，两国间可能有更畅通的双边贸易，让运输工具（卡车、船只等）

装满货物返回，将固定成本分摊在两趟运输上。安第斯国家共同体就是这样的例证，在安第斯国家共同体，贸易主要通过陆路运输进行，基础设施是影响地区内贸易的政策变量（Acosta et al.，2005 年）。下一个专栏介绍安第斯国家间贸易运输的各种模式，特别强调安第斯国家共同体内海运和陆路贸易，港口质量欠佳提出的挑战，以及安第斯国家共同体这个贸易体边境隘口存在的问题，以推动贸易便利化。

其次，贸易国之间的距离越远，运输成本越高，原产地和目的地的内在特点也影响运输成本，比如，基础设施、出海口、岛国特征（Limao 和 Venables，2001 年）。[①]

专栏3.6　安第斯国家贸易运输方式

从表1可以看到海运是安第斯地区（玻利维亚、哥伦比亚、厄瓜多尔、秘鲁和委内瑞拉）外贸非常重要的运输方式，该地区向世界其他地区出口的近80%、进口的67%通过海运。四个有出海口的国家（哥伦比亚、厄瓜多尔、秘鲁和委内瑞拉）在 2001～2006 年间港口业务平均增长了19%，这进一步强调了提高港口质量的必要性，以适应贸易模式的需要。

测量港口生产率的指标通常是：船只服务时间、货物在港口的转移速度和停留时间。表 2 是 2007 年《全球竞争力报

[①] 这些学者建立了基于几个基础设施行业指数的人均基础设施系数。在对 47 个国家的采样研究中，基础设施系数的平均值是 1.72，标准差 0.901。学者估计将该系数提高一个标准差可降低相当于 6500 千米距离的运输成本。

告》中的港口效率指数。调查的 125 个国家该指数的平均值是 3.7。安第斯地区面临的挑战是将港口质量提高到世界标准，以促进与世界其他地区的贸易。

在安第斯国家内，虽然海运仍旧是主要运输方式，但陆路贸易比例很高。下图是 2003 年按照运输方式划分的安第斯国家内贸易值。可以看到公路运量几乎与海运持平。

地区内贸易规模对于安第斯地区是相当重要的，是安第斯各国贸易总量的 9.1%（委内瑞拉是 5.4%），而且此数据一直呈增长趋势。Acosta 等人（2005 年）报告说安第斯地区内贸易增长快于与世界其他地区贸易，并达到前所未有的规模。这些学者进行了多次贸易引力模型测试，发现基础设施变量的效应近似于离市场更近的效应。

区域内贸易的增长以及陆路运输对区域内贸易的重要性，要求对道路基础设施进行合理使用和投资以促进贸易，特别是考虑到没有一个安第斯国家拥有完善的铁路网。必须在整个物流链努力提升效率。阻碍国际贸易（也阻碍国民经济发展）的地面运输物流问题包括：现有道路运力不足、路况不佳、过境用时很长、缺少不同运输方式的有效衔接。[1]

给安第斯国家的信息是明确的：为推动地区内贸易以及与世界其他地区的贸易，商品运输必须有效快捷，因此最主要的运输方式必须有合适的基础设施配套。

①更详尽介绍参见安第斯发展集团资料（2005 年）。

资料来源：根据安第斯国家共同体资料（2005 年）制作。

表1　安第斯国家向世界其他地区出口的运输方式

	出口（%）	进口（%）
海路	79.67	67.21
公路	11.00	21.06
空运	4.87	9.57
其他	4.46	2.16

资料来源：安第斯国家共同体（2005）。

表2　拉美国家港口质量指数

国家	港口质量（指数1＝欠发达，7＝世界最发达）	世界排名（共125个国家）
哥伦比亚	2.90	82
厄瓜多尔	2.80	84
委内瑞拉	2.70	85
秘鲁	2.20	105
拉美平均	3.51	59
南美平均	3.04	80

注：拉美和南美的排名比照相同港口质量指数国家的排名。
资料来源：FEM（2007年）。

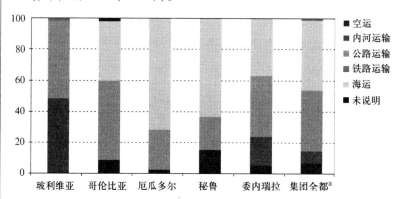

图　按照运输方式划分2003年安第斯区域内贸易

注：不包括委内瑞拉的石油
资料来源：安第斯国家共同体（2005年）。

　　不仅现有基础设施的数量重要，质量和运营效率也很重要。出口国和进口国港口效率低下，其负面效应相当于将距离增加了最多60%（Clark et al.，2005年）。将基础设施质量百等分数值从25提高到75可以减少空运成本的15%，改善监管、引入利于竞争的协议可以将成本再缩减22%（（Micco和Serebrisky，2004年）。Blyde等人（2008年）的研究也得出了相似的结果，发现按照拉美平均水平计算，港口效率造成海运费用价格差异的33%，机场效率造成空运成本差异的45%。专栏3.7展示了拉美港口的竞争力状况，努力提升质量和竞争力是至关重要的，比如安第斯发展集团一直在推行"品牌保障"计划，这个计划旨在将安第斯国家的港口组织成一个更有效的物流链，通过制定质量最低标准，为港口使用者提供更可信赖的服务。

专栏3.7　拉美港口的质量

　　港口的竞争力是便利商品运输、推动国际贸易的主要因素之一。若港口服务耗时长、收费高、不可信赖、不安全，会造成额外成本，例如存货成本、折旧、额外支付生产要素的成本、丧失商机等。一些外生因素也影响港口的竞争力，比如坐落位置，但也有内部因素，例如价格、服务质量、管理灵活度和能力，这些是港口负责人可以操控的变量。表1显示了一些年份世界海上贸易总运输量，可以清楚看到新的一体化和全球化模式如何推动了贸易额的增加。

　　海上贸易额的增长必然伴随港口能力的发展。港口的竞争

力不是用惟一的指标衡量的，有一系列的因素决定了港口的竞争力，甚至一些因素（比如集装箱码头的生产率）本身很难测量。缺少港口一致可比的信息是测量比较港口质量的主要障碍。

港口服务组成了一个很长的物流链，决定其质量的因素分为三类：制度框架；有形的、技术的和组织因素；私人服务商和公共机构的行为。

衡量生产率的指标通常有：一艘船的服务时间、装卸速度和货物在港口停留时间。港口管理者可控或不可控的因素影响港口生产率，例如码头的拥挤；是否有可用的设备；船只、路途和货物的特性等可能影响生产率指数。

表 2 显示了拉美国家港口集装箱运输量，以及在 62 个发展中国家的排名（以吞吐量计）。可以看到拉美地区的排名比较低（仅 6% 的世界海上贸易经过拉美港口）。但拉美港口的运输量增长明显，大多数国家都是正增长，2004 ~ 2005 年整个拉美地区增长 11.7%。拉美港口业务相对有限，同时又在经历快速增长，非常需要提高港口效率吸引世界贸易。

海运发展如此迅速，使用者理所当然选择使用那些符合当今贸易客户日益高端要求的港口。港口内和港口间存在竞争，因此不满意的客户为找到满足其需要的服务，可以换港口或者在同一港口内变换码头。与人们所想相反，向船只收取的费用不是主要的考虑因素。装卸能力和服务质量是选择港口的决定因素，因为每艘船的收费是固定的，可装卸集装箱数量增加，每个集装箱的价格就下降了。

Kaufman 和 Stone（2003 年）的研究说明了拉美地区贸易物流效率有多低下，拉美处理一宗进口或出口业务所需平均时间是 2 至 48 天，而世界其他地区是 1 到 24 天。他们还发现对于拉美一多半的企业来说，海关手续拖沓甚至可能阻止贸易。

为提高港口效率，当务之急是培训海关和港口管理者行使职责的能力，将海关系统和检验检疫服务现代化，改善不同服务部门间的协调（港口内和港口间）。拉美大多数港口的水上基础设施条件很差，成为船只通航的瓶颈。

2003 年安第斯发展集团和巴伦西亚大学共同开发了基于巴伦西亚港口运行模式，称为"一流港口"的港口质量认证体系。该体系推行后称为"品牌保障"，宗旨在于将各港口组成一个高效的物流链。通过向客户提供保障彰显港口的质量。该计划在安第斯地区 5 个港口实行。2007 年计划扩大，成立了拉美港口质量协会（ALCP），创始成员包括安第斯发展集团、西班牙巴伦西亚自治政府的"品牌保障"基金会以及巴伦西亚港务局的巴伦西亚港基金会。ALCP 是"品牌保障"的持有人，将在拉美大陆致力于改善港口效率，使拉美融入国际贸易流。

资料来源：根据联合国贸易和发展会议（UNCTAD, 2007 年）和"品牌保障"基金会（2008 年）资料编写。

表1 世界海上贸易总量（百万吨）

年份	世界海运总量
1970	2,566
1980	3,704
1990	4,008
2000	5,983
2006[a]	7,416

注：a/估计数

资料来源：联合国贸易和发展会议 UNCTAD（2007年）。

表2 拉美国家港口集装箱运输量（2005年）

在62个发展中国家排名	国　家	港口集装箱运量（TEU）	2004~2005年变化百分比
9	巴西	5,410,427	6.99
17	巴拿马	3,067,637	26.30
21	墨西哥	2,145,269	12.70
22	智利	1,813,173	8.84
23	波多黎各	1,727,389	3.57
24	牙买加	1,670,820	22.80
26	阿根廷	1,449,508	-2.42
28	哥伦比亚	1,165,255	31.79
30	委内瑞拉	1,120,492	31.79
31	秘鲁	991,474	40.89
33	哥斯达黎加	778,651	-15.13
34	危地马拉	776,395	-19.66
37	厄瓜多尔	632,722	-6.19

续表

在62个发展中国家排名	国　家	港口集装箱运量（TEU）	2004－2005年变化百分比
39	洪都拉斯	553,013	－0.89
42	乌拉圭	454,531	7.00
48	多米尼加共和国	368,230	－34.23
49	古巴	317,105	9.16
	世界总量	387,693,380	8.70

资料来源：联合国贸易和发展会议 UNCTAD（2007年）。

　　更多与国际贸易相关的港口、道路和航空基础设施有利于激励更多的运输企业参与贸易运输，降低固定成本，减弱运营企业的市场势力，降低运输企业在成本上的加价幅度。这一因素对于拉美尤其重要，因为拉美的运输企业在运输成本基础上最多加收83%。对于需求弹性低、关税高的商品，以及运输企业竞争少的线路，这个效应非常重要（Hummels et al.，2007年）。

　　如果物流链各个环节——获取信息的过程、运输过程、港口货物装卸、海关手续——都能提高竞争力，那么基础设施效率的改善将得到强化。确实，各个环节都可以通过引进竞争机制提高效率。例如，用更高效的管理方法减少进口/出口通关时间，可以缩减商品在路上耽搁时间导致的运输成本（Blyde et al.，2008年）。物流链的管理及贸易运输方式是决定出口行业竞争力的关键。专栏3.8详尽介绍的哥伦比亚生鲜产品出口部门就是一例，由于燃料价格上涨，相对价格变化很大，哥伦比亚生鲜产品出口部门通过 MERLIN（农产品出口物流新方法）项目（该项目得到安第斯发展集团支持）签署了协议，得以用海运取代空运。这一实例说明物流链的改善可以改变运输方式，以推动生鲜产品等行业的竞争力。

专栏3.8 MERLIN：增强哥伦比亚竞争力的物流模式

2006 年 8 月至 2007 年 8 月，安第斯发展集团与大学发展基金会（与波哥大罗萨诺大学基金会相关联的教育类基金会）一起，实施了 MERLIN（农产品出口物流新方法）项目。实施这个新颖的项目，通过完整步骤的出口试验，证明用海运代替空运出口一些生鲜产品在技术和物流方面是可行的，这些生鲜品包括剪根花卉（康乃馨和迷你康乃馨）、热带水果（野黑樱桃和西番莲）以及蔬菜（芦笋和洋蓟）。

该项目的宗旨是为哥伦比亚出口商提供多种运输方式的专业物流模式，使生鲜产品以国际市场要求的质量和竞争力水平到达目的地。由于燃料涨价以及哥伦比亚比索相对美元升值等国际经济因素，因此也有谋求降低物流成本的目的。

项目实施方式是试验性仓储和出口，包括不同的包装类型和产品保存方法，发现试验性发货的产品到达目的港（荷兰鹿特丹港）时的质量和耐久性与空运的产品无异。MERLIN 主要结论之一是试验结果显示被选取商品的物流成本约下降33%。此外，对于发货时无法装满或无法持续装满冷藏货柜的小规模企业，MERLIN 的建议尤其重要。上述困难迫使小企

业使用空运，但空运物流价格使企业无法在市场上竞争。在生鲜产品贸易中，物流成本占到产品最终价格的30%到60%，使用空运时尤甚。

MERLIN 项目的结果非常令人满意，继续支持此类研究试验项目是非常必要的，以进行更多试验，并扩大试验产品和目的地范围。

消减竞争性壁垒

项目的实施有助于量化物流服务在当地花卉、水果和蔬菜出口商中的用户数，在草案中确定需要的投资，以设立所需基础设施，对产品的敏感变量进行监控。检查目的地和成交数量可以确定主要的目的港以及目前海运的其他选择可能。

目前花卉种植行业每年为空运支付 3 亿美元，按照项目负责人卡多纳先生的说法，如果完全使用海运，这笔数目可以减少到三分之一。但很多出口产品不能使用海运，必须使用空运。

对于已经研究过的花卉，结论是海运发送是可行的。两种花卉在 MERLIN 项目议定书中规定的条件下保存了 22 天后，到达最终消费者手中时还有超过 12 天的花期。在议定书中还规定了适合海运的康乃馨和迷你康乃馨品种以及运输包装要求。

至于研究中涉及的水果和蔬菜，野黑樱桃在 19 天的模拟储藏后，还有多于 9 天的新鲜期，所以可海运发送，但西番莲未取得预期结果。西番莲仍需要更深入研究，包括运输温度以及各种包装方式。蔬菜的模拟试验（没进行试验性发货）

以美国作为产品目的地进行，获得的研究结果取决于产品种类。

运到鹿特丹港的试验性发货是在商业条件下进行的，参与试验的出口商在正常条件下销售货物并事先与欧洲客户谈妥。商品是否合适以及质量和耐久性由荷兰瓦格宁根大学核实担保。

项目实施中确定了从空运转向海运可以节省的费用，并证明距离越远，收益越多。东京是一个例证，2007 年中期，到东京的空运费和海运费分别是每千克 3.15 美元和 1.22 美元，同一时期，到迈阿密的空运和海运费分别是 1.45 美元和 1.09 美元。

根据 MERLIN 市场研究的统计数据，可以得出的结论是哥伦比亚85%以上的花卉和水果集中在四个国家：美国、荷兰、英国和日本。先期研究集中在鹿特丹、南安普敦、纽约、迈阿密、洛杉矶和东京。每年出口到欧洲和美国的总量接近 60000 吨，相当于 6600 个冷藏集装箱（每个集装箱 10000 千克），在最初几年谨慎操作情况下，达到总量的 30% 就意味着每年处理 2000 个集装箱的物流。

项目还对在波哥大设立冷冻货物中心和港口冷藏设备进行了先期可行性研究，这些设施用来转运货物、检验检疫、在海边控制影响产品质量的温度和湿度条件。这个提议正在进行中，可能与当地公共和私人机构的其他做法结合在一起。

取得初步运营成果之后

在完成为期 12 个月的第一阶段后，将进入称为 MERLIN II

的第二阶段，在这一阶段，先期的做法将成熟发展。第二阶段将继续已开展的实验，并扩大产品和目的港范围。除了 MERLIN 包括的 6 种产品外，还将增加 15 种生鲜产品并进行 8 次试验性海运。基于取得的进展和经验，技术部分着眼于收获后的产品处理、包装和冷藏网络维护，通过改善出口物流提高新的这组生鲜产品的可持续竞争力。

2007 年 12 月的统计数据表明这个项目对于产业的潜在效应很大，仅在哥伦比亚生鲜品产业每年有 35 万吨产品，800 家企业参与其中，出口额超过 20 亿美元。

诸如 MERLIN 这样的研发项目为改变国际贸易物流模式提供了有益的借鉴，给此类产品主要生产国提供了投资新选择，并推动形成农业和农业加工行业高盈利中小企业产业链。

资料来源：根据 Casas（2008 年）研究编写。

分析了决定不同运输方式成本变化的因素之后，现在的问题是这些因素对国际贸易有什么效应。研究结果显示采用的运输模式主要取决于产品特点和国家特点（Blyde et al.，2008 年）。这些特点主要有产品对时间因素的依赖程度，即产品对于延迟交货是否敏感（如易腐败的食品、花卉、时装产品等）。出口产品每美元的重量也影响运输方式，较轻的产品通常使用空运，重的产品采用海运或地面运输。贸易伙伴之间的距离直接影响运输时间，邻近两国的贸易可能使用地面或水上运输（海运或河运），距离远的国家用飞机。其中的缘由是每增加一千米的空运成本小于海运和地面运输，尽管空运的固定成本更高（Blyde et al., 2008 年）。

（二）运输成本、生产率和国际贸易模式

如第一节所述，基础设施（包括基础设施的质量和管理效率）对运输成本有显著影响，而运输成本影响到企业的生产率和企业积极参与国际贸易的潜力。从产品层面分析时，发现有出口业务的企业比较少，而且出口企业是生产效率高、规模大的企业。由于前文所述资源再配置及行业生产率提高的效应，出口企业在市场有更大的生存机率，能提高企业自身以及所属行业和产业的生产率（Bernard et al., 2006 年）。

运输成本影响贸易的构成模式。通常为供应一个对所有出口商都重要的大市场，距离远的出口商专门出口比较轻的产品（即价值/重量比更高），距离近的出口商专供重量大的产品。这影响两类出口商的工资水平，因为轻质产品通常附加值高，专门做轻质产品的国家可得到更高的工资。这对使用的运输方式也有影响，因为这些国家距离远，生产更轻的产品，空运虽然贵，但可能是最佳方式（Harrigan, 2005 年）。

基础设施投资联接了贸易伙伴，道路基础设施的追加投资呈现涓滴效应，其影响不只限于所在地区，贸易运输成本下降（例如邻国共用的公路系统），也将促进较远地区的贸易。[①] 基础设施自身的特点决定了存在外部性，因此改善用来连接不同

---

① Shepherd 和 Wilson（2006 年）使用引力模型以及东欧和中亚 27 个国家的公路数据，发现如果采取专门措施解决影响三个国家（阿尔巴尼亚、匈牙利和罗马尼亚）道路系统的瓶颈问题，这些地区的贸易可以增加 30%。

地区的基础设施（比如公路）产生的益处可以得到强化。

研究面临的一个严峻挑战是获得高质量的数据。在最早的研究中，Limao 和 Venables（2001 年）等使用每个国家贸易报告中的离岸价格和到岸价格间的价差。但这类研究有测算上的严重问题，导致运输成本估算错误（Hummels，2003 年）。Hummels 建议使用类似美国和新西兰直接反映进口产品运输成本的国家统计署数据。[①]

基础设施提高经济全部生产率（绝对优势），但在各产业产生的效应不一致，取决于每个产业使用特定公共资产的程度。因此，基础设施的投资决策可以改变产业的相对生产率，产生比较优势，导致出现新的行业或进一步发展现有行业（Yeaple 和 Golu，2004 年[②]；CAF，2006 年）。企业将按照新的公共资产水平和类型作出生产决定（产量和生产投入），这个效应长期将更加明显（Nadiri 和 Mamuneas，1994 年）。

专栏 3.9 的实例介绍了使用合适的运输方式（以及正确管理物流链）如何为一国出口创造比较优势。哥伦比亚和秘鲁纺织业实例说明，市场需求可以影响在国际市场销售产品和服务运输方式的选择，并决定国家在一些市场的竞争力。

---

① 欧洲统计局的数据库记录了欧洲国家进出口数据，以运输数量和价值计算，但只有 1999 年以后的数据。

② 这些学者发现道路对不同行业的效应是一致的，因此不会导致比较优势；但通讯和电力基础设施在制造业内部产生了比较优势。

专栏 3.9 纺织工业案例：怎样解释拉美仍
可以与中国竞争？

1995 年乌拉圭回合，世界贸易组织成员国商定逐步取消纺织品市场复杂的配额体系（《多种纤维协议》），旨在于纺织品贸易自由化的最后阶段 2005 年，取消所有的配额。因此纺织品市场充斥着来自中国和其他亚洲国家成本低廉的产品，很多国家的纺织业都无法与之竞争。

拉美的机会主要来自发达国家服装市场的变化。发展趋势是商业周期短的产品需求量增加，这类产品的交货时间至关重要，因为存在很大的存货风险。因此销售商采用了敏捷零售[1]方式。在采用敏捷零售前，销售商提前几个月下订单，考虑到的成本只是产品的生产和运输成本。但敏捷零售这种做法意味着很高的存货风险：如果一件产品不受欢迎，存货量大意味着严重损失；如果产品需求超过存货，则丢失了商机，因为这些商品生命周期短，供给方来不及做出反应。

如果能合理整合物流链，拉美（地理和文化上）靠近市场，可以开发比较优势，从而抓住纺织品市场的一些机会。

哥伦比亚和秘鲁的纺织业都很重要。但哥伦比亚向主要市场（美国和欧洲）的出口逐渐下降。由于《多种纤维协议》已经结束，秘鲁的出口保持稳定（见图1）。哥伦比亚和秘鲁得以维持市场份额的品种恰好是销售中时间因素非常重要的商品。

时装产业的物流链相当长，任何拖延都可能意味着重大损失。因此必须有合适的基础设施，包括状况良好的机场、港口、公路、交通运输线上的安全保障以及商业配套。

最近几年哥伦比亚向欧洲和美国的出口呈下降趋势，但哥伦比亚也保住了一些市场空隙：例如男裤（主要的纺织出口项目），虽然男裤出口总量下降了，但总量中空运数额维持稳定，这表明空运的高附加值产品经得起竞争，而其他产品则丢失了市场份额。按照出口额计算，女裤是第二大类产品，从2000年开始空运，取得了显著增长。

按照数额计算，秘鲁向欧盟15国出口的前几类产品大多数在2000至2007年间增加了空运比例，同一时期，所有这些品种的出口额都增加了，再次表明秘鲁纺织工业最成功的出口产品线是那些市场要求快速运输的产品。

如果比较2000年最重要的种类男裤和2007年最重要的男衬衫，男裤的空运数量保持稳定，男衬衫稳固了及时交货市场，更大比例的产品现在采用空运。

从这些实例中，可以看到拉美纺织工业的机遇在高附加值、依赖交货时间的产品，可以利用拉美相对靠近市场的比较优势。

1 敏捷零售是一种销售模式，特点是保持最低存货量，销售商与供货商保持经常互动以满足市场需求。

资料来源：根据Scandizzo和Stephany（2008年）研究编写。

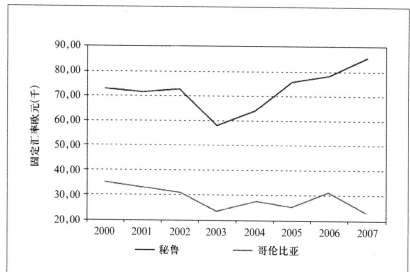

图1 哥伦比亚和秘鲁向欧盟15国纺织品出口（2000~2007）

来源：根据欧洲统计局数据制作。

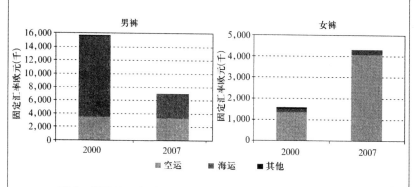

图2 哥伦比亚向欧盟15国纺织品出口（2000和2007年）

资料来源：根据欧洲统计局数据制作。

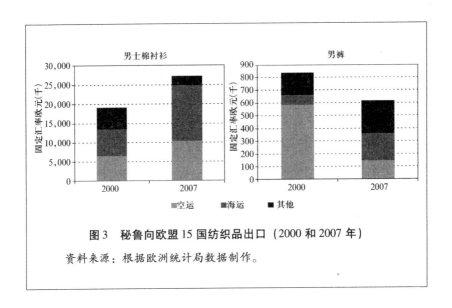

图 3　秘鲁向欧盟 15 国纺织品出口（2000 和 2007 年）

资料来源：根据欧洲统计局数据制作。

　　本节传递的主要信息是运输成本是决定拉美地区生产性行业竞争力的关键变量。改善基础设施质量和数量的投资（包括监管和管理）可以减少国际贸易 40% 的运输成本。所选运输方式（以及有效管理相关物流链）是决定产业竞争力的关键变量，因为可以开创原来没有的商品贸易，或利用不同运输方式相对成本的差异，降低商品和服务的出口成本，只要价差是可以利用的，如 MERLIN 项目所示，这需要各参与方（物流链、生产商、广告商、大学、支持发展多边机构等）的共同努力。

五　结　论

　　公共资产推动私人投资，二者是互补而不是替代关系。本章以各种分析研究讨论了这个实证结果。由于存在外部性、双向因果和非线性效应，测算这些影响很困难。微观层面的研究可以控制研究方法的困难，证实基础设施对生产率有明显的正效应。发达国家——特别是美国——确实如此，正如哥伦比亚、巴西、委内瑞拉基础设施投资对制造业生产率的积极效果所示，拉美国家也是这样。

基础设施可以提高其他生产要素的生产率；例如，更高的基础设施水平可以提高私人资本的持久性，并通过影响生活质量、劳动力（人力资本）质量进而影响人类发展。此外，合理有效的基础设施可以降低企业成本，特别是应变成本，即阻碍企业完全快速适应需求冲击、相对价格变化等的因素。公共基础设施降低设立和运营企业的固定成本，因此增加了企业数目，促进了竞争。大量使用基础设施的企业基础设施的效应也更明显。重要影响有资源再配置、企业内部效率改善、竞争加剧导致的运输成本降低（国内和外贸的），以及资源再配置到生产率更高的企业导致的低效企业退出市场。

正确平衡新投资和维护费用，重新配置现有资源，不必增加资源投入，通过对生产率增长的效应，可以提高福利水平。两种支出的最佳组合取决于经济所处具体情况，因为效应规模与经济初始水平相关。如果公共基础设施维修支出可以降低私人资产折旧率，维护支出的激励会更大，用于维护支出的资源也更多。

另一个重要的方面是基础设施拥挤对企业生产率造成的负面效应。结果显示拥挤对全要素生产率有负面效应，美国和哥伦比亚皆如此，这表明必须执行好车辆行驶政策，以保证现有道路为生产性部门提供有效服务。

更高的基础设施水平降低了产品运输成本，减少了产品替代性壁垒，增加了市场竞争，实现资源重新配置，从而对产业产生影响。道路投资便捷了交通，降低了壁垒，有利于全部生产率提高（因为低效企业退出市场），也有利于减少同一产业内各企业生产率的离散程度（市场产品替代性增加）。运输成本下降，经济生产率提高，外部市场准入扩大，单位成本下降，出口商的收益增加（例如，可以到达更远的目的地）。原先位于出口所需生产率边缘的企业现在具备出口资格了，这导致进入市场的生产率门槛提高，生产率低下企业被迫退出市场。

运输成本影响国际贸易模式，机场、港口和公路等基础设施投资（以及基础设施合理的管理）可以降低运输成本。运输成本降低有利于促进贸易，提升竞争力，发展比较优势。研究结果表明运输成本低的产品在出口产品中比重增加。

为实现更多更好基础设施的积极效应，企业必须有适当的环境。首先，市场结构必须有利于生产商竞争，要素市场足够灵活以实现企业内和企业间的生产率提升。其次，必须认识到运输成本只是产品总成本的一部分，关税壁垒和非关税壁垒阻碍了国际贸易，物流链有效管理非常重要。

第四章　基础设施建设在环境上是可持续的吗？

一　前　言

实现可持续发展首先要求有足够的基础设施，其次是要避免对环境产生负面影响。基础设施是拉丁美洲发展的关键，但它通常需要大量占用有形空间和环境。

重要的是，基础设施本身对环境并没有负面影响，而是经济增长和发展的进程创造了对基础设施的需求，可能对环境造成冲击。因此，基础设施服务的供给可能面临着另一个公共政策目标，即保护环境资源。基础设施建设的环境成本包括生物多样性的丧失，温室气体的排放，空气、土壤和水的污染，以及土著文化的改变和丧失，等等。

在农村地区，基础设施有助于提高农业活动的生产率，但却损害了环境。砍伐森林的一个主要代价就是，对碳排放量和生物多样性产生影响。在城市地区，基础设施和环境的相互作用可能会造成负面影响，如交通更拥堵以及污染更大，但在另一方面，良好的基础设施管理又有助于减缓这些负面影响，并增进个人福利。

在制定基础设施规划之初就应该考虑到基础设施与环境的

关系。事实上，只要在执行这些项目之前就充分考虑到减少对环境的影响，并解决已造成的环境问题，通常就不会付出太大的代价。

本章旨在考察收入增长与基础设施投资所引致的产出之间的关系，以及对环境的潜在成本、降低生活质量和威胁发展的可持续性问题。在基础设施方面，可持续发展的目标是与基础设施相关的福利收益的最大化，以及环境成本的最小化。更好地了解这些影响及其渠道，能够在做基础设施投资决策时，减少对环境的负面影响，最大限度地发挥其潜在的积极影响。因此，需要对基础设施项目进行更全面的事前和事后评估。

对基础设施项目环境影响的事前和事后评估都面临着重大问题。首先是，如何衡量和量化环境成本和收益？也就是说，如何对生物多样性、濒临灭绝的物种，以及个人对呼吸新鲜空气和享受大自然的满意度进行定价？其次是，如何实现基础设施项目和管理中的环保承诺？最后，如何将环境影响评估纳入长期战略规划之中，而非仅仅只是官方的简单要求，一旦项目被批准而最终可能被忽略？

在拉美，对基础设施项目环境方面的考虑付出了许多努力，包括各个项目的选择、设计、实施、管理和监督。不仅在这一层面上取得了进步，环境问题还被囊括在许多拉美地区的国家和区域规划之中。尤其应该对那些可能对环境产生大规模和长期影响的国家和部门的政策予以更多地关注。缺乏国家和区域层面的规划（不论是领土管理还是资源管理）往往会放大基础设施对环境的负面影响。

此外，部门政策可以显著影响基础设施的需求和使用。一些形成扭曲的或有害激励的政策会在基础设施使用中导致高昂的环境代价，因此，修正这些政策能够显著减轻其影响。例如，对天然气价格进行补贴，增加了对道路和车辆使用的需求，特别是当价格不能完全反映污染和拥挤的成本时。水价过低或是水价与消费量之间不具关联，就可能会鼓励过度和不必要的消耗。此外，农产品价格扭曲（尤其是大量消耗水资源的作物），就会增加对灌溉的需求。

在本章第二部分，首先阐述量化环境影响的主要方法，然后分析在农村和城市，基础设施对环境产生不同的重要影响。在本章第三部分，分析用以评估基础设施项目和政策事前影响的不同工具。最后，在本章第四部分提出了一些结论。

二 基础设施对环境的影响[①]

环境影响的评估，以及制定和执行减缓政策的主要挑战之一是相关成本和损失的实际测量。环境评估方法基于效用理论，并寻求根据环境商品和服务来衡量个人的福利。然而，为环境收益制定货币价值是困难的：许多环境资源没有进行交易，因此没有明确的市场价格或价值。测量单一影响或协同影响要采用不同的方法。最常见的方法包括享乐定价法，通过有定价的商品市场信息，可以推测环境公共物品的影子价格；以及或有估价法，基于消费者的支付意愿。专栏4.1介绍了量化环境影响的一些方法。

---

① 这一部分主要是以罗瓦里诺和查孔的研究为基础，本书委托他们做一些研究工作。见：Robalino, J. y Chacón, A. （2008），*Infrastructure and Environment*，Manuscrito no publicado，Corporación Andina de Fomento.

专栏4.1 量化环境影响的一些方法

评估环境公共物品的方法可分为显示性偏好法和叙述性偏好法。在显示偏好法中，个人通过商品的价格间接地显示出其对环境公共物品的支付意愿。其中，享乐定价法通过有定价的商品市场信息，推测环境公共物品的影子价格。这种方法通过其对本身具有市场价值的某个商品价格的影响，来给环境公共物品定价，如不动产。例如，在噪音污染、空气污染或水污染的情况下，这种方法寻求确定具有这一负面外部性的不动产的价格。在比较具有相似特征的不动产，或者在分析当环境变化时（用非环境因素进行修正）不动产价格是如何变化的时候，我们可以利用房地产市场的信息来估计个人为环境公共物品的支付意愿。

享乐定价法是一种最常用的评估环境公共物品的方法，但它有一些缺陷。首先是，它基于房地产市场处于均衡状态的假设，但在大多数社会并非如此。个人对市场运行信息不完全或市场刚性（如交易成本或价格控制的成本非常高）的可能性都不可能使市场处于均衡状态。

在叙述性偏好法中，个人直接表达其对环境公共物品的定价。这种或有估价法是基于支付意愿，或当环境或相关服务发生变化时愿意接受某种补偿。这种方法的一个普遍问题是，有策略地回答的倾向性取决于调查问卷的设计。在面对关于愿意为环境公共物品支付多少或愿意接受多少赔偿以弥补损失的直接提问时,往往会刺激个人有策略地回答。特别是,他们所表达的不是物品的真实价值,而是对环境公共物品的供给和价格产生影响的一个估价。

尽管有此缺陷,或有估价法具有能够衡量物品的用户值及非使用值的优势。当对没有直接用户的环境公共物品(如生物多样性和自然保护区)定价时,这一点相当重要。对于非直接使用物品的个人来说(非用户值),享乐定价法就无法衡量这个物品的价格:在没有任何不动产或可参考的其他交易物品的"空地",如何分析其价格作用?

生命周期评估法是一种对产品或系统的整个生命周期对环境损耗总量的环境评估方法。以公路为例,无论是在施工阶段,还是在工程结束后的维修和道路损毁,都对环境产生影响。这是一个系统和全面评估环境影响的标准化方法,事实证明,它是在决策过程中进行环境考量研究的一个有价值的工具。

一个更新的评估方法是基于进行生活快乐和满意度调查的基础之上。当市场不完善,价格不能完全反映环境公共物品的外部性时。例如,范普拉赫和巴斯尔玛(Van Praag y Baasrma,2004 年)在阿姆斯特丹机场附近,对生活满意度和噪音污染的主观感受进行主观调查,评估这种污染的残余影子成本,由于这个城市的房地产市场的僵化,这一成本并没有反映在不动产的价格中。

其他的替代性方法都是基于模拟的计算机模型,力求以简化的方式体现出可选择性政策的结果和不同参与者的相互影响。方法的优点在于其灵活性：它适用于存在问题的地区，并评价各种政策的综合性影响。该方法已应用于交通政策等的评估。例如，由（Hensher y Ton, 2002 年）提出的交通和环境战略影响模拟器（TRESIS）是为管理者预测各种交通战略的影响提供支持的一个模拟器。该模型可以单个分析或综合分析各种可选择性政策，即修建新公路、征收汽油税、调整价格、停车政策的变化、引进更有效率的交通工具等等。

资料来源：Robalino, J. y Chacón, A. （2008 年），*Infrastructure and Environment*, Manuscrito no publicado, Corporación Andina de Fomento.

发展所需的基础设施服务和经济增长能够对环境产生重大的影响。这些影响既具有生物物理学的特点（影响生物多样性、土壤和水的质量、二氧化碳的排放等等），又具有社会性的特点（包括交通、拥挤、重新定居等等）。在分析基础设施对环境的影响时，有必要强调对环境产生危害的基础设施（如公路和农村地区的伐林，公路造成污染和城市的拥堵等），和用以改善环境的基础设施（如固体垃圾的处理和公共交通系统的转乘）之间的区别。有必要分析基础设施项目的环境影响，因为这些项目的精心设计可以降低环境成本，甚至还会起到积极的作用。

重要的是要区分农村和城市，因为在农村和城市中，基础设施与环境、卫生及其社会环境和经济环境之间的相互影响具有不同特点。城市的特点是人口和基础设施高度集中，主要的环境问题集中于：空气和水污染、固体垃圾的处理，等等。在农村，人口较为分散，但拥有更丰富的自然资源，基础设施的建设及其服务的供给与保护这些资源之间产生了冲突。

　　基础设施项目的环境影响既可能是直接的，也可能是间接的，且并不一定是负面的。例如，农村地区的道路（已有很多研究），其直接影响包括侵蚀和冲积，尤其是在热带雨林地区中未铺设沥青的道路。但是，正如下面所要分析的，其间接成本可能要高得多；例如，砍伐森林会丧失在吸收二氧化碳方面的未来益处。各种研究已证实，修建新公路是毁林的主要原因。

　　不过，交通基础设施也能够有助于改善与环境的关系。从环境方面来看，在城市，公共交通投资可能偏好于修建新公路。事实上，选择修建新公路，往往会鼓励使用私家车、增加拥堵和污染（无论排放还是噪音）。因此，只有当基础设施投资加上良好的管理时，才可能对环境产生积极的影响，才可能减少制定排放政策的必要性。

　　在水利基础设施方面，我们可以考察不同方面的影响。关于灌溉设施，负面影响包括水资源的浪费、土地退化，以及农业中使用的杀虫剂和除草剂造成的水污染。但另一方面，这类基础设施也能对环境产生积极的影响，包括创建湿地、小气候和生物多样性的人工系统。在卫生基础设施方面，下水道系统可能对改善环境起到重要的作用。例如，下水道系统是良好管理和清除工业废水和家庭废水的必要设施。但是，好处的大小部分取决于基础设施的质量。如果没有妥善的维护和管理，废水就可能会污染饮用水和娱乐性水域。

　　最后，重点强调的是大城市，基础设施较完善是其与环境的关系，及其对公民福利影响的关键。在很多大城市，对现有的基础设施的妥善管理（包括及时维修）是优化其与环境之间关系的关键。

（一）在农村地区的影响：砍伐森林

在农村，尤其要关注基础设施与毁林之间的关系，因为基础设施对毁林具有重要的作用，而且，森林对于吸收二氧化碳、保护生物多样性和保护河道具有重要性。基础设施的发展被认为是毁林的三大直接原因之一，另外两个原因分别是农业扩张和木材采伐（Geist y Lambin，2001 年）。保护森林不仅可以通过吸收二氧化碳减缓气候变化的影响，而且森林是各种动物和植物的自然栖息地。此外，森林是天然资源的来源，尤其是对于较小的农村地区而言。此外，森林对城市地区具有直接影响，城市所消耗的商品和服务均产生于森林，诸如水、木材和清新的空气。在拉美，近几十年来，毁林率已经非常高。在南美，情况尤其令人担忧，不仅其毁林率高，而且与其他地区不同，其每年的毁林率仍在不断攀升，20 世纪 90 年代的毁林率为 0.44%，到 2000~2005 年已升至 0.50%。1990~2005 年间，中美洲和墨西哥砍伐了近 70 万公顷的森林（FAO，2006 年）。图 4 显示了 1990-2005 年间世界各地区的砍伐森林情况。[1]

毁林实质上是土地作为生产性资源的使用决策的结果：如果某块土地所产生的收益大于作为森林所产生的收益，那么这

---

① 有趣的是，巴西在计算其毁林面积时，既没有考虑土地使用如何改变，也没有将那些已被废弃的广袤土地计算进来，而且也没有包括自然再生林。据说，这些次生的自然再生林面积已经相当大，但缺乏这方面的数据。所以，可能在巴西和南美，热带雨林净减少的面积可能都被高估了。见：Food and Agriculture Organization（FAO，2006），Global Forest Resources Assessment 2005：progress towards sustainable forest management，*Forest Resources Assessment*，Roma：FAO.

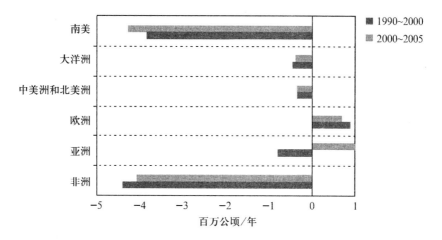

图 4.1　各地区热带雨林面积的变化（百万公顷/年）

注：1990～2000 年间和 2000～2005 年间，巴西毁林面积占世界毁林总面积的比重分别为 21% 和 24%。由于缺乏数据，在计算中未考虑重新造林的面积，尽管重新造林的面积已经相当大了。因此，巴西的热带雨林净减少面积可能被高估了。

资料来源：Food and Agriculture Organization（FAO，2006 年），Global Forest Resources Assessment 2005 年：progress towards sustainable forest management，*Forest Resources Assessment*，Roma：FAO.

块土地就将被砍伐殆尽。影响一块土地产生收益能力的因素以及伐林的成本和收益，包括各种生物物理上的变量，如土地肥力、坡地以及现有植物种类，等等。一些与市场准入相关的因素也影响着一块土地产生收益的能力。

　　造成农村地区大面积森林砍伐的基础设施是交通基础设施。其产生影响的主要渠道是运输成本下降，从而影响土地收益，并由此做出土地使用的决策。运输成本的降低会使农业产品的收益增加，从而更多地毁林和增加移民。

　　关于道路建设和毁林之间关系的大量文献和研究表明，公路网的扩张与更大规模的毁林具有相关性。[1] 此外，铺设沥青路面的公路对毁林的影响似乎比未铺设沥青路面的道路更大（Laurance et al. 2002 年）。这是意料之中的结果，因为未铺设沥青路面的道路对农业成本的影响比高速公路更小，因此，未铺设沥青路面的道路对农业收益的影响也更小。同样地，交通基础设施对毁林的影响不仅仅只取决于不同类型的道路，还取决于它们所属的路网。边境地区的公路密度可能比该地区的公路本身对森林砍伐具有更大的影响（Pfaff et al., 2006 年）。

然而，基础设施与毁林之间的关系并不总是呈正相关关系：还有证据表明，运输成本的降低可能将降低毁林率。例如，运输成本的降低可以进口更廉价的农产品，一方面限制了在本地生产这些商品，另一方面减少了毁林。[2] 此外，已有研究表明，在毁林地区铺筑公路可能使农业生产集约化，从而减少在新地区的伐林[3]（Andersen et al., 2002 年）。最后，公路可能会导致

---

① 伯利兹的毁林问题，见：Chomitz, K. y Gray, D. (1996), Road, Land Use, and Deforestation: A Spatial Model Applied to Belize, *World Bank Economic Review* 10 (3), 487 ~ 512；泰国的毁林问题，见：Cropper, M., Puri, J. y Griffiths, C. (2001), Predicting the location of deforestation: The role of Roads and Protected Areas in North Thailand, *Land Economics*, 77 (2) 172 ~ 186；巴西的毁林问题，见：Pfaff, A., Reis, E. J., Walker, R., Laurance, W., Perz, S., Bohrer, C., Robalino, J. A. Aldrich, S., Arima, E., Caldas, M. y Kirby, K. (2006), *Roads and Deforestation in the Brazilian Amazon*, Manuscrito no publicado, Columbia University.

② 在美国东北部地区，铁路网络已扩展到中西部，可以进口比当地产品更便宜的农产品。先前用于农业而后被废弃的土地可以使森林得以恢复，见：Pfaff, A. (2000), From Deforestation to Reforestation in New England, USA. En Palo, M. y H. Vanhanen (Eds), *Global Prospects of Deforestation and Forest Transition*, United National University, World Institute for Development Economics Research (WIDER), Helsinki: Kluwer Academic Publishers.

③ 温霍尔德和赖斯的研究得出了一个更令人吃惊的结果，即公路的铺设降低了巴西亚马孙的毁林速度，见：Weinhold, D. y Reis, E. (2004), *Land use and transportation costs in the Brazilian Amazon* (Staff Paper N° 467), Wisconsin: University of Wisconsin Madison Department of Agricultural and Applied Economics.

移民，并产生规模经济，从农业活动向更多的工业活动转变，这些都可以减少毁林的影响。

还存在着影响交通基础设施与毁林之间关系的其他因素。更好地理解交通设施要以尽可能持续地方式进行修建是很重要的。土壤质量和人口密度都是影响基础设施与环境之间关系的因素：乔米茨和格雷（Chomitz y Gray，1996 年）指出，在土壤质量差和低人口密度地区的筑路可能会造成一种净福利损失的局面，还可能导致毁林和低经济回报。这意味着，需要确定修筑公路适当的具体位置，以减少对环境的负面影响，并刺激本地的发展。还有证据表明，毁林率与贫困呈正相关关系，因此，减贫的政策也将减少毁林的影响（Pfaff et al.，2004 年）。

对土地和明晰产权的使用缺乏监管也对毁林产生刺激，加剧了基础设施扩张所产生的影响。有证据表明，财产权益越有保障，就越能激励保护资源。① 事实上，在很多时候将伐林作为一个策略以建立对土地财产的所有权。众所周知，财产权利的分属能够更大程度地减少土著居民的伐林，因为拥有明晰的财

---

① 在巴西，土地使用权的保障已被确定为毁林的关键因素，见：Cattaneo, A. (2001), Deforestation in the Brazilian Amazon：Comparing the impacts of macroeconomic shocks, Land tenure and technological change, *Land Economics* 77 (2), 219 ~ 240；有证据表明，在尼泊尔和越南，将森林的所有权移交给社区和农民个人之后，森林得到了更完善的管理，见：Kijima, Y., Sakurai, T. y Otsuka, K. (2000), Iriaichi：Collective versus individualized management of community forests in postwar Japan, *Economic Development and Cultural Change* 48 (4), 866 ~ 886；Otsuka, K. (2002), "Enhancing land access and land rights for the marginalized：Regional overview in an international context", Documento presentado en *el Taller regional sobre problemas en Asia*, 4 a 6 de junio, Phnom Penh, Camboya；在巴拿马，有效产权的确定是显著降低毁林风险的一个因素，见：Nelson, G., Harris, V. y Stone, S. (2001), Deforestation, land use and property rights：empirical evidence from Darien, Panamá, *Land Economics* 77 (2), 187 ~ 205；在加纳，阿胡加发现，明确的土地所有权可以对自然资源管理产生了积极的影响，见：Ahuja, V. (1998), Land degradation, agricultural productivity, and common property：Evidence from Côte d1voire, *Environmental and Development Economics* 3 (1), 7 ~ 34.

产所有权就可以与外部利益者开展更有效的谈判。有利于环境和可持续地使用土地所产生的外部性，包括本地的外部性和全球的外部性，这些好处的价值逐渐为人所认识，更突出了妥善地管理拉美地区土地使用的必要性（Deininger，2003 年）。

除了对土地使用进行更妥善地管理之外，公共部门对森林更完善的管理也很重要。各国政府应将森林视为可以进行管理的资本资源。除了环境成本之外，毁林还往往意味着森林让位于农业发展而造成巨大的经济成本，这是最不恰当的使用。公路可能导致移民，他们为发展农业而砍伐森林边缘地带肥沃的林地。如此，土壤肥力下降，该地区迅速变为非生产性的，最终被用于发展大规模畜牧业，并成为滥伐森林的新地区。在一定程度上基于利用森林的潜在经济产品的森林管理方式，可以使土地得到更有效地使用，在更大程度上限制了毁林。

总之，毁林主要是对如何使用土地的一种经济决策的结果。公路可以对运输成本产生影响，进而改变使用土地的收益，因此，它能够改变毁林的诱因。然而，在这方面涉及到几个因素，包括砍伐森林、土地质量、道路的类型（铺设沥青路面与否）、受到影响的人口密度及其经济状况、周边地区的经济活动、土地所有权制度和土地使用法规的一系列初始条件。重要的是，要通过研究毁林的影响来进一步深化对农村地区公路的环境影响问题的研究，以更好地理解基础设施和环境之间的协调发展，并完善了解和权衡的目标，改善实现可持续发展的决策过程。

最后，尽管毁林对环境的影响在目前备受关注和研究，但在农村地区，它并不是基础设施项目对环境产生的惟一影响，公路也不是影响环境的惟一一种基础础设施。堤坝、铁路、矿业设施、天然气管道和灌溉等项目也对农村地区的环境产生重要的影响。专栏4.2探讨与灌溉基础设施相关的一些影响。

专栏4.2 基础设施对农村地区的影响：灌溉

灌溉设施的发展对于提高农业生产率、减缓贫困、满足全球食品需求起到了至关重要的作用。然而，人口增长意味着对农业用水的需求不断增加：联合国粮农组织估计，大约70%的地下水均用于农业。

灌溉设施的发展具有重要的经济和社会利益，包括更好更快的经济发展、较低的价格以及更高的就业率。然而，灌溉和排水设施可能会对环境造成负面影响，包括灌溉土地的退化和侵蚀（盐化、碱化或酸化）、灌溉水和地下水的质量下降、生态恶化（由于水的质量和数量的降低损害了地下水生态系统，使灌溉区的生物多样性减少）、地下水减少等等。

减轻灌溉负面影响的一系列政策包括，更有效地利用水资源的技术变革，以及减少灌溉用水量的补充性管理政策。后者包括用水计量系统、对用水征税、发放特许证，以及对需要灌溉的区域实施控制。

资料来源：Robalino, J. y Chacón, A.（2008年），*Infrastructure and Environment*, Manuscrito no publicado, Corporación Andina de Fomento.

（二）在城市地区的影响

正如在第二章中所看到的，基础设施发展的直接后果之一就是人口更加集中以及更多的大型城市。然而，当工业和人口集中度超过一定程度时，就会对环境产生负面影响，包括空气污染、水无污染和拥塞，对健康也造成不利影响，浪费了时间并降低了生活质量，等等。人口高度集中还增加了对基础设施服务的需求（道路、电力、饮用水和卫生设施，等等），需要更多的基础设施投资，加剧了交通拥堵和污染问题。

与大型城市相关的这些成本，特别是在发展中国家，近50年来其城市化率不断增长。到20世纪中期，大多数大型城市均位于工业化国家。然而，到20世纪下半叶，城市化进程使发展中国家的城镇人口比重增加了，其城市化率增长了124%（Bertinelli y Strobl，2007年）。

本章我们将考察基础设施对城市环境质量的不同影响，重点分析交通基础设施和固体垃圾处理的影响，以及城市基础设施对水质的影响。

1. 城市交通基础设施

在第三章中，我们已对公路与生产率之间的正相关关系做了详细分析。但是，交通基础设施（不仅包括公路，还包括机场和铁路设施）的发展也对环境产生负面的影响。这些负面影响主要有空气污染、噪音和灯光污染，以及河道污染等等。

正如第二章所指出的，在拉美，城市的发展不均衡。在20世纪50年代，其城市化率刚刚超过40%，而如今拉美地区的城市人口比重已超过了70%。在20世纪70和80年代，大多数拉美国家的市或州政府按照居民能够支付得起的价格提供公共交通服务，使居民获得了高质量的服务，但这却造成了财政上的可持续性问题。20世纪90年代，公共交通部门实行了自由化，导致私人城市交通公司大量增加，而这些私人企业大多是非正式的，没有经过安全和质量标准检验的。例如，据估计，在智利圣地亚哥，放松管制导致公共汽车和出租车分别增加了50%和70%，城市公共交通出现了供过于求的局面。另外，拉美贸易开放（降低关税和放宽进口二手车的限制）增加了城市车辆的数量。这两者共同影响的结果是，城市更加拥挤、污染更加严重、公共交通服务的质量下降，也减少了对公共交通的需求（Escobal y Ponce，2007年）。

在城市，空气污染主要是由于车辆的使用，其排放的气体对健康危害最大。应该指出的是，空气污染与健康之间的关系早有记载，尽管这种联系很难量化。[1]

大城市的另一个典型特征是噪声污染，因为在经济活动与噪音水平之间存在着明显的相关性。[2] 虽然道路交通通常被认为是噪声污染的主要原因，但其他形式的交通，尤其是火车和飞机也都是产生噪音的重要原因。此外，对美国的案例研究已证明，尽管飞机和道路交通所产生的噪音水平相同，但人们却认为飞机更令人烦扰（Schomer，2001年）。

重要的是，噪声污染也对健康造成不利影响，尽管它们通常都是短暂的，且不像其他类型的污染那样产生直接的影响

---

① 1995年多伦多公共卫生署估计，由于呼吸道和心脏疾病，每年有1350个人过早死亡以及7610个人住院，这些都与空气污染有关。其中，每年有408个过早死亡的人以及1606个住院病人是由于汽车排放造成的，见：Kennedy, C. (2002), A comparison of the sustainability of public and private transportation systems: Study of the Greater Toronto Area, *Transportation* 29, 459~493.

② 例如，在欧盟，估计超过32%的人口处于由于交通造成的噪音污染之中，见：Del Sar, S. (2004), Tráfico rodado y efectos externos: valoración económica del ruido, *Ekonomíaz*, 57 (3).

（如空气污染对呼吸系统疾病的影响，或水污染对胃肠道疾病的影响）；但是，噪声污染却是以类似的方式长期影响福利水平。同样地，噪声污染对睡眠、闲暇时间的享受能力也产生负面影响，而且它还会扰乱人的认知过程（Schomer, 2001 年）。[①]

范普拉赫和巴斯尔玛（Van Pragg y Baasrma, 2004 年）在阿姆斯特丹的斯希普霍尔机场附近，采取综合性的方法（既包括市场信息，还包括幸福度的问卷调查）来评估噪音污染。这种综合性的方法使用房产价格作为衡量噪声污染的成本，从而解决了一个内在问题，即阿姆斯特丹房地产市场不完善。对可感知的噪声进行衡量，研究者发现噪声与福利之间呈负相关关系。对于拥有多名成员的家庭、大部分时间呆在家里的个人，以及居住在昂贵住宅里的人而言，这种影响往往会更大。

重要的是，公路对城市污染和拥挤的影响不仅取决于基础设施，还在很大程度上取决于相关的交通政策。近期城市交通供给方面的改革主要集中于城市发展的整体战略，它将以独特的方式提供服务，其设计（以及服务质量）考虑到以下一些目标，即环境可持续发展、空气质量、减少噪音和拥堵。

巴西的库里提巴市（la ciudad de Curitiba）具有开创性的经验是，引入了"快速公交"专用道的大众交通系统。这一经验之所以很重要，是因为它为需要大众交通系统，但无力成本高

---

① 一项在荷兰、西班牙和英国的研究发现，噪音对儿童的认知过程产生负面影响，导致其在文化上和语义上的差异，见：Stansfeld, S. A., Berglund, B., Clark, C., López-Barrio, I., Fischer, P., Öhrström, E., Haines, M. M., Head, J., Hygge, S., van Kamp, I. y Berry, B. F. (2005), *Aircraft and road traffic noise and children's cognition and health: a cross-national study*, Lancet 2005, 365.

昂的电力火车和地铁的发展中国家提供了一个低成本的选择。[①]
这一经验已在基多（Quito）及其他巴西城市如阿雷格里港
（Puerto Alegre）和圣保罗（San Pablo）相继实施。波哥大的
TransMilenio 快速公交系统，是比库里提巴市的大众交通系统更
现代化的新系统，其对犯罪发生率的影响已在第二章做了分析。
专栏 4.3 讨论了 TransMilenio 快速公交系统的另一个方面，即对
环境的影响。继哥伦比亚方案之后，近年来，拉美国家的城市交
通改革的趋势主要在于整体快速公交系统。典型的案例是智利，
最近实施了 Transantiago 公交系统；厄瓜多尔在瓜亚基尔（Guaya-
quil）实施了 Metrobús 公交系统，同时还保留着无轨电车；哥伦
比亚在佩雷拉（Pereira）已经实施了第二代快速公交系统。每种
系统都取得了不同程度的成功（Escobal y Ponce，2007 年）。

专栏 4.3　TransMilenio：一个环境可持续的大众交通系统

20 世纪 90 年代末，在波哥大运行的私家车达 85 万辆，
承载了该市 19% 的人口流量，而 72% 的人口流量则依赖
21500 辆公共汽车、小型公交车和面包车。2000 年初，该市
决定建造公共交通系统的专用道，以确保更快捷的交通。这
些专用道需要修建专门的设施：车站、人行天桥和隧道，以

---

① 值得强调的是配套政策的重要性。例如，一项针对马德里 liviana 地铁线影响的研
究发现，该地铁的运行，使车辆数目减少了，从而减少了城市排放污染；但汽车的行驶速
度也是一个因素。因此，限速政策是实现地铁环境效益的一个重要配套政策，见：Zamo-
rano, C., Moragues, A., y Salvador, A. (2006), Analysis of the Impact of the Arganda Metro
Line on Alternative Road Route Emission Levels, *Journal of Environmental Planning and Manage-
ment* 49 (4), 475~94.

及站台、空地和林荫道。

TransMilenio 快速公交系统是城市大众公交设施的一个新概念。该公交系统拥有专用公交车车道，从混用车道中分隔出来，以方便其他车辆的运行。为了使交通更有序和更快速，该快速公交系统使用了专门设计的车站，以方便乘客进入车站。这些车站是全封闭的，设有售票处，通过交通信号灯、人行天桥和隧道，乘客可以安全到达车站。

TransMilenio 快速公交系统是基于捷运公交系统的模式（BRT，英文缩写），它具有以下特点：使用专用车道、快速转乘、转乘前提前支付车费、调度室和时刻表，以及车站一体化。这意味着对整个城市的公共交通系统进行有效重组，使用更清洁和更高效的技术。

整个 TransMilenio 快速公交系统工程包括四个阶段，最后一个阶段将在 2015 年完成。这是公私合营的，既是一个为发展提供所需基础设施（专用道路、车站和码头）的公共部门，也是负责投资新建地铁、收费和车辆有效运行的私人公司。到 2012 年，它将拥有 130 千米的专用线，每天运送 180 万人次。

TransMilenio 快速公交系统提高了交通效率，减少了排放，对环境具有重大的贡献。事实上，并不是因为这一新型交通工具在燃料支出方面更有效，而是这个新的公交系统比其他交通模式（如私家车和出租车等）对乘客更具吸引力，并且它也有助于减少排放。

可以看到，引入 TransMilenio 快速公交系统的结果是，减少了温室气体（GEI）和其他气体的排放。由于减少了花费在交通上的时间，减少了污染导致的呼吸道疾病，减少了噪音和交通事故，从而使生活质量得到了改善。估计在 2006～2012 年，该快速公交系统将减少约 170 万吨二氧化碳。此外，TransMilenio 快速公交系统还带来了经济利益，由于拥堵的成本下降，提升了城市的竞争地位。

　　TransMilenio 快速公交系统是《京都议定书》中的清洁发展机制（MDL）认证的世界第一个交通项目，承认其为减缓全球变暖问题的贡献。此认证归功于安第斯发展集团（CAF）与 Gruetter 咨询公司共同创建的一种可以估计碳排放减少量的方法。清洁发展机制可以减少温室气体排放，它对该项目的认证为全球市场所认可，这样就可以通过出售碳许可为该项目注入新的资金。

　　资料来源：Corporación Andina de Fomento（CAF），2008，http：//www.caf.com；Alcaldía Mayor de Bogotá，2008，http：//www.bogota.gov.co/

2. 固体垃圾的管理

　　对城市固体垃圾①的妥善管理是可持续发展和保护公共健康的关键。城市固体垃圾的设施和管理体系的目标应该包括，以对环境和对社会负责任的方式来收集、处理和清除由城市居民制造的固体垃圾。

---

　　① 所谓"城市固体垃圾"，一般是指由家庭和商铺产生的不具危险性的废弃物。除了家庭和商业垃圾（有机物、纸张、塑料、玻璃、金属等），城市固体垃圾还包括家具和旧电器、园艺垃圾、清洁街道所产生的垃圾，等等。

尽管与其他类型的垃圾相比，固体垃圾相对较少，[1] 但近年来，对固体垃圾的妥善管理显得越来越重要，不仅是因为人口的增长以及中心城市更高的人口密度，还因为人们日益认识到固体垃圾对环境的影响。

固体垃圾通过两种方式对环境产生影响。首先，其基本特征是不具经济价值，不仅不值钱而且还令人烦扰。如果未被收走，固体垃圾将产生气味，令人不适，还可能成为传播疾病的载体。其次，固体垃圾收集和处理的过程也可能对环境产生有害的影响。

城市固体垃圾的设施和管理可分为四个不同的阶段：事先收集、收集、运输和处理。事先收集包括收集和搬运垃圾的一切准备工作：贮存、整理和分拣。收集和运输阶段成本最大，且需要适当的规划。处理阶段包括清除或再利用垃圾中的某些物质等工作。清除垃圾（包括填埋、焚烧、堆肥）的法律体系对环境具有影响（André y Cerdá，2005 年）。

垃圾填埋是最常用的方法。如果填埋不当，就会造成堆填区产生恶臭和有害气体。此外，如果不做防渗处理，就会有污染地下水的风险；因此要避免雨水从未经处理的填满区流走。其次，焚烧垃圾可以显著减少其重量和体积，相对于填埋垃圾设施的要求，它不需要贮存，且占地面积小；但焚烧垃圾可能会产生有害物质（二氧化碳、挥发性金属和复杂的有机气体）

---

① 例如，据估计，在西班牙，居民平均每天制造 42 千克垃圾（固体垃圾、液态垃圾和排放），但其中城市固体垃圾每天只有 1 千克，见：André, F. y Cerdá, E. (2005), *Gestión de residuos sólidos urbanos：análisis económico y políticas públicas*, Centro de Estudios Andaluces, Serie Economía E2005/23.

排放到大气中，这意味着无法收回被焚烧的物质。更现代化的焚化场拥有净化和清除有毒物质的系统，但是它比垃圾填埋更趋资本密集型，是一种成本更高的垃圾处理方法。因此，这种方法往往只是在有经济能力运作的国家才能得到益处，而不适于穷国。最后，堆肥可以分解垃圾中的有机物质，可用于土壤施肥、牲畜饲料和燃料等。批评者指责，堆肥产生恶臭，占地面积较大，且比其他方法具有更强的视觉冲击力，此外还产生二氧化碳。可见，所有处理垃圾的方法都需要处理某类污染；但卫生填埋系统对地表水和地下水构成极大威胁，因此，需要专门的系统来贮存和处理液体的及排泄的垃圾。①

　　此外，非法清除固体垃圾的方法，如非法填埋和焚烧垃圾的严重有害影响加剧了对环境的破坏：土壤污染、空气和水污染，以及传染性疾病的传播。在发达国家，所有固体垃圾都被安全地收集起来并加以处理，而在中等收入国家，收集率为60％，其中只有30％的垃圾被安全地处理了。在低收入国家，只有40％的固体垃圾被收集，其中仅5％的垃圾是按照环境安全标准进行了处理（Cointreau，2007 年）。

　　在任何国家都不可能确定某一种垃圾处理方法肯定优于其他方法。也不能完全放弃使用其他某些方法。固体垃圾处理设施的不足，不仅对整个社会造成负面影响，还对附近居民造成特殊的影响。同样地，公民反对在其住宅周围修建令人烦扰的基础设施被称为"邻避综合征"（NIMBY，即"不在我家后院"）。

----

① 2004 年，英国环境、食品和农村事务部的一项研究分析了城市固体垃圾的不同管理对环境和健康产生的影响。研究发现，温室气体排放对环境的影响最大，特别是垃圾填埋场和焚烧场。

在工业化国家，建立城市固体垃圾管理的标准和法规大大减少了其对环境的影响（Cointreau, 2006 年）。在欧洲，从固体垃圾中生产能源是环境方面最大的成就之一。德国、荷兰、瑞典、比利时和丹麦都是这方面的领先国家：2006 年，这些国家利用了32%至47%的城市固体垃圾来生产能源。他们通过实施回收利用，并从固体垃圾中生产能源相结合的战略，减少了垃圾（CEWEP, 2008 年）。

固体垃圾管理的研究强调使用市场工具对环境政策发展的益处。在拉美，一些工具被广泛使用，而另一些则根本未被使用过。例如，在玻利维亚、巴西、智利、哥伦比亚、厄瓜多尔、牙买加、墨西哥和委内瑞拉对固体垃圾的收集、运输和处理进行收费。对于家庭生活垃圾，这些费用是固定的，定期收取，与其体积、重量或垃圾类型无关。收费所产生的问题是，它不能排除非付费用户，而且有效实施收费所需的控制能力也可能超出了地方政府机构的能力。巴西、哥伦比亚和智利已经有了按垃圾重量进行计费的较好经验（Ducci y Tomán, 2003 年）。

固体垃圾的贮存并不是城市固体垃圾处理系统中成本最高的部分，但其对环境的影响可能是非常严重的。因此，应优先考虑资源的回收。回收是近年来越来越受欢迎的一种方法，因为这种方法具有经济和环境效益。在拉美国家均使用的一种经济手段是，对固体垃圾的回收利用实行押金和退还制度。在巴巴多斯、巴西、智利、哥伦比亚、厄瓜多尔、牙买加、墨西哥和委内瑞拉，对纸张、纸板、玻璃瓶、铝罐和橡胶的回收实行这一制度。在该计划下，消费者在购买可回收商品时需支付一部分押金，当他们将可回收废弃物交回时，便可退回押金

（Ducci y Tomán，2003 年）。

再利用是另一种方法，它可能对解决固体垃圾管理问题具有重大贡献。再利用可以节约能源和资源，因为它力求尽可能地增加废弃物的附加值，不同于在回收过程的做法。然而，当原来产品的生产者将再利用生产者视为竞争对手，并试图对再利用生产制造技术壁垒时，就可能会出现问题。如果没有社会最优选择的话，使原来产品的生产者负责处理消费者丢弃的废弃物的回收政策，是解决此问题的一种方法（Ayres y Ayres，2002 年）。

3. 城市水污染

认识到各种基础设施可能会直接或间接地影响供水和水质是很重要的。一些城市基础设施建设项目如公路和城市化，即使在离水源很远的地区，也可能通过水流的变化和水污染潜在地影响水质。

在城市，雨水管理很成问题，因为大面积的不渗水的路面处于更大的水灾威胁之中，这是由于路面积水增加，使排水渠变得不堪重负。由于较差的渗透率，导致雨水大量流入排水渠。此外，这些水流一路卷着污染物，最终沉积在江河湖海之中。直到最近，人们还认为，雨水的风险仅限于水灾的威胁，而忽略了其潜在的高污染；雨水管理主要是基于提高排水的效率，而忽视了减少其中所含的污染物或者流入雨水流量的重要性。

在许多城市，由于污水在供水之前没有得到处理，使得污水和固体垃圾不断增加。另外，污水和雨水管道没有分开，两者混在一起，不仅会污染这些积水，还会污染水道和地下水。当被污染的水最终成为饮用水水源时，这种情况就更加令人担忧。最后，由于污水设施的维护不当而造成的污水渗透，也会造成地下水污染。

总之，无论是在农村还是在城市，基础设施都有可能对环境造成重大的影响。对这些影响渠道更深入地了解，可以有助于实施新基础设施项目的决策，并有助于制定减少环境影响的政策。

三　基础设施项目的规划及环境评估

如上所述，基础设施不可避免地会对环境造成影响。为了减少其负面影响，在制定基础设施规划之初，就应该考虑到基础设施与环境的关系。事实上，环境影响中所包含的事前成本通常比试图解决问题的事后成本要低（Hodges，1997 年）。

在下面将要讨论在项目层面上纳入环境考量所取得的重大进展，不仅涉及到基础设施项目的选择和设计，还涉及其实施、管理和监督。但是，在保证标准的执行以及创造刺激机制以使其遵守在环境方面的承诺等方面仍需改进。

在部门、区域和国家规划层面上纳入环境考量已取得了很大的进展。在基础设施建设的国家政策层面上，项目决策需要考虑采用较不密集地使用环境或选址更有利于环境的方案。① 此

---

　　① 例如，莱德克和金特罗（2003）认为，减少修建水电站环境影响的最重要的措施之一，就是合适的选址。他们通过一系列指标（保护区、流离失所的人数、被淹没的田地面积等）发现，只有适当选址，才能将建在支流和流量较小河流中的水坝造成的环境影响最小化，见：Ledec, G. y Quintero, J. (2003), *Good dams and bad dams: environmental criteria for site selection of hydroelectric projects*, Latin America and Caribbean Regional Sustainable Development, (Working Paper 16), Washington, DC: Banco Mundial.

外，国家政策可以为提高基础设施项目的效率以及制定减轻对环境的负面影响的配套政策提供必要的刺激。

在部门层面上，不仅应该考虑新建基础设施的影响，还应考虑提高现有基础设施的效率和改善需求管理的可能性。例如，建设新的基础设施可能会增加对水和电力的需求，也会有助于提高对现有基础设施服务使用上的效率。基础设施服务供给的低效率有不同的原因，如各种市场失灵、不适当的技术设计或低效的管理。部门干预有助于更有效的使用，从而减少基础设施的环境影响（Banco Mundial，2007 年 a）。

对基础设施及其与环境的关系进行更完善地管理，需要不同决策层之间的共识与协调。此外，基础设施的环境影响通常并不局限于对当地环境的影响，还对区域和全球范围的环境造成影响。在市场各部门建立监管是不够的。特别是，即使是适当的规划，也无法约束供给方和需求方，对相互分离的两方进行管理，以及通过各自不相通的公共部门进行管理都是不可取的。专栏4.4介绍了美国的新英格兰地区在基础设施与环境关系方面的经典案例。

专栏4.4 基础设施供给战略的适当规划：新英格兰地区的情况

发电是世界经济活动的核心，它是主要的环境污染者之一。目前大部分发电过程都会排放二氧化硫（导致酸雨）和二氧化碳（温室气体），即使不使用燃料的发电技术（如水电）

也会对环境产生有害的影响，如导致自然栖息地的洪水，使水域中和陆地上的动植物死亡；水质恶化和水文变化，等等。尽管减少环境影响的长期政策应重点推广新技术，但对目前正在使用的技术进行评估也很重要，这可以减少现有技术对环境的影响（Tabors y Monroe，1991 年）。

为了阐明环境规划应协调市场各个层面，并且应具有纳入经济活动的全球视角这一问题，麻省理工学院（MIT）的能源实验室评估了美国新英格兰地区 2160 项可选择性的发电战略潜在的环境成效。研究包括在未来 36 种可能的情况下，60 个供需可能性组合。从需求方来说，未来的不确定性包括经济增长水平、燃料价格、能源成本和节能计划。

电力设施对环境的有害影响是从地方（在新址创建新厂）层面、区域层面（雨酸）和全球层面（温室效应）加以衡量的。结果表明，从需求方来看，电力服务的平均成本随着节能方面的投资增加而呈下降的趋势。从供给方来看，如果使用的技术过于依赖现有发电厂的升级及其他国家（如加拿大）能源企业的并购，其发电成本没有什么差异。基于化石燃料技术的发电成本与基于能源公司并购和电厂升级的技术的发电成本之间的差别非常小，即只有 0.9%。

至于这些战略对环境的影响，可以看到，随着需求方节约措施的增加，预期由在新址建新厂所产生的环境影响将会减小。至于供应方，与国外能源企业进行并购而使发电厂升级改造是减小区域性和全球性环境影响的最有效方法。当现有发电厂都得到升级改造后（即不额外增加场地），对当地的环境影响较小。见下表中显示的结果，其中一个积极的现象是提高了环境成效（低排放和低生产成本）。

该研究的结论是，减少发电对环境影响的努力（和监管措施）不仅应该在于供应方的发电技术，还应该包括在需求方实施有效激励节能投资的措施。

资料来源：Connors, S. y Andrews, C. (1991), System-wide Evaluation of Efficiency Improvements: Reducing Local, Regional and Global Environmental Impacts, En Tester, J. et al. (Eds.), *Energy and the Environment in the* 21*st Century*, Cambridge, MA, MIT Press.

表1　不同特点的电力设施供给战略的环境成效

指　标		能源使用管理（需求）	现有电厂的整体升级改造	外国能源企业的并购
成本	生产总成本	+	≈	≈
全球环境	二氧化碳排放	+	≈	+
地区环境	二氧化硫排放	−	+	±
当地环境	新电厂	+	+	+

资料来源：Connors, S. y Andrews, C. (1991), System-wide Evaluation of Efficiency Improvements: Reducing Local, Regional and Global Environmental Impacts, En Tester, J. et al. (Eds.), *Energy and the Environment in the* 21*st Century*, Cambridge, MA, MIT Press.

考虑部门政策如何影响基础设施和环境之间的关系也很重要。例如，对供水、供电和能源供应进行大量补贴的基础设施服务的价格政策，可能会人为地刺激增加对这些商品的需求，导致不必要的基础设施建设，加大了对环境的负面影响。此外，对于未得到满足的需求以及水、电等基本公共服务的不足，消费者往往通过寻求替代性的供给（柴油发电机、水罐等）来克服这些障碍，从而对环境造成了更大的负面影响。最后，这些限制基础设施服务价格的政策往往又会降低其维护和有效运行的能力，因此也降低了将负面环境影响最小化的能力。

应当指出，许多拉美国家都缺乏健全的环境政策和适当的国土规划，这加剧了基础设施对环境的负面影响。尤其是，对自然资源更妥善的管理将是使基础设施与环境之间的关系更加可持续的重要一步。以在农村地区基础设施对环境的影响为例，由于缺乏对土地使用的监管或对森林的管理，造成了在新建道路附近的毁林。拉美各国所面临的重大挑战，首先是建立和使用本地层面的、区域层面的和部门层面的环境影响评估工具，其次是制定更全面的规划，并完善土地和自然资源的管理。

（一）评估工具

在基础设施项目的规划中，决策者使用不同的评估工具，以便在经济社会发展所需的基础设施与将环境成本最小化的期望之间寻求平衡。首先是经济可行性研究，对某个特定项目进行成本－效益分析，其次是环境影响评估（EIA），估算该项目的环境及社会影响。

从20世纪70年代起，环境影响评估已开始使用（当时在美国引入环境影响评估），目前几乎所有国家的法律都规定，将环境影响评估作为实施一个基础设施项目的法律要求或管理规定。应用到具体项目上的环境影响评估，是在有限的选择范围内，着重于减少该项目对社会和环境造成的破坏。然而，对基础设施所造成的累积环境影响进行评估是非常有限的，因为这既没有考虑区域规模的发展，也没有考虑多个基础设施项目的情况。通常情况下，对于基础设施项目来说，环境影响评估主要在于获得必要的行政机构的许可证，而在政策、规划和项目之间则很少有反馈。

环境影响评估可以作为基础设施投资的一个有用工具。这种评估可以（除了减少环境成本，并对可持续发展作出积极贡献）完善项目设计和选址，使项目与环境和社会问题联系得更加紧密，促进这一过程的透明度和问责制，并提供更多公众参与的机会。但是，环境影响评估也面临着限制其效力范围的重大障碍。首先，环境影响评估体系并不包括规模较小的项目，尽管其累积影响可能相当大。此外，环境影响评估的研究往往没有有效地参与到决策过程之中，要么是因为在完成环境影响评估之前就可能已做出了重大的决定，或者是因为缺乏一些确保将环境影响评估纳入到决策过程之中的机制。当环境影响评估时间过长或技术太复杂，不容易为公众和决策者所理解时，这些缺陷便显得更突出了（UNEP，2004 年）。

由于这些原因，环境影响评估已遭受到了批评。环境影响评估更多地被视为是有助于形成决策工具的一个环节，但它既未考虑项目之间的相互影响，也未考虑长期的影响，因此是有限的。

这些批评催生了另一个评估工具，即形成于 20 世纪 80 年代的战略性环境评估（EAE）。战略性环境评估具有更广的范围和视角，并被运用于区域层面和国家层面的政策、规划和项目之中，其重点在于在经济目标、社会目标和环境目标之间达到平

衡。这意味着，这种评估方法将考虑累积的影响和更多不同的
情况。环境影响评估通常是由项目执行者来做并承担费用，而
战略性环境评估则是独立于任何项目而进行的评估。此外，环
境影响评估的资料准备是根据一个明确的流程，它预先制定好
格式和内容，而战略性环境评估可以没有正式资料，根据一个
不断反馈的循环过程来进行评估。

在一个更全面视角的基础上，战略性环境评估可以完善决
策过程，避免代价高昂的错误决策，更好地选择和确定新建项
目，为环境与发展相协调提供基础。根据一个不断反馈的循环
过程来进行评估，战略性环境评估可以在决策之前提供评估信
息，以便对未来的决策产生影响（Ahmed et al. , 2005 年）。

环境影响评价的应用形成了两个工具：社会影响评估
（SIA）和累积影响评估（CIA）。环境评估最初侧重于生物物理
方面的影响，而如今往往包括对社会、文化和健康影响的评估。
这不仅仅是因为这些影响本身，还因为一些环境影响是社会文
化影响和经济影响的间接后果（例如，由于环境变化导致的重
新安居或经济可能性的变化）。社会影响评估可以独立进行，或
者可以作为环境影响评估或战略性环境评估中的一部分
（OECD, 2006 年；UNEP, 2004 年）。

值得注意的是，一个具体项目的环境影响评估可以不考虑
其累积影响或与其他项目的协同影响；也就是说，虽然某个项
目被认为具有较小的环境影响（将该项目进行单个评估的话），
但它却可能具有重大的潜在影响（将该项目作为整体中的一部
分进行评估的话）。因此，累积影响评估被视为介于环境影响评
估和战略性环境评估之间，它不仅仅限于单个项目的评估，但

目前累积影响评估只应用于项目层面上，而未应用于政策层面上（OECD，2006 年）。

值得强调的是，战略性环境评估不会取代环境影响评估、社会影响评估或累积影响评估，而是作为其补充。这些不同的评估工具应该被视为是一个全面的环境评估组成部分（OECD，2006 年）。

在环境评估的早期阶段出现的问题是缺乏一个空间视角。制定一个环境保护与基础设施优先性相协调的长期综合规划，需要加强从对立的视角来评估受影响地区。安第斯发展集团的安第斯山区地理信息系统，以及最雄心勃勃的南美洲地理信息系统（GeoSUR，在专栏 4.5 中有更详细的介绍），能够显示出基础设施建设目标与环境保护最有可能发生冲突的地区，根据这些生物物理方面的数据来选择和确定项目建设（如公路或水坝）。[①]

专栏 4.5　地理信息系统与安第斯发展集团

基础设施规划需要获得集成空间信息。安第斯山区地理信息系统建于 1995 年，是安第斯发展集团和保护国际（Conservation International）共同开发的一个信息工具，帮助确认及防止大型基础设施项目造成的重大环境和社会影响。安第斯山区地理信息系统计划可以非常灵敏地识别该地区，并鉴定安第斯五国（玻利维亚、哥伦比亚、厄瓜多尔、秘鲁和委内

---

① 其他多边机构也参与了这个支持决策过程的地理信息系统工具的开发。

瑞拉）潜在生物物理环境影响。安第斯山区地理信息系统的数据库涵盖了安第斯地区的地理、环境、社会、经济和管理政策的信息，是由各个机构负责将不能公开获得的信息进行收集的成果。

2001 年，国际热带农业中心（CIAT）负责开发了第一版互联网环境计划，该计划于 2002 年初开始运作。这种方式通过免费和快速更新的形式获得了更多的用户。国际热带农业中心不仅开展了针对个人使用这一工具的培训，还对主要基础设施部门和环境部门的主要官员进行培训。

南美洲地理信息系统计划于 2008 年 6 月开启，通过建立一个分散化的网络，提供使用最新地理空间信息技术而形成的南美洲地理信息。该计划促进了互联网地图服务的使用，由与该计划的机构进行管理和运作，以便使人们能够进入区域门户网站：南美洲地理信息门户网站（el geoportal GEO-SUR）。此外，它为用户提供了区域服务器，拥有南美基础设施地区一体化倡议（IIRSA）中各项目的信息和地图，还提供了一个地图目录，可以查找和查看南美洲地理信息系统网提供的所有资源的特点。该计划还支持多国家地图的生成和集成。

资料来源：Corporación Andina de Fomento（CAF），2008，http：//www.caf.com

尽管在这些现有评估工具的应用上取得了很大进展，在协调基础设施投资决策与保护环境，实现可持续发展上发挥了很大的作用,但重要的是要了解在寻求更有效的解决方案上,拥有预先目标的基础设施投资决策背后的政治经济。事实上,正如第八章中所强调的,基础设施投资决策是各种不同利益博弈的结果。面对这些相互冲突的利益,事前评估如环境影响评估和战略性环境评估对于不可持续的基础设施项目来说,可能算不上一个强有力的保障。为此,要强调的不是改进环境评估技术,而是要强调那些在基础设施项目中考虑环境利益并实现其环境承诺的必不可少的激励机制(金融的和非金融的)。

基础设施投资决策的另一个障碍是,许多国家都缺乏决策的透明度。与环境评估不同,经济可行性评估往往是不公开的。这两类评估对于公开辩论基础设施项目的可取性很重要。在实践中,无论非政府组织还是国家环境机构,往往都无法参与基础设施项目的成本－效益研究,因此,许多国家出台了法律,规定要披露环境评估的结果。

不愿披露基础设施项目的经济评估通常是由于参与项目的私人公司要求信息保密,或需要保护项目投标过程,以避免泄露预算成本或公共部门获得的收入。既有可能补充一些保护公司机密的数据,同时也有可能提供一些允许更多参与和公开辩论的信息。在公开招标的情况下,有可能要公开经济和财政收益的多少,这将在不危及招标过程的情况下实现更大的透明度。更大的透明度以及招标过程中的收益,是确保在基础设施需求和可持续发展之间达到平衡所必不可少的条件(Reid,2008年)。

在经济可行性评估和环境影响评估的基础上,一旦项目被批准并注入资金,实现在环境审批过程中所做出承诺的激励机制就变得非常无力了。公共部门和开发银行强制各方履行这些承诺的手段很有限，而且他们也不愿意使用这些手段。但是，如果没有适当的激励措施的话，好的计划也不可能变成好的项目（Reid，2008 年）。这将在下一节进行讨论。

最后，值得注意的是，这些评估工具尤其是战略性环境评估，都不能替代适当的土地规划和自然资源的妥善管理。在规划和基础设施项目中纳入环境影响变量，需要决策中考虑环境影响的政治意愿。如果缺乏这种政治意愿，就将大大限制这些评估工具的作用。

（二）控制和监管政策①

如上所述，基础设施项目与环境之间的根本问题之一就是在项目实施之前，缺乏那些保护环境的激励机制。一旦项目获批并得到资金，政府和债权银行就没有办法来使其实现环境承诺，而且他们也往往不愿意使用那些手段。

面对这种情况，为了更好地遵守环境承诺，就要引入激励机制。通常有两类激励机制，惩罚措施（如罚款）和奖励措施（如凡履行其环境承诺的公司拥有更优惠的贷款条件）。使用这两类激励机制都要考虑到一些一般性原则。首先，激励机制要与环境成本相称。任何制度，只有当遵守承诺所获得的资金奖励大于不遵守承诺所获得的惩罚时，才有效（Akella y Cannon，

---

① 本节部分内容是以里德的研究为基础，本书委托他做一些研究工作，见：Reid，J.（2008），Show them the money：Incentives for environmental excellence in infrastructure projects，Manuscrito no publicado，Corporación Andina de Fomento.

2004 年)。① 例如，阿克雅和坎农（2004 年）计算，在巴西亚马逊地区，非法砍伐一棵树所获的收益为 75 美元，而量化法律执行的价值，对伐木的罚款不到 7 美元。因此，对损害环境的非法行为的预期罚款值过低，就不足以惩罚损害大自然的行为。同样的逻辑也适用于奖励措施：如果奖金大大低于实现环境承诺所付出的成本，就会倾向不遵守承诺。另外，过高的奖励也是不必要的成本，同时过高的罚款也会造成对政府环境计划的不满。

其次，激励的时段选择要与环境风险性相一致，这也是很重要的。以公路为例，最关键的时期是在施工期间及以后的十年，在这期间一般都会发生严重的毁林。再以大坝为例，控制下游生态流量是大坝整个使用期内的一个责任。最后，我们应该寻求公平的和政治上可行的各方（公共部门、私人部门、债权人和环境服务的受益人）分摊成本。

人们正在不断思索有助于更好地实现基础设施项目的环境承诺的激励机制。

1. 减缓或补偿基金

由于从事基础设施项目开发的公司基本上无法控制环境影响，因此可以考虑向环境减缓或补偿基金支付固定的金额，这

---

① 根据阿克雅和坎农的研究（Akella y Cannon, 2004 年），遏制环境犯罪的价值或刺激不遵守环境承诺的价值是可以计算的，即逐步验证法律程序中的每一环节发生的概率，然后乘以罚款金额，再减去从验证到缴纳罚款的那一段时间。按照这个逻辑，只有当激励作用产生的遏制作用大于刺激非法行为时，使用这一方法才是有效的。这个观点的含义是，如果法律程序中的每一环节（检验、拘捕、起诉或定罪）发生的概率均为零，那么这些价值均为零，环境执法制度就没有对遵守环境承诺产生激励作用，见：Akella, A. S. y Cannon, J. B. (2004), Strengthening the weakest links: Strategies for improving enforcement of environmental laws globally, Washington, DC: Conservation International, Center for Conservation and Government.

个环境基金是以保护环境利益为宗旨的。例如，在巴西，企业要向环境补偿基金支付其投资总额的 0.5%，以便为保护区的环境提供资金支持。这个制度的好处是，企业不必承担超出其职责和利益的环境承诺。但是，在环境保护方面的投资是与基础设施项目对环境可能造成的损失毫无关联。由于这个原因，在计算向基金交纳的款项时，可能会出现问题。按比例缴款的制度（如在巴西，按投资总额的固定比例缴款）很简便，可以降低交易成本，减少承担费用的纠纷，但是投资与环境损害之间的关系很显然是非线性的。例如，与修建公路相比，修建水坝是一个更大的投资，但其环境成本是有限的。虽然在发达地区，修建一条高速公路可能比在亚马孙地区修建一条小型公路的成本更高，但其环境影响则更小。另外，准确地估计每项工程的环境成本，并以此向基金缴款也是行不通的。

2. 环境成效的债券

它是一种广泛使用的机制，以确保实现环境协定或其他协定。从事项目建设的企业购买该债券：如果实现了其环境承诺，就可以得到更高利息的债券价值；如果没有实现其承诺，就会丧失债券价值。这一机制很适合中短期直接的环境影响。事实上，由于企业既无法控制这一债券，也无法持有无限期债券，因此，企业也不愿意拿这个债券价值冒险。环境成效债券的衍生品包括颁发减排认证（见下文）和环境成效保险。所谓环境成效保险是指，保险公司可能会签署一份保单，以抵消企业未实现其环境承诺所带来的风险。虽然，企业短期的损失不会超出保费，但今后获得环境成效保险的成本将会更高，也会更难。在美国，这类债券和环境成效保险已被应用于包括运输、有毒废物的处理、核设施和医疗垃圾填埋场等方面。

3. 碳存款制度

正如人们所看到的，在南美，大型基础设施工程最重大的环境影响之一就是毁林，从而导致了每公顷数百吨碳排放。但是，修建公路导致的毁林是可以预测的，且在事后也很容易测量，这就为使用以碳存款制度为基础的激励机制提供了机会。在 1992 年的《气候变化框架公约》下，《京都议定书》引入一个通过清洁发展机制来减少温室气体排放的市场。一旦测定出某项基础设施工程的碳排放成分，就可以在工程启动之前，由基础设施建设企业购买碳存款，将这些碳存款（CRE）纳入工程预算。在工程完工之后的一段时间后，企业可以出售多余的碳存款，并对工程造成的毁林进行必要的补偿。这样就形成了一个激励机制，最大限度地减少毁林。

根据《京都议定书》，可以对这一机制进行一些调整。专栏4.6 探讨了《京都议定书》和拉美碳排放计划——清洁能源和替代能源（PLAC + e），这是安第斯发展集团在温室气体减排市场的形成过程中所做的贡献。不过，最有特色是，基础设施工程企业根据预测的碳排放在工程启动之初的碳存款。如果没有这笔预付款，碳排放额度就会产生一个恶性激励，增加修建公路或其他类型的基础设施。此外，这一机制必须是持续减排激励机制中的一部分。

总之，以市场机制为基础的激励措施的推出是促进更好遵守环境承诺的重要一步。虽然拉美地区在这一方面取得了一些进展，但仍有待进一步发展。

专栏4.6　减缓气候变化、碳市场与安第斯发展集团的作用

　　从历史上来看，尤其是从工业时代之前来看，影响着我们这个星球的气候变化是温室气体排放的积累结果，特别是大气中的二氧化碳。1998年的《京都议定书》是一项国际协定，其目的是遏制和减少全球温室气体排放。目前已有163个国家签署了《京都议定书》，该议定书对39工业化国家的温室气体排放实行限制。尤其是，工业化国家同意在2008～2012年间，其平均排放量要比1990年的排放量减少5.2%。

　　《京都议定书》制定了三个灵活的机制，旨在帮助工业化国家实现其减排承诺。它们是：（1）排放权。该机制是给工业化国家分配排放上限，并鼓励将多余的排放额度进行交易；（2）清洁发展机制。该机制是针对在没有减排承诺的国家里，实施减少温室气体排放的工程，拉美参与了该项机制；（3）共同执行。该机制只针对在《京都议定书》中有减排承诺的国家里实施工程的另一种机制。排放权交易在欧洲盛行，占碳市场交易量的62%。但拉美是清洁发展机制的一个重要市场。

　　拉美碳排放计划——清洁能源和替代能源，是由安第斯发展集团于1999年制定的，旨在促进和鼓励拉美各国参与到温室气体减排市场之中。在第一阶段，清洁能源和替代能源计划着重于开展推广和培训关于气候变化及其影响，并争取得到拉美各国机构在温室气体减排市场方面的支持。在第二

阶段积极参与减排市场，创建了温室气体减排买卖的两个重要机制：（1）拥有 1000 万吨温室气体排放额度的安第斯发展集团—荷兰清洁发展机制基金；（2）安第斯发展集团和西班牙之间达成的伊比利亚美洲碳排放倡议，拥有 900 万吨温室气体排放额度。清洁能源和替代能源计划在测定和开发工程项目的碳排放方面，以及支持碳存款制度成功方面都起到了作用，这是拉美在国际碳市场方面取得的成就。

2006 年，清洁能源和替代能源计划又增加了一项使命，即在拉美地区推广使用清洁能源选择和提高能源效率。这包括对创新项目和具有低社会环境影响的项目如风能、生物质能、地热能、太阳能和小水电项目提供资金支持。特别是，安第斯发展集团已在拉美地区为近 30 个项目测定了碳成分，包括 6 个小型水电站、6 个生物质项目、5 个能源效率项目、5 个运输项目、3 个工业沼气项目、2 个电网项目、1 个医疗垃圾填埋场项目、1 个地热能源项目、1 个风力能源项目，等等。安第斯发展集团在推进可替代清洁能源方面，创造了新的融资机制，安第斯发展集团与德国复兴信贷银行共同建立的拥有 1.3 亿美元的基金（La Línea de Financiamiento CAF-KfW）。此外，安第斯发展集团向清洁技术基金（Clean Tech Fund）投资了 100 万美元，该基金在很短的时间内就资助了 3 个项目，约合 1400 万美元。

资料来源：Corporación Andina de Fomento（CAF），2008，http：// www.caf.com

四 结 论

在本章，我们已得知，在规划、方案和基础设施项目中早日纳入环境变量是实现环境与基础设施可持续发展的关键。同样地，在基础设施建设中尽可能地考虑项目的运行期限，并捕获对环境造成的所有直接和间接影响也很重要。

政策制定者使用各种工具评估基础设施项目对环境的影响，包括事前和事后评估。但是，在项目层面上的评估，虽然得以实施，有强有力的承诺，也有适当的行动，但仍然不够，因为还缺乏考虑基础设施与环境之间联系的国家层面、区域层面和部门层面的规划。一方面，基础设施项目的环境影响通常比对特定项目的保障政策所考虑的标准更大。另一方面，应该一并考虑项目之间的相互影响以及与其他的国家政策、区域政策和部门政策的相互影响，以便将环境影响最小化。此外，关于战略性环境评估，虽然是正确的，但不能替代国家的规划和区域的规划。

拉美各国所面临的挑战是，要将基础设施项目纳入国家的和区域的保护环境、管理土地使用和自然资源的战略之中。这就要考量各种项目包括基础设施及其他项目在时间上和地理上的相互影响。另外，还要推进基础设施工程项目选址的评估，并出台必要的配套政策，以减少对环境的影响。

引入市场机制，创造经济激励，以实现环保承诺，也同样重要。这一机制明显提高了基础设施项目的环境保护和良好的环保成效。

　　但是，正如上文所述，许多拉美国家缺乏健全的环境政策以及一个完善的自然资源管理体制。从历史角度综合考虑环境、生产、人口、增长和发展问题，土地及其使用政策以及自然资源管理的具体法规，是减少基础设施政策对环境造成不利影响的重要因素。将基础设施项目对环境造成的负面影响最小化，要求制定一个全面的国家环境战略和一个关于基础设施与环境之间联系的国家规划进程。

第五章　供应的选择：拉丁美洲的经验

一　前　言①

前面几章着重论述了基础设施服务对家庭福利、生产率、对外贸易、工业及环境等不同指标的影响。由此得出的一个重要结论是，基础设施是发展过程中的关键因素，它通过不同渠道持续地推动人民生活水平的提高及企业生产机会的增加。本章及接下来的三章将要分析的主要问题是，如何制定基础设施政策并对其进行有效的管理，使之在实践中达到预期的效果。

私人部门是基础设施服务的融资、生产和运营的重要执行者。一般来说，在公共政策的其他领域中，私人部门的重要性不会显得如此突出。本章将回顾私人部门参与基础设施服务的理论依据，同时阐述为保证私人部门能最大限度地促进社会利益，国家在基础设施管理方面应起的核心作用。如同将要看到的情况一样，基础设施的监管涉及一系列广泛的问题，其中许多问题是"市场缺失"造成的，这方面政府可选择的政策是多样化的。

在基础设施服务管理方面政策选择的多样性体现在拉美国

---

① 本章部分借鉴了 Urbiztondo 和 Cont（2008 年）专门为本书所著的文章。

家目前实施的管理政策或模式方面。在不同国家之间、同一个国家内以及不同部门内部，拉美地区公共部门和私人部门参与基础设施的水平都有所不同。因此，本章还将选取拉美部分国家作为案例，回顾并分析这些国家及其部分基础设施部门的不同方面，重点是 10 个国家（阿根廷、玻利维亚、巴西、智利、哥伦比亚、厄瓜多尔、墨西哥、秘鲁、乌拉圭及委内瑞拉玻利瓦尔共和国）的能源（电力和天然气）、医疗卫生及交通（不同类型的公路）等方面的服务。

本章的主要目的不是对每个国家的改革（或者各种现行的管理模式）进行综合评估，而是要说明他们所采取的不同政策，并强调他们各自的优势和缺点。与此同时，本章还将指出这些基础设施服务管理过程中存在的一些问题。由于这些问题的重要性，在随后的几章中将对它们进行更为详细的分析。这些问题涉及分配政策（见第六章）、基础设施供应的公共私人关系结合（APP）（见第七章）及制度设计（见第八章）。

从下文的分析中将得出一个重要结论，即有必要认识到基础设施服务的高效管理必须包含多种层面，这不仅涉及管理的设计阶段也涉及实施阶段。在这两个阶段中，公共部门都应起核心作用；而私人部门的广泛参与可以起到推动作用。

本章的其余部分是这样安排的。第二部分主要讨论对基础设施的公共服务管理模式进行分析的概念框架。第三部分描述所选择的国家中不同服务行业所采取的不同管理政策。最后，第四部分是本章的结论。

二　概念框架

为了评估基础设施公共服务的不同管理模式，理清正确设计管理模式过程中涉及的重要问题，首先应该考虑这些服务最基本的技术特征。

基础设施的公共服务，如电、天然气、医疗卫生、公共交通（以及在更低层次上，以目前的技术背景），还包括电信，有一些共同的特征，如自然垄断的特点、以网络的方式提供技术、较低的需求价格弹性、缺乏可行的替代性选择、相关的正外部性，等等。尤其是（尽管在不同程度上）在某些环节存在竞争的可能性，但是基础设施公共服务的使用（及其获取）并不排斥通过垄断的方式操纵网络。另一个重要特征是在资本密集型企业中，投资是专一并不可逆转的：与其他经济部门相比较，这些行业拥有非常高的"资本－产出"比率；投资是专一的（不可再分配的），贬值速度较慢（使用年限可达几十年），从而使现有企业有可能滥用市场的力量。

因此，最佳定价政策是能缓慢地收回投资成本并使其获利。由于很难利用私人资本进行基础设施投资的融资，因此国家直接参与融资的做法在全世界都很普遍。

这些企业资产"沉淀"（不可再分配）的特点，不仅限制了"在市场中"竞争或"挑战"（就是说，对于潜在的运营者来说存在竞争威胁）的可能性，而且它对于所有政府来说都是一种诱惑：如果把应该收回的投资成本（也称作"准租金"）转移到其他具有政治吸引力的目的（难以维持的低价，公共企业过度使用，把资金重新分配到政府其他计划，等等），就不会造成大的损失，因为这意味着在短期内把问题转移给了未来的政府。

与此同时，面对监管方时真正拥有垄断权的私人运营商，[1]最终会采取机会主义行为（例如，为了达到获得价格优势、更多补贴及不履行法律规定的义务等目的而推动对合同的重新谈判，等等）。

应该减少这样的风险。对公共企业来讲，因代理机构的问题和不同利益集团（工会、供应商及政治行为者，等等）对管理权的捕获所产生的生产效率低下和准租金的消耗，导致成本的增加，从而减少了扩大服务覆盖面和提高质量方面的投资基金，并由于直接税这一公共基金的易获取性，使得投资周期被延长。[2]另一方面，如果主要基础设施的投资来源于私人部门，因其缺乏充分可信的规则，为避免双方的机会主义，最终也会导致服务价格提高并被迫追加投资。

因此，防止这些"低水平的平衡"就成为在决定采取何种管理模式及如何实施这一模式过程中的主要挑战。公共管理应该避免内部的政治化、利益集团（供应商、工会，等等）的捕获及追求各种难以评估的目的。私人管理则要建立明确的和可预见（尽管不一定是刚性的）的游戏规则（监管规则），以提高行动效率，使管理有利于不同的消费者和纳税人，避免监管者被不同利益集团捕获。

---

[1]　由于他们拥有信息（关于自己的成本、所处的环境、努力、需求，等等）方面的优势，以及短期内被更换有可能对服务和本国政府造成伤害。

[2]　"代理机构的问题"和"捕获（captura）"这两个术语源自非对称信息和监管方面的文献，前者指难以对监管机构或公共企业所拥有的权力进行控制，后者指利益集团为了从决策中获益而对激励措施和/或压力作出回应。

接下来将详细描述在何种条件下，公共部门和/或私人部门才会更积极地参与不同的基础设施服务的供应。然后，分析私人参与过程中应有的监管内容。最后详述私人部门参与的不同合同形式。

（一）公共和私人部门的供应

公共服务供应的不同方式之间存在着互动关系，而公共和私人部门之间存在互补关系：私人运营者利用不同的公共供应资源（尤其是立法和警力，但也包括其他由国家直接提供的服务），而公共企业也会雇佣个人和私人供应商。因此，相对来说公共和私人管理模式之间的区别比较特殊：如果生产链中的最后环节是由国家来实现的话，那么供应是由公共部门实施的；而如果生产链的最后环节是由非公共部门的第三方来实现的话，那么供应就由私人部门来实施。

如果不能对使用者收费，而服务又对社会相当有利，在这种情况下就需要对基础设施服务实行公共管理。一种替代性选择是国家利用私人供应商提供服务，并承诺支付成本。然而，在那些对质量很难检验和测量的服务项目中，这种解决办法也是不可行的，因此公共管理（具有高度的纵向一体化）必不可缺。这在诸如安全、公平、健康、基础教育等方面的公共服务中比较典型。[①]

国家机器的效率越高，公共管理的潜力越大。并在下面的

---

① 另外，国家安全和战略也是国家进行干预（防卫、研究和开发及边境基础设施投资）的原因。

情况下也会出现以上结果，当国家拥有高效和现代化的官僚体制，为实现"监督和制衡"的制度而实行政治权力分工，并使该国公众容易获得融资等等。如果私人部门履行合同义务和游戏规则的能力较弱，则也会发生上述情况。实际上，这些缺陷限制了私人供应的有效选择，所以对此应该加以限制以使其不参与沉淀的投资或最大限度地减少沉淀投资。因为在这种情况下，会失去相当一部分效率增益。而效率增加意味着把投资决策与特定服务的运营相结合（削减了维护成本，如同第七章中所看到的那样），因此相对而言可以增强公共管理的好处。

在那些有可能对用户收费的服务部门，基础设施服务可以由私人供应。除了直接为投资提供融资之外，私人提供服务还可以保证基础设施得到较为合理的使用。但是，在项目评估的过程中，必须遵守市场纪律。另一个理由是，对用户收费可以吸引私人资本，促使更多的公共资金用于其他社会计划。如同第七章将要详细描述的那样（也可参考 Engel 等人于 2008 年出版的著作），只有当公共部门面临信贷难的问题时，这一理由才能成立。私人参与也可以加快对建设效率和维护基金分配的激励，推动国内资本市场的发展（以国内货币计算）。

基础设施公共服务的供应可以提高效率、鼓励私人部门的参与，除此之外，国际经验证明这些好处不是没有例外和争论的。因此，私人参与的好处既不是一个无可辩驳的事实，也不是可以确保的事实（即便在达到上述目的非常有利的条件之下也是如此）；而是受制于一系列规则影响的因素，这些规则可以促进负责人的有效分配和公共与私人部门之间的互补性。因此，如果在计划、管理、供应和控制的过程中，对每个部门的权力和义务都作出规定，就会促使在诸如成本、消费水平、投资质量、决策，以及扩大覆盖面等方面提高效率的行为得到支持，从而促进私人部门的有效参与。

（二）监管框架的构成

能否有效推动私人参与管理取决于每个部门的角色能否明确和稳定地规定和公开。也就是说一般的监管框架：随着时间的推移，将会遇到因不可预见的风险和紧急障碍所引起的意外突发事件和合同缺失。因此，为了能够最低限度地降低私人投资者的风险，对政府政策和决策进行适时调整，必须在最初阶段就制定清晰的基本指导原则，然后颁布实施。

接下来要描述在私人参与基础设施管理模式的设计和实施方面应考虑的主要因素：一是，对每个部门在纵向、横向及地区间的结构进行设计，指出哪些环节需要市场竞争，哪些环节可以在垄断条件下运营；二是，为此，就要按照义务或服务承诺和价格的平行原则设计相应的合同；三是，一个选择有效率的运营商的机制，使"为市场（por el mercado）"而竞争代替"在市场中（en el mercado）"的竞争；四是，需要简单地谈一下制度规则，通过这些规则来实施不同的监管措施（这个问题将在第八章进一步论述）。

1. 对运营进行纵向、横向和地区间的分离

优化开发竞争力的空间是重要的，因为它是一个非常有效的"监管工具"，它要承担针对市场竞争行为而由监管机构负责的任务，并利用市场竞争的优势造就最终消费者群体。然而，由于最初设计方面的错误或由于受法律法规不同类型的管辖权

和历史的限制，导致部门结构经常与以上标准不相符合。

对基础设施公共服务结构进行设计的基本原则是必须利用规模经济和范围经济，但同时应避免形成垄断，因为它损害了效率的合理性，并且限制了企业区域和横向整合的水平，使得规模经济和服务可获取性消失，并保障公开地获取，而不影响对垄断性网络的使用，或者使基础设施掌握在单一运营者（或者是少数运营者）手中，由他们在提供最终服务方面展开竞争。

因此，运营和技术方面的原因可以证明，服务总量应该包括强大的联合生产和外部性（如饮用水和污水排放服务的供应）。在这种情况下，由一个单一的企业以联合的方式提供服务是合适的。但是，这在电、天然气或其他液体燃料等能源服务部门是不适宜的或者是不必要的。在区域范围内，只有在一定的地域内提供网络服务才会形成自然垄断。因此，在全国范围内由单一企业提供服务是不合适的（尤其是会失去不同企业间进行间接竞争的可能性，正如——正式或非正式地——采用标准机制或比较竞争机制时所发生的那样）。在纵向水平上，尽管因协调、创新等其他目的而可能存在范围经济，但是，发电、输电及配电等活动（或者是天然气的生产、运输和分配等活动）有明显差别。因此，对纵向整合进行限制是有必要的，可以避免因某些领域存在市场力量而导致竞争或管理功能被扭曲的风险。

2. 合同的设计

从本质上看，合同的设计（在广义上讲，可以理解成是监管框架的同义词）首先应该明确界定基础设施受让者/运营者在服务的价格、覆盖面和质量及投资等方面的义务和权利；其次，应该界定由企业承担的风险以及不应由企业承担的风险，以避免在特许权转让之后又进行重新谈判。尤其是，激励措施的制定、当事各方风险的分配、没有人为排斥性、价格结构合理及不同转让权进行了分散，同时对规模经济和/或范围经济加以维护，以上这些要素一方面是很重要的；另一方面，这些因素在合同成功签署及被执行之后，都会对初始竞争的激烈程度产生影响。

接下来，主要讨论私人参与基础设施服务模式合同设计中的关键问题。

3. 价格的管理和作用的专门化

由于规模经济和范围经济的存在，而使得垄断的实现成为合法。当涉及到以垄断的方式提供的服务时，就必须要求由国家对服务价格进行监管，以避免出现特许权承让方滥用市场的现象。

在此方面，存在两种可以选择的方法。第一种是，对成本进行管理，通过管理使价格在经过调整后可以补偿运营成本和资本成本。这种管理可以采取不同的方式，如对回报率进行管理（在北美地区，这是一种传统的管理模式），或者对成本追加进行管理（这里不对资本成本或其他性质的成本进行区分，以便计算价格补偿的基础）。这种机制的问题在于削减成本（包括运营成本和投资成本）的做法没有得到适当的鼓励，因为（从理论上讲），成本的降低应该通过降低价格的办法直接转移到用户身上。因此，价格有可能被定得很高，反映了效率最低的制度中边缘企业的成本较高。而这种管理机制的好处在于，企业对于收回运营成本和资本成本、降低融资成本的可能性可以有较大的把握。在实践中，这种机制会把一系列应由企业承担的风险和市场风险转嫁到消费者身上。

第二种方法是对固定价格或最高价格进行管理，即所谓价格上限管理，这种管理方式使价格在短期内不受成本的影响（根据通货膨胀和扣除 X 的要素进行季度或年度调整，X 指事先估计的生产率收益），并且要进行周期性检查（根据对未来成本的评估，每四至五年举行一次）。与对成本进行管理的方法相比较，这种方法在管理决策方面激励生产效率的提高，在企业内部进行成本削减、努力提高收益和管理决策的质量。但是，每个周期都有可能出现收入过多或不足的现象。该机制的问题是有可能促使企业为扩大利润而采取削减成本、却降低服务质量的有害措施。因此，当采取对价格上限进行管理的方法时，监管当局必须加强对服务质量的监督。

从概念上讲，对成本进行管理是回溯型的（价格是根据过去的成本来定的），而对价格上限进行管理是预期型的（价格的变化对服务质量的改善或项目账户的结余没有依赖关系）。但是在实践中，各国实施的制度倾向于混合型或中间型。这得归因于成本管制的滞后性（由于推迟了认识到成本被增加的时间，企业在对价格进行讨论期间才注意到价格发生的变化），另外还需归因于在价格上限机制内的每一次检查周期中，在决定 X 要素时必须参考过去的成本（以及只允许存在合理盈利的部分）。

可以得出这样一个结论，即一种可行的选择是实行价格上限机制，按照不断变化的成本估值进行周期性检查，同时允许存在合理的盈利。价格周期的延长和细节问题，可以根据不同的服务种类和不同国家而变化（Joskow，1998 年）。在这一形式中，每一个企业都有一种价格，它在短期内不受成本的影响（因此，产生了减少成本的激励措施）。但是，它在中期内反映出企业联合体运营的改善，有利于企业领导层所采取的技术进步的扩散，而技术进步至少被部分地转移给了消费者。这可能是真正可行的最好解决办法，尤其是因为一些国家实行私人参与基础设施服务不过几年时间，融资能力和信息获取能力都比较有限。因此，很难实行成本追加型的管理机制。

通过这些定价方法，可以发现这些价格水平反应了在服务的每个环节中成本的逐渐递增，其目的是保证最大限度地自我融资。但是，如果价格是根据这些标准制定的，那么为无力支付服务的低收入或低消费用户，可能有必要制定不同的价目表。从对低收入家庭福利的影响，以及私人参与基础设施管理的政治和社会可持续性的角度出发，以上这些考虑是很重要的。第六章将对使收入分配与基础设施政策相结合的不同方法进行分析。

作为对服务价格管理的补充，如果因缺乏"市场内的"竞争而造成用户不能选择供应商，合同就必须尽可能对服务质量和覆盖面所要达到的目标作出明确规定，让特许权承让方决定如何履行这些合同义务。如同上文所提到的，这种管理模式是价格上限管理模式的必要补充。在对这样的结果和目的进行明确的界定和衡量遇到困难时，一种可行的替代性选择（不完美的）就是指明特许权承让方在投资或技术方面应履行的义务。

4. 风险的分配

基础设施工程因其固有的特征而面临一系列风险。有可能是建设的风险（将对投资资本的成本造成影响）、运营成本的风险（例如，由原材料价格变化而产生的风险），以及收入（因需求变化引起的）、管理和政治等方面的风险。在期限为 25～30 年的基础设施服务供应的合同中，不同标准的决定，不言而喻地或明确地意味着这些风险在相关的不同部门中进行了分配：企业、公共部门、消费者和纳税人。如同上文所指出的那样，在成本追加型的定价机制下，因原材料价格上涨或企业决策的变化导致服务成本提高的风险被完全地转移到消费者身上（如果企业为关闭账户而接受公共补贴，那么风险就转移给了政府）。另一方面，如果合同没有要求对最低需求提供担保（例如，在公路过路费合同中要保证一定的交通流量），那么服务需求突然下降的风险是由企业来承担的，公共部门不承担任何风险。

因此，特许合同中必须解决的一个主要问题是如何在各个参与服务供应的代理人之间进行风险分配。这一问题将在第七章中进行详细讨论，其分析框架就是政府和私人间的结合（APP）。不管怎样，可以提前指出的一个基本原则就是，风险应该落在能更好地掌控风险、能更好地分散风险或者对风险补偿要求较少的部门身上。因此，在道路特许合同中，由提供服务的企业承担建设和运营成本的风险是合理的，但是需求的风险（由于交通量的波动）——主要是由企业不能控制的变量决定的（经济周期，等等）——应该由政府通过提供某种形式的担保来分担。另一方面，政府应该承担强加于投资方的监管风险，否则就是不合理的（监管框架的变化有可能给企业带来额外成本，也有可能使企业得到补偿。因此，如果没有国际仲裁条款来保证对监管框架的变化作出客观和独立的解释，就有可能使投资方承受监管风险）。政府不承担这一风险有可能会使相应部门（没有采取减少这种风险的激励措施）承担严重的"道德风险"问题。

因此，为了减少私人运营者的机会风险，在他们放弃服务之前，应该让特许公司承担继续供应服务的义务，直到选出新的特许公司（或者在新旧特许公司交接期间），还应该继续为其提供可行的担保。

5."为市场"而选择或竞争的机制

"为市场"的竞争，意思就是根据对供应商的权利和义务的判定，它不会受制于来自"在市场中的"其他供应商的真正限制，这是监管部门和基础设施服务的私人供应商之间最初发生必要互动的地方（不可替代的，如同原来所设想的那样）（Demsetz，1968 年）。

因此，在竞争性的企业中特许合同的确定与出售资产有很大差别，它们之间存在着长期联系，可对供应造成影响。这涉及到一次拍卖怎样才能有助于政府获得更有利的条件，使"为市场"的竞争尽可能地弥补"在市场中"的竞争缺失。

总的建议是设计一个透明的选择过程，优化供应者，促使合同双方放弃机会主义行为（它将导致合同不能履行和重新谈判）。

利益有不同的层面和变量。对于出让方来讲，它们包括租金或补贴、价格、服务的质量、投资、就业，等等。出让方应该根据能力来选择最好的运营者，以便根据其偏好获得最好的结果。选择过程的透明度是一个关键因素，因为潜在的服务供应者的利益是实现利润的最大化，他们知道必须面对市场风险（需求的变化、竞争、运营成本和融资成本，等等）和合同的风险（最初规定的权利和义务的变更），他们也知道为找到能更好地代表国家利益（以及最终的消费者）的不同目标，负责选择供应者的公共机构将操纵这一过程。

尽管这些利益层面是很重要的，而且它们之间存在着明显的关联，但是如果"为市场"的竞争是以单一利益层面为基础的，拍卖的招标过程就可能达到最透明的程度。此外，对合同义务进行明确规定也可以实现招标过程的透明，这样也可避免供应商之间在其他利益层面的竞争，而这些义务可以直接或间接地保证其他义务（包括技术条件、融资能力，等等）的执行。

对出让方来讲，招标过程的组织还远非是惟一的或主要的重要层面，它反而可以推断出出让方并不打算将其他利益受制于此次招标结果（在不以选择为目的时，可以就竞争和特许合同本身的条款直接或间接地提出要求）。这样，为使价格降低所展开的竞争并不能说明，在招标过程中进行最激烈竞争是为了优先达到降低服务价格的目标。相反，置之不理对其他选择变量（如质量）的伤害，反而说明了其他变量（如覆盖面、租金/补贴/税、质量或投资，等等）是如此重要，以至于它们不受竞争水平的影响。[①]

招标或"为市场"的竞争过程而设计：一方面，要求进行充分的计划和研究，以便优化招标过程；另一方面，为利用潜在的供应商或有利害关系的第三方提供的信息，事先要多方征

---

① 有关受让方在投资和服务方面提出条件的特殊性方面的招标条件是可以改变的，这一灵活性是为了把每个投标人提出的技术建议、参与者的技术特征和经济－资金特征、遴选过程中所要考虑的不同重要层面的顺序和重点、风险的分配及需要的担保等方面相结合。所有这些选项超出了本章讨论的范围。应当特别指出的是最优解决办法是根据体制特征及每一招标案例涉及的服务而定的。有兴趣的读者可以参考伊斯基耶多和瓦萨洛（Izquierdo y Vassallo（2008 年）的文章。

求意见以便完善设计。在决定被转让的工程或服务的内容之后，就可以启动设计过程了。如同第八章所要强调的那样，尽管主要由私人部门提供基础设施项目的融资、建设和运营，但如果公共机构支持对项目进行验证、计划和评估的工作，那么私人参与基础设施服务对社会福利的影响将会达到最大化。[①]

6. 制度因素

在基础设施服务的管理中必须考虑的一个重要方面是与制度有关的，通过制度可以实施事先制定的监管规则。这显然也可以保证对合同实施控制和监督，实现对公共工程的规划、选择和评估等功能及推动私人投资。国家应该如何组织起来高效完成这些任务？例如，基础设施项目的推广、规划和评估是否应与管理和监督统一起来？如果把这些工作独立开来是合适的，那么应该如何设计那些主要进行监管活动的机构呢？如同上文所提到的那样，私人参与基础设施的管理模式要求国家不仅作为管理者，而且要在基础设施投资的规划和评估工作中起到应有的作用。何种公共机构（如计划部、投资促进机构，等等）才会有助于加强这些工作？

制度设计的问题是很重要的，因为不同机构或组织之间的互动和独立性是决定公务员和政治行为者在决策过程中所面对的激励措施的关键因素，同时也对私人部门包括企业、利益集

[①] 还有一个方面没有提到，即在不同的投标人之间进行合同分配过程中可以应用的各种制度或拍卖类型。关于这一问题的详细分析超出了本章的范围。总体而言，可以说最重要的方面是要考虑它是一个不可分割的还是一个可分割的（如出售股份）对象，是否每个参与者对该对象的评价都与其他竞争者的评价相关联，是否将成为惟一的一次或是否是定期的，不同竞争者之间是否存在发生冲突的风险，等等；设计方案的选项包括同时举行拍卖会或先后举行拍卖会、公开（口头的）或封闭的（密封的）、向上的或向下的、差别的或没有差别的（第一或第二种价格），等等。

团和消费者的行为产生影响。换言之，制度设计影响基础设施管理政策的可信性和稳定性，因此在不同的制度组织方式之下，相同的管理可能产生不同的行为和结果。第八章将着重分析这些问题，并将提出一个概念框架以便理解制定某种制度和规则对于增强基础设施的公共政策的可信性和效率是有必要的。第八章，还将回顾拉美地区在这些方面的经历。

（三）私人参与基础设施服务的管理

上文分析了使监管框架与私人参与基础设施管理模式结合在一起的一系列要素。它们包括部门的"产业组织"（供应商和市场的纵向与横向的分离；确定特定监管标准，包括价格、质量指标、覆盖面和风险的分配等方面）；根据"为市场"的竞争尽可能代替"在市场"的竞争来选择供应商。

但是，私人参与基础设施服务有许多方式，公共部门也相应地起到了不同的作用。这种参与可能包括资产的转让（私有化）和受限制的 BLT（建设－租赁－转让，build-lease-transfer）合同，这些合同规定私人部门承担建设和融资的义务，而公共部门承担管理的义务；私人参与不包括 BOT（建设－经营－转让，build-operate-transfer）型的特许合同的各种方式，这种类型的合同规定由私人部门承担管理的义务。

图 5.1（Guasch，2004 年）对私人参与基础设施服务的不同方式进行了简单分类，可以看出参与度随着参与方式的变化而逐渐深化：一开始缺乏私人部门的参与（与此相对应的是基础设施的供应和运营完全是由公共部门完成的）；通过向公共部门运营者（各部或公共企业）提供原材料或特殊服务（外包）

的方式，实现私人部门对基础设施的参与；通过建立自主性企业或制定绩效协议的方式，在公共管理内部引进对法人的激励措施；与私人运营者签署经营合同；不同的特许方式（租赁、豁免权、特许），以及为开发新基础设施而签署的BOT型合同；各种私有化。每种参与方式的不同之处，不仅表现在私人部门对最终用户所起的作用不同，而且更重要的是，也表现在风险和投资责任的分配、运营条件以及运营商的激励措施等方面。

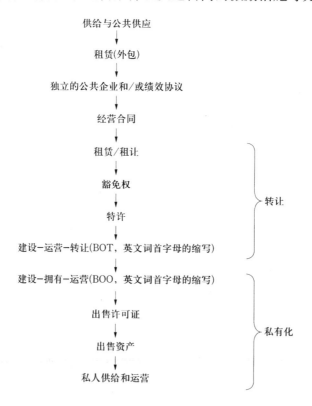

图5.1 私人参与基础设施服务的方式

资料来源：Guasch（2004年）

在电信等部门，一定程度上也包括发电和天然气部门，私人部门的参与一般是以私有化（与结构改革及制定有利于竞争的管理和措施同时进行）的方式实现的。然而，在其他部门（港口、机场、道路、高速公路、铁路、水和污水排放以及能源部门的下游企业），由于受到法律上的、有时是来自宪法方面的阻碍，私人机构的参与受到限制。在这些情况下，一种中性的解决办法是建立政府与私人的结合（APP），尽管这意味着私人参与基础设施的建设和运营，但是从公共部门来讲，并不一定说明资产被整体或无限转让，也不能说明失去合作融资。

如同第7章所详细分析的那样，APP框架有三个主要特征：一是公共部门和私人部门分担运营风险；二是由私人企业临时控制或支配资产（不一定包括所有权）；三是投资和运营（由同一企业实施的）的联合（捆绑）。实际上投资与运营联合促进了投资，在整个项目周期中使成本最小化（也就是说，在非成本追加型的价格调整框架下，不同管理模式的外部因素实现了内部化）。这可以刺激用于减少维护成本的投资。

虽然图5.1对每个部门（公共部门和私人部门）所起的不同作用的分类是很重要的，但在每一种有私人参与的管理模式中，不同类型的合同细节存在较大差别。因此由于各种因素之间的互动，实际上存在无限多的特征，这些因素包括市场的垂直和水平的分离、调节机制和价格结构、对质量和投资总额的管理、选择供应商的方法、制度，等等。接下来，将描述拉美国家实施的不同监管措施。上文所提到的制度因素将在第八章中进行详述。

三　拉美地区管理的经历

上文详细描述了验证公共和私人部门参与不同基础设施服务的基本原则；为进行一定程度的竞争对这些服务进行纵向和横向分离的必要性；在自然垄断的条件下，对基础设施服务供应部门必须实施的监管类型，以及选择最佳运营者的机制。这些原则在多大程度上可以在拉美地区的基础设施服务中得以执行？在不同国家不同部门采取的基础设施管理模式存在多大的差异？这一部分将首先对以上问题作出回答。然后，描述自20世纪90年代初私人部门开始参与之后，基础设施服务的组织发生的变化。这不仅涉及到基础设施服务的特许经营权转让给了私人企业，而且涉及到这些部门和市场为了进行更大程度的竞争，所进行的纵向与横向的分离。本文还要分析价格、质量标准以及投资方面的管理。最后，能够说明管理运行的效果与合同是否正确设计的一个方面是，事后是否需要再次谈判及其结果对公众对私人参与基础设施服务的看法产生怎样的影响。

（一）公共部门和私人部门的参与

在过去的十年里，大多数拉美国家在基础设施的公共服务（电、天然气、公共交通、饮用水、污水排放和电信的供应）实施了重要的改革。总体来说，这些部门改革的趋势是加大向私人资本的开放度，继续分离企业的政策、管理、控制、所有权及经营等方面的功能，通常还发布新的经营项目，尽可能促进竞争。

表 5.1　拉美部分国家私人对电力部门的参与（2001 年）

	发电	输电	配电
阿根廷	60	100	70
玻利维亚	90	90	90
巴西	30	10	60
智利	90	90	90
哥伦比亚	70	10	50
厄瓜多尔	20	0	30[1]
墨西哥	10[2]	0	0
秘鲁	60	20	80
乌拉圭	0	0	0
委内瑞拉	20	10	40

注：[1] 目前实行公共管理的瓜亚基尔配电部门；[2] 2007 年，墨西哥私人部门的发电量已占 34%。

资料来源：Andrés et al.（2006 年）。

专栏 5.1　墨西哥的电力部门

墨西哥电力部门由半官方的联邦电力委员会（CFE）垄断，该机构同时控制着墨西哥中部电力公司（Luz y Fuerza del Centro，LFC 是 Valle de México 地区的运营商）。电力企业实现了从发电到向终端用户营销过程的纵向整合（除实现自给自足的企业之外），形成两家拥有输配电网络的公司（由国家能源控制中心 CENACE 运营，同时受国家电力委员会控制）。宪法和电力能源公共服务法（LSPEE）规定，电力供应属于公共服务范畴，国家拥有电力供应的专属权。1992 年后，

（由于 LSPEE 的变化）这种情况得以改变，允许独立生产商（PIE）涉足这一领域，但不允许通过长期合同的方式强制性地把电出售给 CFE 和 LFC。因此，允许由热电联产发电站、自动供电公司和小规模发电厂（尽管可以使发电能力扩大 50% 使其超过 40 兆瓦，但是发电量限制在 20 兆瓦以内的）的多余电力出售给 CFE 和 LFC。此外，从那以后还解除了对能源进出口以及发电量在 1 兆瓦之内的小规模发电的限制。但不管怎样，联邦电力委员会是惟一的买方（垄断买方）。因此，只有在以卖给 CFE 或者自己消费为目的的情况下，电的进口才被允许。目前，墨西哥私人部门发电量约占发电总量的 35%。

这一情况招致众多批评。而 1992 年以来传统的公共管理（尽管公共服务范围的界定是灵活的，但它得到了宪法认可）模式就试图利用私人参与电力部门的有利机会，保留了基本框架（纵向整合及 CFE 的垄断权），结果表明它不利于发展市场竞争和提高部门效率。

资料来源：Urbiztondo y Cont（2008 年）。

公共企业曾垄断了每一个部门，是其他公共支出的融资源泉。公共部门改革的原因是多方面的，一方面是公共企业在管理和融资方面遇到了困难，另一方面是对一种世界性趋势的模仿。出于各种不同的原因，这些部门的改革没有遵循统一的路线，也没有严格执行本章第二部分所讨论的基本原则。

在电力和天然气部门，已经制定了全国范围内基础设施公共服务供应的一般标准和政策（通过颁布法律和/或法令的形式）。此外，已有的法律机构明确了国家的首要功能（管理和控制）、私人部门参与和市场开发（根据不同的情况，如各国电力批发市场（MEM））的规则、运营（基础设施服务在不同企业之间纵向和横向的分离，以及对两种不同方向的股东进行整合的限制）规则以及价格形成机制，等等。

实际上，在这两个部门中企业经常被纵向分割成四种活动（发电/生产、输电/运输、配电/国内的运输及市场营销）。第一和第四种活动的运行方式是倾向于竞争性的，而第二种和第三种活动的运行则是受管制的垄断性运行方式。各国监管部门根据本国国情而实行不同的监管模式：由国家管理（如智利和哥伦比亚）；联合监管（如阿根廷的电力部门）；针对每一种服务的具体情况，对天然气和电力部门实行不同的监管（在阿根廷就是如此）；或者对天然气和电力部门实行相同的监管（如哥伦比亚和秘鲁）。每一种监管模式的具体措施各不相同，尤其是国家作为供应者的角色其表现也是不同的，总体来说不是完全由国家供应的。

如同表5.1所显示的那样，2001年前在阿根廷、玻利维亚和智利，私人在电力部门一直保持较高的参与度（超过了50%），这不仅表现在发电部门，也表现在输电和配电部门。[①] 在秘鲁的发电和配电部门，私人也有较高的参与度。但是，乌拉圭和墨西哥的情况却恰恰相反。在乌拉圭，对电力部门每个环节都实行公共管理，在墨西哥私人部门只有在发电环节才有

---

① 这一细节忽略了大量由次国家（省、市或县）供应的案例。

较少的参与。墨西哥的法律规定电力供应属于公共服务的范畴，应由国家供应。自 1992 年开始，这一规定开始松动，允许私人部门参与发电。然而，如专栏 5.1 所示，市场结构（强大的纵向整合）的缺陷阻碍了发电部门引进竞争机制，导致部门效率降低。

应该明确的是，问题不在于公共管理本身，而在于未辅以适当的市场设计，也未给予公共部门必要的自主权和激励改善管理的有效机制。因此，有必要突出一些管理较好的公共企业的经验。例如 Millán（2006 年）提到了哥伦比亚麦德林公共企业集团（Corporación de Empresas Públicas de Medellín），该集团的业务除了积极参与其他公共服务企业（如电话）之外，还参与麦德林市的发电和配电部门。该集团管理较好的一个重要原因是麦德林市民控制了管理部门。另一个例子是哥斯达黎加电力局（Instituto Costarricense de Electricidad，ICE），它负责发电和配电及电信供应服务。该企业被看作国家财产，以至于全国人民都被动员起来反对对该企业进行改革（私有化）。另一个实行较好公共管理的例子是巴西巴拉纳市的巴拉纳市能源公司（Companhia Paranaense de Energía，COPEL），主要经营巴拉纳州的发电、输电和配电业务。该公司之所以运转良好还得归因于市民的高度参与（Millán，2006 年）。

至于天然气部门，与电力部门相比两者的一致性比较突出，但是不一致的地方也比较突出。例如，在玻利维亚、厄瓜多尔、墨西哥和委内瑞拉玻利瓦尔共和国，国家对天然气部门的参与度很高（而在第一种情况下，有私人部门共同参与），这是对石油所有权持民族主义看法的产物。而与此相反，阿根廷对整个天然气价值链都进行了私有化（通过特许合同的方式，包括矿藏的开采、新矿的勘探、开发及运输和销售）。在饮用水和污水处理（AP&DC）方面，则倾向于（至少在近几十年里是这样）由公共部门和私人部门共同供应（阿根廷的科尔多瓦市除外），或者是由一个私人运营商或一个公共运营商供应。私人部门的参与受到较大限制，获得资产并不重要，重要的是特许经营合同的签署。但是，该部门较为特殊的地方是受环境管理和全国范围内卫生状况的影响，其监管活动只维持在地方范围内。

专栏 5.2　西班牙通过公私合作发展道路基础设施的成功经验

近 20 年来，西班牙经济社会发展的重要基础之一是基础设施。该国在创新融资框架方面投入了大量资源。西班牙虽是欧洲发达程度较低的国家之一，但是它在交通运输、港口、机场和铁路的建设和管理效率方面却名列世界前茅。

西班牙已经成为以公－私合作为基础的基础设施管理和融资框架的必要参考。该国已制定了由公共机构挑选供应商的政府特许模式，该模式在国内外都被证明是成功的。它在道路特许权的管理和结构方面的成功经验已经传播到一些拉美国家、美国、加拿大和其他欧洲国家。在 11 个世界上最大的交通工程特许企业中，有 6 个是西班牙的（Public Works Financing. Oct 2006. Ranking）。

直至 15 年前，除某些特殊情况外，西班牙大多数公共工程项目是通过公共预算分配而获得融资的。那时，该国基础设施与欧洲最发达国家相比一直处在赤字状态。在此过程中，西班牙面临必须满足达到欧盟提出的经济融合标准这一加入欧洲货币联盟的先决条件。欧盟还要求西班牙在允许的范围内对主要宏观经济变量进行调整，为此必须采取严格的预算纪律。与此同时，为促进经济增长和提高社会福利，还亟需改善基础设施条件。

面临如此巨大压力，西班牙政府把重点放在建立以私人参与为基础的公共基础设施管理和融资的新政策机制和基础上。此外，在不增加国家预算负担、不恶化公共财政赤字的条件下，由国家拨款建立和扩大实施工程项目的公共企业实体。

在西班牙物流平台的现代化过程中，主要任务是制定有利于私人参与的法律框架、加强负责工程实施和管理的公共管理部门的体制建设、研究和设计对特许制有吸引力的项目。

近年来，促使西班牙有可能实施这么多项目的重要资金来源除欧洲投资银行（Banco Europeo de Inversiones）的多边融资外，还有社区通过结构和共同基金（Fondos Estructurales y de Cohesión）的贡献。

1999 年，货币联盟协议签署之后，欧洲国家为了实现该联盟的持续性，制定了促使成员国尤其是欠发达国家实现经济发展和充分就业目标的结构性政策。在这一议事日程中，基础设施因其对实现以上目标的重要影响而占特殊地位。上文所提及的基金给予欧洲国家资金方面支持，并被西班牙广泛利用。

具体来说，为实施交通运输项目，西班牙政府制定了2000~2007年的基础设施计划，该计划可延续至2010年。该计划预计投资1140亿欧元，其中政府公共投入占50%（包括非预算投资），欧洲基金占30%，私人资本（约200亿欧元）占20%。

这一雄心勃勃的计划使西班牙成为欧洲交通运输最现代化的国家之一。在关键的社会部门的支持下，西班牙实现了社会经济发展目标。这些部门是：公共实体、私人企业、金融部门和学术界。

与电力部门一样，水和卫生部门有丰富的公共企业经营的经验。例如，巴西圣保罗州基本医疗卫生公司（Companhia de Saneamento Basico do Estado de São Paulo，SABESP）。该公司是世界上客户拥有量最多的居民用水和饮用水服务供应商。良好的业绩归因于强有力的政策透明度（公开财务和非财务信息；召开分析师、消费者团体与非政府组织的公开会议，等等），并实行在控制机构和当地社区面前的问责制（定期检讨内部流程、定期召开董事会、审核委员会及独立核数师会议、定期公开现金流量，等等）。

在道路基础设施方面存在着不同的趋势。一些国家，高速公路和道路的建设、经营和维护已经被转让出去；而其他公路网仍由公共部门运营（以"公共工程"的名义，国家雇用私人部门建设公共工程——最后也由私人部门进行维护——但国家保留运营权和过路费收入）。① 在私人参与道路基础设施方面，一个非常令人感兴趣的地区外例子是西班牙。如文本框 5.2 所示，私人部门的参与是在与公共部门进行密切合作的背景下发生的，这就使一些重要工程有可能顺利完成，而这些工程使西班牙成为交通运输方面最现代化的欧洲国家。

　　虽然对基础设施的不同部门实施的所有改革在国际上和拉美地区都非常普遍，但是一些国家仍然遵循现有的供应方案。例如，虽然厄瓜多尔遵循拉美国家放开管制改革和吸引私人部门改革的普遍进程，但是基础设施服务的供应在很大程度上仍然是由公共部门提供的。从一方面来讲，在委内瑞拉，大多数基础设施服务的供应仍然是由公共部门提供的（只有在电、高速公路、水等部门中可以找到私人参与的例子），其主要原因在于改革没有进展。另外，委内瑞拉最近终止了过去 10 年里签署的私有化合同（例如在电信和交通运输部门）。

（二）价格、质量和投资方面的管制

　　这一部分简要介绍拉美部分国家对价格和投资质量标准方面的管制。表 5.2 提供了电力部门方面的有关信息。虽然该部门

---

　　① 这方面的论述不包括私人管理模式的变化。例如，2003 年，阿根廷对 1989 年签署的道路转让合同进行了重大修改，重新由公共部门投资，只与私人经营者签署为期 5 年的运营和维护合同。1985 年，墨西哥启动了改革；1994 年，由于货币贬值危机，一些转让权被收回。2000～2002 年期间，没有进行特许权的拍卖，只允许直接转让过去利用公共资源修建或改造的工程，这一转让是由两个政府机构负责实施的：其一是联邦道路和桥梁（Caminos y Puentes Federales, CAPUFE），是一个分散的联邦级公共机构，负责收缴公路过路费；其二公路经营权挽救信托公司（Fideicomiso de Apoyo para el Rescate de Autopistas Concesionadas, FARAC），是一家成立于 1997 年的国家机构，负责国家收回的私人转让权。第七章将对墨西哥高速公路转让制度进行详细分析。

表 5.2　拉美部分国家电力部门管制的特点

	阿根廷	玻利维亚	智利	哥伦比亚	厄瓜多尔	秘鲁	乌拉圭	委内瑞拉
价格管制 —上游企业 —下游企业	无（到 2001 年） 有	有 有（有合同除外）	无 有（大客户除外）	无 有（非管制用户除外）	有（有合同除外） 有	有（有合同除外） 有	有（有合同除外） 有	无数据
最终价格结构（2005 年）	居民用电 > 工业用电（到 2005 年）居民用电 < 工业用电（从 2006 年起）	居民用电 > 工业用电	居民用电 > 工业用电	居民用电 > 工业用电	居民用电 > 工业用电	居民用电 > 工业用电	居民用电 > 工业用电	居民用电 > 工业用电
下游价格调整机制	价格上限，五年调整一次（到2001 年）	按照效率标准设定的最高价格（4 年）+ 指数化	示范企业（4 年）+ 通胀因素	基准化分析（混合型，包含资产置换值）	年度基准化分析	示范企业（4 年）+ 指数化	以高效率企业为参考（4 年）+ 指数因素调整	目标化[a]
转让	MEM 季节性价格	批发价格（到 2001 年）季节性价格（从 2002 年起）	节点价格	混合型，介于市场价格和实际购买价格之间	管制价格	管制费率	稳定价格	无数据
其他管制（质量、投资、扩张）	质量（技术产品、技术服务、商业服务）关注需求	质量（技术产品、技术服务、商业服务）	质量、连续性（列表说明能反映技术产品、技术服务的商业服务的变量）	质量（无数据）	质量（技术产品、技术服务、商业服务）	质量（技术产品、技术服务、商业服务、连续性）	质量（技术产品、技术服务、商业服务）	质量（技术产品、技术服务、商业服务）质量、可靠性（无详细数据）

注：[a] 价格应符合为用户提供服务的合理最低成本，即保证适当的供电质量、安全性和可靠性，并能够促进企业提高效率，等等。

资料来源：Urbiztondo y Cont（2008 年）。

普遍实行固定最高价格（价格上限）的定价机制，把分配的附加值从能源批发价转移到最终价格，但也存在一些区别，主要表现在对一系列具体要素的决定。比如，在这种定价机制中要素 X 的验证标准、被转移到价格上的能源成本的推算和无意识性、零售市场的竞争范围、被管制部门的价格结构（民用价格与工业、商用价格）、是否为不同的发电企业制定了统一价格，等等。① 这些细节都体现在表 5.2 中。

阿根廷、玻利维亚和秘鲁的经历很有意思，正如上文所述，它们是 20 世纪 90 年代上半期私人在参与电力部门方面进展最快的国家。它们追求的目标相似，即对发电、输电和配电部门的所有权进行纵向和横向的分离、对发电部门进行私有化（或部分私有化），以及对输电和配电部门采取某种特许经营形式。然而，在成本从能源部门向最终价格的转移过程中，每个国家采取的方式是不同的。在阿根廷，2002 年前一直采用一种非歧视性的规则，所以价格表是由不同时期电力的供求关系决定的。其主要目的是为了平等回报所有的发电企业。这种制度的好处是可以刺激能源生产者增加对技术领域的投资，以便降低效率最低企业的成本（由供应方决定批发市场的市场价）。从一方面来讲，需求方每个季度支付不同季节的价格，即上一季度批发市场平均价格与用于运输和分配的预先制定的固定成本的总和。因此，能源批发价格的上涨部分被转移到最终用户的价格上，

---

① 这些区别主要是因为对未来成本的不同估计及资本成本的确定造成的。在阿根廷，不同部门（天然气、电力以及 AP&DC）实行的制度是不同的，在同一时间同一部门内部也有不同（1997 年和 2002 年天然气部门的修订（因为宏观经济危机而中止了 2002 年的修订））。在智利和哥伦比亚，使用示范企业的理论计算或国际基准惯例。在秘鲁，资本成本是由法律规定的。

这种转移具有一定的滞后性。每季度及每个季节的平均价格与特定周期内不同时间段观察到的实际价格之间的正差或负差，累计在一个由稳定化基金（Fondo de Estabilización）命名的账户中。该基金的结余部分说明了，为纠正发电企业存在过多的损失或利润而对季节性价格所进行的调整。①

在秘鲁，电力部门的改革模式类似于阿根廷。两者之间的主要区别是，参与批发业务的发电部门的价格是由销售量决定的。销售量相当于总电站运营的边际成本，而如果出售给供电公司，就可以获得管制价格（"tarifas de barra"）或自由议价，两者分别取决于供电公司为了供应给价格管制客户或非价格管制客户而购买的电量。管制价格就是发电的边际成本加上输电的费用。2005 年 4 月前，管制价格的计算公式每 6 个月更新一次。在此之后，固定为一年更新一次。② 管制用户的优势及供电公司对能源合同的要求使得作为发电部门收入的管制价格显得很突出。自从 2003 年热力发电成本上涨以后，这就成为一个问题，

①　随着 2002 年危机爆发及其后长达一年多的价格冻结，由于使用以比天然气更为昂贵的燃料油或重柴油为燃料的热力发电，发电价格的计算程序进行了改革。第一，以水力发电和以天然气为燃料的热力发电为基准，假定一个投标人以便确定一个可控的能源边际价格。第二，只为水力发电企业支付相当于可变成本的价格。因此电力批发市场管理有限公司（Compañía Administradora del Mercado Mayorista Eléctrico Sociedad Anónima ，CAMMESA）开始与水力发电公司和一些热力发电公司发生联系。第三，液体热能发电站的运营成本大大超过了假定投标人的报价，CAMMESA 开始支付液体燃料的额外成本，资金来源是额外收费和联邦政府的投入。第四，配电部门出售给管制用户的电价因用户类型的不同而不同，目前，尽管仍然低于发电的经济成本，但是已经从针对一种商品的"单一价格法"过渡到"四种价格法"，然后变成一种新的"两种价格法"（冻结民用价格和公共照明用电价格，提高工业用电和商业用电价格）。从长期来看，这种不平衡的情况会变得不可持续。目前，据估计，为维持目前的价格水平而产生的补贴大约为 45 亿美元（相当于国内生产总值的 2%）。

②　但是，在这些周期内，因涉及批发价格和汇率变化的公式，从而避免了月度调整。

因为管制价格的费率不是完全按照上述成本的增加来调整的。

在玻利维亚，也实施了类似的改革模式。玻利维亚的改革要求供电企业至少对需求的 80% 签订合同。根据 1994 年的概念，现货市场的发展主要依赖于发电部门、大客户和供电部门（根据没有签订合同的购买量）之间的交易。但是在过去的 8 年里，合约市场并没有得到较大发展，也没有制定出一种稳定化基金（如同阿根廷建立的稳定化基金）。因此，价目表上的价格在很大程度上是现货价格。2002 年，终于建立了稳定化基金。

表 5.3 描述了天然气部门采取的监管措施。对这一部门实施的改革措施主要是分割市场、推动私人部门的参与，这些国家大都承认天然气价格可以分成该商品的成本及运输和分配的利润，它们一般通过设定最高价格或固定价格对运输和分配的利润以及生产部门的价格向最终用户的转移方面采取一种监管框架。最终用户的价格是用合同的方式规定的，并且得到监管机构或监管部门的批准（最终价格在短期内不会因供求的变化而发生改变）。阿根廷的情况是（2001 年之前是明确的，2001 年之后发生了多次改变），其井口天然气的价格是通过竞争决定，收购成本通过分配部门转移到最终价格，运输的固定价格及分配的最高价格是随着最终用户获得贸易回避（by pass）和实体（físico）回避的授权方面的缓慢进展而进行调整的。这种回避的制度使得大客户在购买天然气时可以直接与生产部门就价格问题进行谈判，并允许他们把运输（贸易回避）成本支付给运输部门和分配部门。因此，最终用户可以建立自己的关系网络，避免支付分配成本（实体回避）。显然，这种制度至少可以为最终用户引进竞争元素。

表 5.3　拉美部分国家天然气部门的管理特点

	阿根廷	玻利维亚	智利	哥伦比亚	厄瓜多尔	秘鲁	乌拉圭	委内瑞拉
价格管制								
－ 上游企业	否（至 2001 年）	是（国内价格和出口价格）	进口	是（新井除外）		由 CRE 实施管制		
－ 下游企业	是	s. d.	是				是	是（补贴）
最终价格结构（2005 年）	r > i（至 2005 年） r < i（自 2006 年起）		r > i	r = i（上层） r < i（下层）	r > i	r > i	r > i	r > i
下游价格调整机制	价格上限管理制，每 5 年更新一次（至 2001）年	s. d.	VNR 和资本成本	一年调整一次		价格上限管理制，每 4 年更新一次		
转让	经审核的实际购买量	国内管制价格	进口价格	经审核的实际购买量		管制价格		管制价格
其他管制方面（质量、投资和需求安全性扩张）	质量，关注需求和安全性	无数据	安全	质量和安全		质量，安全和最低覆盖率		

注：r 表示民用价格；i 表示工业用价格；s. d. 表示无数据。

资料来源：Urbiztondo y Cont（2008 年）。

在哥伦比亚，在对利润分配方面的监管中确定了最高价格和最低价格（通过制定一揽子价格，允许它们存在一定的弹性，以便在面临可替代性能源问题时静观网络机制的扩张）。而在委内瑞拉，天然气价格是由人民政府能源和石油部及委内瑞拉石油公司制定的。天然气管制价格的决定并不一定与成本相联系。石油资源的丰富及其在国外市场强劲的销售，使其在国内市场的销售得到了补贴，尽管运输和分配方面的利润足以收回这一基础设施的成本。

总之，在所有国家，除 2005 年以来的阿根廷之外，电力及天然气价格结构反映了为居民用户（r）提供服务的成本大于为大工业用户或商业用户（i）提供服务的成本。"民用价格大于工业用价格"之间存在的天然关系得以逆转，其主要原因在于"商品价格单一法（经济）"被废除一年以后，工业用户支付的自由价格与由居民用户支付的被管制和被冻结的价格相脱钩。

在自来水方面（见表 5.4），拉美国家中大部分最重要的城市里，自来水服务的供应是与下水道敷设的服务一起被转让出去的。由于自然资源的稀缺及技术和社会环境条件的限制，一些国家采取了居民住户微量计量法（la micro medición residencial）（如智利、哥伦比亚、秘鲁等国），而其他国家则采取非计量收费方法（如阿根廷和委内瑞拉）。除了智利（采用单一税率表），在采取计量法的国家又有多种不同的经历，包括居民用户的一个或多个子类别（同时与非居民用户相区别），他们分别拥有一个或多个消费主体，试图根据支付能力或消费水平来区分用户。非计量消费的国家，是根据土地价格及支付能力和潜在消费能力的间接指标来区分的，也可以根据最初价格（就像委内瑞拉的情况那样）来区分。

表 5.4 拉美部分国家代表性城市饮用水和污水排放部门的管制特征

	阿根廷	玻利维亚	智利	哥伦比亚	厄瓜多尔	秘鲁	乌拉圭	委内瑞拉
最终价格结构								
民用价格	非计量型，对扩张实行自动补贴	计量型：单一价格：一类	计量型：	计量型：	单一参考类别	计量型：两类（社会和国内）	计量型：两类	非计量型：两类
非民用价格		3 种类别						
价格调整机制	成本指数（至1998年）美国IPP水务部门	多项式（美国消费物价指数）	IPC	IPC	IPC（50%），电能（30%），统一补偿（20%）	IPM	IPC	没有资料
转让	非自动							
其他管制层面	质量、扩张和投资	质量、扩张和投资	质量、扩张和投资	投资	质量和扩张	扩张和质量	没有	扩张

注：表中涉及城市包括：阿根廷的布宜诺斯艾利斯、玻利维亚的拉巴斯、智利的圣地亚哥、哥伦比亚的波哥大、厄瓜多尔的瓜亚基尔、秘鲁的利马、乌拉圭的蒙得维的亚和委内瑞拉的加拉加斯。

资料来源：Urbiztondo y Cont（2008年）。

价格调整的规则主要是通过指数化的方式，运用一种价格指数（零售价或批发价，如表 5.4 中所表述的大多数情况）或者近似于服务成本的指数（如 1998 年前的阿根廷和厄瓜多尔）。在玻利维亚和阿根廷的各大城市中，普遍运用间接指数化机制。例如，1998 年以来，位于布宜诺斯艾利斯的阿根廷自来水公司（Aguas Argentinas）在特许权转让的过程中就运用了自来水行业自己的价格指数。

最后，在道路部门（尤其是公路），大多数拉美国家没有制定关于由公共部门运营的公路的清晰和明确的过路费收费政策，但是也存在不同的情况（在由私人部门运营的公路和高速路上肯定是要收费的）。虽然没有收费标准、调整规则等其他详细资料，但是过路费在一些合同中始终是分歧的焦点所在。例如，过路费收费的管理成本会自动通过转让（passthrough）计划在最终价格里表现出来，促使运营者提高过路费和抵制价格监管，拒绝执行这一有缺陷的合同，最终导致重新谈判。

总之，先前有关不同基础设施服务管理的分析表明，存在一系列还需界定的非常重要的、较具体的监管要素，因为它们将影响参与不同基础设施市场的企业的积极性。正如所看到的那样，不同国家实行的制度有较大的差别，每一种制度都会在某一方面存在优势而在其他方面却会造成损失。例如，在合同中采用美国的价格指数作为指数化制度，有可能促使企业的收入趋于稳定。因为，这些企业的成本是随进口部件价格变化而变化。但是，如果国内和国际通胀水平的差距过大，这种指数化制度就会导致企业和用户之间的收入再分配，最终破坏服务的可持续性。允许发电企业和最终用户之间进行直接谈判将会提高竞争的激烈程度，但如果自由化速度过快，有可能会减少对输电和配电部门的投资。自动将配电和输电成本的增加转移到最终用户头上，只会对对企业产生较小的不确定性，但将导致企业运营成本增加。在发电市场统一价格的做法将在中长期内促使生产商为降低成本而减少对技术领域的投资，在短期内对该系统内效率最低的运营者造成负面影响。总之，这些监管问题需要认真分析和处理。应该坦承，没有单一的解决办法。当然，各国也可以根据本国经验而改变这些规则。

（三）公众的看法和重新谈判

私人参与基础设施管理的方式不总是为拉美公众所接受。这一结论是经过对民意调查的分析而得出的，表5.5 显示的就是各国民意。

表5.5　持公共企业私有化不利于国家的意见者的百分比

	1998	2002	2003	2007
阿根廷	68	86	88	81
玻利维亚	51	77	81	57
巴西	49	62	67	55
智利	49	78	71	67
哥伦比亚	61	77	76	67
厄瓜多尔	48	60	80	55
萨尔瓦多	46	65	85	62
危地马拉	38	71	84	74
洪都拉斯	53	66	75	67
墨西哥	51	72	69	60

续表

	1998	2002	2003	2007
尼加拉瓜	54	70	80	71
巴拿马	80	69	90	73
巴拉圭	54	81	77	78
秘鲁	56	68	78	68
乌拉圭	71	84	84	–
委内瑞拉	49	62	68	53
平均	54	72	78	65

资料来源：Latinobarómetro（1998 年，2002 年，2003 年，2007 年）。

看法与可测量的结果之间的协调是很难进行分析的，由于公共服务供应改革的作为或不作为（por acción u omisión），这些看法不仅是评估的组成部分，也是一系列更广泛的公共政策的组成部分。这些政策对每一种管理模式及市民利益的其他层面造成影响，他们不知道公共政策（或国际环境下）的哪一方面是（不完善地并可能高估与事实背道而驰情况下主观的好处）判断较差或不理想结果的诱因。

具体地讲，在 Perry 等人（2008 年）在专门为本文所著的一篇文章中指出，公众看法与上一周期的经济增长率存在相关性，而且后者显然只是部分地取决于基础设施公共服务方面的具体政策。进一步讲，某些研究表明，对私人参与基础设施服务的看法，取决于管理方面的变化是否会对基础设施的可获取性造成影响。Di Tella 等人（2008 年）认为，就布宜诺斯艾利斯自来水部门的私有化来说，因私有化而在服务供应方面获得更多好处的家庭的看法比未因私有化而改变其处境的家庭的看法更积极。

反过来，后者的评价更多地受到公务员或政治领导层所传递出的负面意见所影响。这种迹象表明，公众意见部分地受到用户在基础设施管理方面所获得或接受的信息的质量和可信度的影响。因此，确保这种信息的真实性（所涉及的是什么机构负责收集这些信息）和易获取性，有可能成为推动私人参与基础设施服务的改革政策可持续性的重要条件（McKenzie y Mookherjee，2003 年）。

假设拉美地区公众的不满是由于对最初通过每个部门的高效组织而获得的（可能被公开的）成就的前景感到沮丧，但不能强调这样的假设。因此，合同的重新谈判说明基础设施服务存在对用户造成负面影响的问题。所有类型的合同，即使是效率最高的，都有可能需要重新谈判。但是，这并不意味着就不会对服务的质量和/或价格造成一定的影响，并由此影响公众对基础设施管理的看法。

Guasch（2004 年）支持以上看法，他指出拉美地区的重新谈判一般会对用户造成不利影响。实际上，经过对 1985～2000 年间拉美国家 1000 多个特许权转让案例的分析，Guasch 指出了进行重新谈判的明显趋势（如果不包括电信部门，重新谈判的比例平均为 41%，而如果把电信部门包括进去，这一比例是 30%），能源部门 9.7%、运输部门 54.7%、水和医疗卫生部门 74.4%。

表 5.6 说明了重新谈判的频繁性，这可以从合同的特征中表现出来，而表 5.7 描述的是重新谈判的结果。从表 5.7 中可以看出，在进行重新谈判的合同中，有 62% 的结果是提高价格，这实际上意味着重新谈判可能已经对用户产生了负面影响。

表 5.6　20 世纪 80 年代中期以来拉美和加勒比地区

各国的合同特征及合同重新谈判的频率

合同特征	重新谈判的频率（％）
选择的标准	
费率低	60
较高的转移价格	11
监管标准	
要求的投资（工具调节）	70
绩效指标（目标调节）	18
监管框架	
价格上限	42
回报率	13
是否一开始就存在监管机构	
是	17
否	61
法律框架的影响	
监管框架是法律的一部分	17
监管框架是法令的一部分	28
监管框架是合同的一部分	40

资料来源：Guasch（2004 年）。

表 5.7　20 世纪 80 年代中期至 2000 年拉美国家重新谈判的总体结果

重新谈判的结果	具有这一结果的合同的百分比
推迟履行投资义务	69
加快履行投资义务	18
提高价格	62
降低价格	19
把成本要素的增加自动转移到价格上	59

重新谈判的结果	具有这一结果的合同的百分比
延长转让期限	38
减少投资义务	62
运营者支付给政府的年租金的调整	
有利于运营者	31
不利于运营者	17
改变需支付的资本基础	
有利于运营者	46
不利于运营者	22

资料来源：Guasch（2004 年）。

最后还应该说明，如同 Harris（2003）所指出的那样，拉美地区发生的重新谈判可以掩饰对价格的调整，而在发达国家这些调整可以预先无条件地在同一份合同中实施（例如，通过对价格进行定期审查或灵活应用合理的盈利标准）。具体地讲，为了减少政府官员的自由裁量权，拉美国家最初的合同设计可能存在过度刚性，不管有关资产转让信息的最初质量是差还是好的，这些国家都必须面对宏观经济方面的较大冲击，因而要求进行更为频繁的再谈判。

四 结 论

私人参与基础设施服务管理，为实现公共部门与私人部门之间风险和责任有效而可行的分配提供了一个机会。经过正确设计，可大大提高投资和服务管理的质量。但是，对所有规则和角色进行不正确或不稳定的设计，最终将导致不希望的结果出现。

在自然垄断的条件下，基础设施服务的私人供应意味着必须制定监管政策，它包括大量的变量和参数：价格、质量、投资、公共补贴总额、招标方法，等等。因部门或政府偏好不同，可有许多不同的选择；但是不存在单一的监管模式。拉美各国制定不同的特许转让法也说明存在这些差别的可能性。然而，为了在不限制竞争的前提下提高运营效率，同时又能照顾到社会目标或一般的服务目标，不同部门之间肯定会就风险和义务的分配问题提出相同的要求。

在公共和私人参与投资和管理方面，基础设施服务的管理显示出极大的多样性。公共部门是水和基本医疗卫生的主要供应者；而私人部门是电信服务的主要供应者。在电、天然气和交通等领域，是公共部门和私人部门兴趣的重要交汇点。

私人参与基础设施服务是在多种具有不同监管内容的法律框架及资产所有权制度下进行的。20世纪90年代期间，资产的转让是通过私有化进行的，它具有强大的推动力，因为可以通过向用户收费而赢利（如电信或能源部门）。90年代末以来，私人参与开始初具规模，这在很大程度上是通过APP实现的；也就是说，私人承诺进行建设、运营和维护的资产是被部分或临时转让出去的，期限是20~25年。在APP框架下，向用户收取的费用不一定能达到为投资融资的目的。因此，公共部门的参与通常是通过共同融资或提供担保的方式实现的。对高速公路和公路的投资就是具有这一特点的例子。对基础设施部门的私有化或其他APP框架进行主观评价没有一个明确的倾向，负面的评价并不一定说明对服务本身不满，而是受到了其他限制性因素的影响，如宏观经济障碍及政治领袖与公务员的意见。如果服务的可获得性得到改善，那么消费者的评价就会比较积极。

第六章　实现公平

一　前　言

一般来讲，人们会不同程度地强调，政府不但追求与经济效率相关的目标，而且还追求其他某种与公平概念相关联的目标。效率和公平历来被当作相互对立的目标。尽管最近的证据表明（Kaul et al.，2003 年；Bourguignon et al.，2006 年），在大多数情况下，二者可以相互补充，但是，人们往往根据公共政策追求的目标将其进行分类。基础设施服务再分配政策不但具有历史和现实意义，而且还包含旨在扩大服务覆盖面的政策。

广为人知的是，基础设施服务再分配政策的存在是合理的，因为存在较大的差异（拉美和世界其他地区在结果及机遇方面）（CAF，2007 年），它使某些社会阶层好像生活在遥远的历史时期（Bosañes y Willing，2002 年）。正如第二章和第三章所讨论的，一般而言，基础设施不但对家庭的直接福利至关重要，而且对生产力和经济增长也极其重要。因为，提高贫困家庭获得基础设施服务的程度并改善其质量，应该是拉美国家政策议程中最重要的课题。

在技术上十分复杂、政策上非常敏感度的事情是，应该如何实现这项再分配政策。本章试图以某种方式梳理与之相关的讨论，目的在于推动拉美地区切实解决这个问题。

　　首先，把家庭不能获得某些优质服务的原因划分为两类，即外部制约因素和内部制约因素。外部制约因素指超出了家庭本身控制的范围（例如，当缺乏可以把家庭连到水网的重要基础设施时）；而内部制约因素则指应该考察的那些家庭的社会经济条件（例如，电力服务的成本非常高，家庭不能支付每月的电费）。本着选择更合适的机制来减少差异的目的，政策干预应该从了解制约的类型着手，因为它制约家庭使用基础设施服务。有时没有找到最合适的机制，因此管理者只能选择效率低下或成本昂贵的替代办法。在这种情况下，同样最好要清楚，哪一个才是中期沿着正确方向运行的最佳替代办法。

　　关于家庭的外部制约因素，公共政策的中期目标应该是消除这类制约。例如，把可以分享必要基础设施的居民区连接到服务网络（以这种方式来扩大服务的覆盖面）。长期以来，虽然提高居民得到基础设施服务的比重是公共政策的一个目标，但是，为合理安排这类服务中的优先顺序，有必要强调它作为再分配政策的核心。

　　至于内部制约因素（一般而言，与家庭人均收入不足相关），实施针对补贴的政策是合情合理的，要么把那些距离网络很近、但还没连接到服务网络的家庭连接到网络；要么直接向家庭补贴其进入服务网络所需的费用。在缺乏信息及设施的情况下，通过价格进行再分配的机制不如直接将资金转移至消费者的选择，因为如果将价格与社会目的相捆绑，会对资金分配产生无法预料的扭曲现象，甚至导致对垄断监管的费用会上涨。

　　在拉美许多国家中，将社会价格延伸至多项服务之中的理由本身就是一个有意思的问题。其答案可能在于应该考虑国家制度与多种政治因素之间的相互影响，后者影响对监管范围的决定。为了提供基本服务，自然就要给那些收入较低的消费者实行社会价格，而且这个价格要低于向收入较高消费者收取的费用。但是，鉴于确定低价受益者的机制不完善，因此在此过程中经常会犯错误，有时价格最终使并非需要的家庭受益，有时它又会使需要照顾的家庭无法受益。

对基础设施服务而言，任何补贴形式面临的共同问题都是对补贴的相应定位和区分，要么补贴价格，要么补贴家庭收入。因此一般来说，实行任何一项基础设施服务再分配方案，都必须完善有关居民社会经济条件的信息系统。

本章其余部分作如下安排：第二部分，主要以安第斯发展集团在拉美16个城市的调查为依据，介绍获得基础设施服务方面存在差异程度的表现；第三部分，分析与政策选择相关联的某些理论；第四部分，考察改善获得基础设施服务的政策；第五部分，侧重于拉美地区消费补贴方面的经验；第六部分，思考这些政策的融资因素以及对分配所产生的影响。最后第七部分是本章的主要结论。

二 基础设施服务的获取、质量和费用差异

本报告的其他部分以及由其他多边组织出版的各种报告中，已经展示了拉美地区在获得某些基本服务方面的进步，比如水和卫生条件，以及电（UNICEF，2006 年；Fay y Morrison，2006 年）。但是，在获取这类服务方面滞后的社会群体是世界各国经

济体中的贫困人群。千年发展目标阐释的覆盖全球的目标是，要让社会最弱势群体受益。以拉美多数国家的官方家庭调查为依据的 2007～2008 年度经济发展报告，揭示了按照收入分配状况划分的家庭特征。报告表明，在五分位中贫困家庭中 86% 的家庭有电，同样的指标在富裕家庭中上升到 98%；五分位中贫困家庭中 77% 的家庭有自来水，而富裕家庭中的该指标是 94%；五分位中贫困家庭中 25% 的家庭拥有固定电话，而富裕家庭该数字是 75%（CAF，2007 年）。在大多数情况下上述差距体现了农村和城市之间的差别，通常它们比只在城市内观察到的差距要大。

在一定程度上各种基础设施服务对居民的福利产生了积极影响，而且对方便社会流动的机遇影响也很大。从实现由平等地获得服务到获得有质量的服务的目标，对可持续发展来讲是很重要的。所以，应该继续追求这个目标，并且不要破坏服务供应的多样性，这就需要一个微妙的平衡。然而，由于可利用的政策工具不完善以及政策和制度的诸多限制，经常是难以实现平衡目标，因为有时候决策受到上述限制的影响。

第二章显示了拉美地区 16 个重要城市在获得多种基础设施服务方面的指标，它是根据 2008 年 6 月至 7 月 CAF 的调查得出的。如预期的以及其他报告中所证明的一样（Margulis *et al.*，2002 年；Banco Mundial，2004 年 a；Fernández，2004 年；BID，2007 年；Carrillo *et al.*，2007 年；y CEPAL，2007 年 a），在拉美大部分大城市中，连到水网的家庭高达 95%；在这些城市地区，连到电网的家庭也很多，在大部分城市达到了 99% 之多。然而，在其他基础设施服务方面，例如天然气、公共交通和固定电话，却出现了不同的情况。尽管固定电话和天然气覆盖率有很大的不同，但是，获取这些服务的平均数显然比水电小得多。

另外，强调居民获得的这些服务的质量同样很重要（CAF，2007 年；Klytchnikova y Lokshin，2007 年；Briceño-Garmendia *et al.*，2004 年；Calderón y Chong，2004 年）。因为，尽管能连上自来水网，但是如果每周只供应给家庭两三次水（而且很多时候水供应的天数和小时不确定），与供水稳定的情况相对比，家庭成员的福利就少了很多。第二章依据调查列举了各种服务可信性的指标，并且表明：在所调查的不同城市里，可信性是有效利用（城市地区）自来水和电力基础设施服务的一个重要问题。如果考察像电讯这样的其他服务，那么除了连接线路方面存在严重不足之外，许多国家同样存在程度各异的质量问题。例如，在蒙得维的亚固定电话的可信度是 98.5%，而在里约热内卢该数字接近 80.9%；在波哥大，互联网服务的可信度是 82.2%，在加拉加斯只有 69.8%。此外，可信度的差异与获得服务的程度没有关联。这个事实表明，在所分析的城市中，服务覆盖面的规模和服务供应的质量之间不存在明确的关系。看来，旨在改善服务质量的政策可以与旨在扩大覆盖面和获得服务的政策相互补充。

从居民的社会福利、保障贫困人口的消费、获得服务和有质量的服务出发，必须指出，在居民的不同收入阶层之间，获得服务和服务质量无法按统一的方式进行分配。图 6.1 和 6.5 显示了 16 个样板城市富裕家庭和贫困家庭在基础设施基本服务的获得及其质量方面存在的差异，以及两个家庭部门成员平均消费的差异，这些数据基本上应该看作是消费的差异。这些基础设施服务包括自来水网、电网、天然气管道网，固定电话网以及公共交通。

这些图表明了富裕家庭部门和贫困家庭部门平均获得服务的指数、质量指标和消费指标的差距。根据对利马113个家庭的饮用水质量报告，可以看出富裕家庭部门的质量比贫困家庭部门高13%。这些图说明了，一般情况下贫困家庭部门较少能够获得上述服务，而且享受的服务质量最差（几乎所有服务，该指标都超过了[①]）。一般而言，富裕家庭部门每个成员的消费总量要高于贫困家庭部门。这是对的，它表明消费层次的差距同样很重要。此外，也有某些例外的情况。例如在布宜诺斯艾利斯，价格冻结、水电社会价格制度的缺乏，再加上费用差距很小（参见 Cont et al.，2008 年），都意味着这些服务消费方面的差距较小。

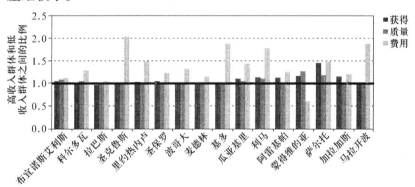

图 6.1　所选拉美城市饮用水服务的获得、质量以及费用差异

资料来源：CAF（2008 年 a）。

　　[①]　由于调查的连续性预测，（为了减少少报错误）家庭收入按照级别进行测评，但是不可能以精确的方式按比例把家庭分类，由此，为了计算差距，所采用的收入群体大体上划分为最富裕的和最贫困的群体。

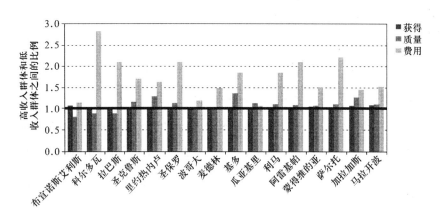

图6.2 所选拉美城市电力服务的获得、质量以及费用差异

资料来源：CAF（2008年a）。

在电力方面，有意思的是，除获得电力服务方面的差距比其服务质量差距小之外（不包括布宜诺斯艾利斯、波哥大和瓜亚基尔），富裕家庭每个成员的消费水平比贫困家庭约高50%左右。这揭示了其他方面的重要差距，例如像烘衣机和空调这些高能耗电器的使用。

还必须强调，当只涉及到所研究的样板城市的居民时，不能把这些指标看作是对每个国家国内差距的估计，因为城市和农村之间差距的往往很大（Clarke y Wallsten，2002年；Benavides，2003年；Fay，2005年）。因此，如果考虑到城乡差别，其结果将比所估计的差距要大得多。

至于天然气管道网，由于一些城市没有足够连网的家庭，不可能计算出差异指标。对所有可以计算指标的城市而言，显然富裕家庭部门连网程度和质量比贫困家庭部门高得多。但是，从消费水平上看起来没有很大的不同。消费差异的估计仅仅针

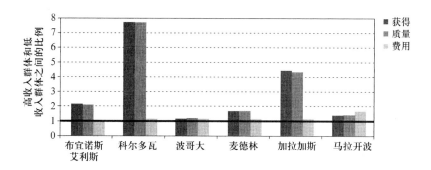

图 6.3 所选拉美城市天然气服务的获得、质量和费用差距

资料来源：CAF（2008 年 a）。

对那些连接到天然气管道网的家庭，因为所观察到的差距主要是消费差距，并不是家庭按照每升天然气支付的价格的差别。[①]

关于固定电话，如所预料的，富裕家庭部门在获取服务、可信性和消费水平方面明显比贫困家庭高部门很多，城市之间也有一些显著的差异。例如，在圣克鲁斯，富裕家庭部门安装固定电话的水平几乎是贫困家庭部门的 6 倍之多；在阿雷基帕，这种差别几乎是 3 倍，不管是获得服务还是质量方面，在马拉开波的情况也类似。哥伦比亚波哥大和麦德林市表明，一般情况下获得服务、质量和消费方面的差异比拉美地区其他城市观察到的差别要小。

一个有意思的情况是公共交通，尽管在获得交通服务（以接近家庭为衡量标准[②]）方面存在差异，但是富裕家庭部门和贫

---

① 大部分贫困家庭部门购买罐装天然气（在拉美地区，玻利维亚是具有代表性的例子）。一般情况下，这导致比使用天然气管道网要贵得多。同样情况下，如果在估计消费差异时没有排除还没有连接到管道网的那些家庭，这将低估消费差异，因为贫困家庭使用的每升天然气价格比富裕家庭使用的天然气价格高许多。

② 也就是说，距离住所是否少于 3 条街。

困家庭部门在消费方面的差异非常不同，并因具体城市而异。例如在波哥大，富裕家庭部门每个家庭成员的消费比贫困家庭部门家庭成员的消费高出40%，但是在基多情况正好相反。也就是说，富裕家庭部门在公共交通方面的消费比贫困家庭部门低40%。因此，不管是在使用公共交通的频率方面，还是在其选择出行的方式方面（公共汽车、出租车等等），城市之间的差异都很大。此外，城市区域的形成也起到重要的作用。例如，像马拉开波和圣克鲁斯，城市获得公共交通服务指标显示，富裕家庭部门比贫困家庭部门好像更远离公共交通线路，这种情况与瓜亚基尔、蒙得维的亚以及加拉加斯的情况非常不同。

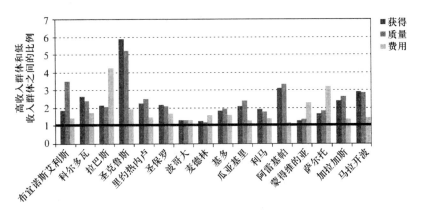

图6.4　所选拉美城市固定电话服务的获得、质量和费用差异

资料来源：CAF（2008年a）。

关于公共交通质量，图6.6从拥堵和服务快捷两个方面显示了公共交通服务方面的差异。一般而言差异不是太大。在像拉巴斯、基多和加拉加斯这样的城市，相比贫困家庭，富裕家庭认为服务更快捷。但是在多数情况下，不管是堵塞条件还是流

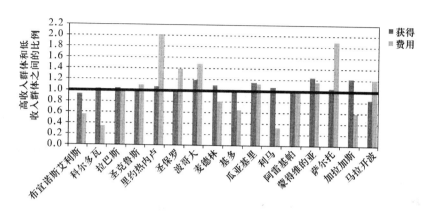

图6.5　所选拉美城市公共交通服务的使用和费用差异

资料来源：CAF（2008 年 a）。

动的速度，收入各部门间的差异不太大。这表明，在一般情况下样板城市的不同地区，公共交通服务往往具有相似的质量。

获得服务程度和不同服务质量间的差异状况，是再分配政策的出发点。为了全面理解这些差异，接下来要讨论政策的选择，然后专门探讨获得服务的差异，最后是消费补贴的差异。

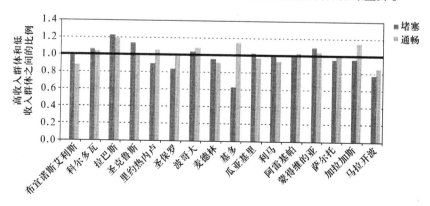

图6.6　所选拉美城市公共交通服务质量差异

资料来源：CAF（2008 年 a）。

三 政策选择

前面描述的获得服务及其质量差异在大多数情况下与家庭的外部制约有关。或者由于基础设施距离家庭较远，或者因为改善服务质量的必要措施没有考虑家庭本身的特点，而贫困家庭部门需要享受这种服务。注意：不管是对不能获得服务的家庭，还是对能够获取服务的家庭而言，都存在外部限制。由于最终消费者在做出决定之前，基础设施政策产生的影响主要取决于服务的特点，因此可以通过基础设施供应政策缓解这些限制。这点很重要，因为可以单独采取鼓励措施，让家庭或多或少地集中使用基础设施服务。

一旦基础设施供应能把网络送到住所门口，那么家庭可以选择合法连网（即，支付服务费）和非法连网（即，不付费），或者不连网（即，不付费也不享用服务）。不管是连网和不连网的选择，还是家庭对服务的使用，都取决于他们的偏好和经济条件。家庭经济条件是内部制约因素。旨在缓解家庭内部制约的政策应该考虑到影响服务需求的那些因素。

关于基础设施服务使用中的差异问题，主要与覆盖面及其质量有关，对此的相应政策是供应政策，这与建造新的基础设施或者维护现有基础设施相关，这两方面是家庭的外部制约因素。另一方面，如果不存在严重的外部制约，那么一部分人就会受制于内部制约，这种内部制约导致基础设施服务的使用率非常低，必须对需求进行某种干预，包括鼓励有便捷入口的家庭连接到服务网络。有一种最佳方案能让基础设施服务需求处于特定水平吗？要考虑的第一个因素是，从一开始，大家都认为家里没有信息或经济条件来选择社会可接受的最低水平消费，因此必须通过改变家庭内部制约来改变其决策。

第二个因素，由于只能自己做出消费决策，因而尽管政策可以改变对家庭的鼓励，但是将永远有一些家庭，政策不会对其产生所期望的广泛影响。内部制约基本上有两种形式：价格和收入。政策可以改变家庭面对的价格，从而形成一个合适的最低消费水平；或者，政策可以增加家庭的可支配收入，以使其使用人们都在寻求的服务消费。

注意：无论在哪种情况下，政策都将扭曲家庭的决策，因为从决策对其他市场的影响看，重要的政策问题是，哪种选择将会降低成本。专栏6.1表明，对家庭的补贴可以有两个选择，一个是通过价格，另一个是对单一得到补贴商品的消费进行转移，这种选择是与特定商品消费无关的收入转移。尽管它更容易管理，但却是一种不太能刺激对基础服务消费的选择，因为家庭可以把额外收入用来消费其他任何形式的商品或服务，这将背离政策的目标。

专栏6.1　消费补贴政策影响的扭曲

下图显示了两种政策选择：左图展示了价格补贴的情况，与如何筹得资金无关，它改变了家庭面对的相对价格。因此，它不但影响了得到补贴的服务消费，而且还影响了其他商品和服务。此外还要注意，每个家庭的受益因他们的偏好而不

同，所以（这个时期）一些家庭对自来水的消费可能比其他家庭要多得多。右图展示了另一种转移，这种转移正好弥补家庭可以接受的最低消费方面的不足，针对惟一得到补贴服务的消费，这是一种收入转移。

从图中可以看到，从最小化体制扭曲的角度出发，右图显示的情况是理想的。但是，很难获得可以利用的必要信息。因为，实际上任何一种消费补贴制度都将在一定程度上扭曲得到补助家庭对服务的消费。确实是这样，即便是将收入转移作为对得到补贴服务消费条件的情况下，也是如此。因为，它是靠降低特定水平消费的服务价格来进行的。

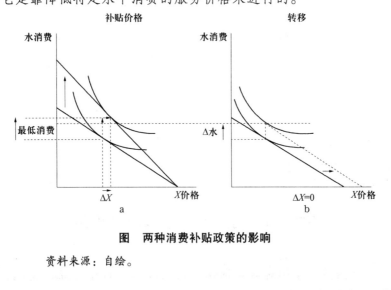

图　两种消费补贴政策的影响

资料来源：自绘。

专栏清楚地表明，定向转移在使家庭行为扭曲最小化方面作用更大。但是，这类政策往往很难实施，因为它取决于每个家庭特点的具体情况（尤其是，没有补贴时对自来水消费的决定）。这里讨论的关键因素是，政策寻求改变的消费是处于最低消费之下的那些家庭的消费，并非是其他家庭的消费。因此，补贴定位机制是有效的，这点非常重要。但是，如果由于这个方案，目标家庭对（其他商品的）消费是扭曲的话，补贴定位机制就具有很小的相关性。因为，作为非政策主体的其他消费者的消费发生改变，也将会产生很重要的扭曲影响。

因此，政策选择可以明确为供应政策和需求政策，这取决于是针对关注家庭的外部制约还是关注其内部制约。供应政策与新基础设施的建设、服务网络的扩大、对现有基础设施的维护有关，甚至也与基础设施使用方面的管理政策有关。另外，需求政策包括那些激励措施，也就是以某种方式包含家庭的决策，而这部分家庭应该得到某种形式的激励；例如，家庭消费某种基本服务的数量，或者为了把住所连接到服务网络而做出的必要投资决定。

四　改善获取服务的方案

获得某些基础设施服务基本上由两个部分组成。其一，主体网络（把服务带给家庭）与住所门口之间的距离；其二，假定可以把网络建到门口，家庭与网络之间的连接。

（一）接近基础设施

某些家庭与现代生活隔绝在很大程度上与他们远离基本服务有关，比如自来水、卫生条件和电。这个问题涉及到城市规划中人类发展的课题，在不适宜人类生活的地区人们临时定居的日益加剧，加深了社会差异。如第二章所强调的，一般意义上基础设施对居民福利是很重要的，因此有理由思考基础设施可以在缩小富人和穷人社会差距中发挥重要作用。许多讨论包括从基础设施对贫困家庭的影响直至家庭福利的多种措施，都把基础设施和缩短差异连在一起（Banco Mundial，2008 年；Straub，2008 年；Estache，2005 年；DFID，2002 年；Estache et al.，2002 年；Ravallion y Jalan，2002 年；Pouliquen y Malmberg，2000 年）。实际上，一般而言，关于发展中国家基础设施公共政策的讨论与改善贫困家庭的生活条件密切相关。

尤其是水、卫生条件和电，但是同样其他服务，像天然气和固定电话，本着让家庭获得服务的目的，旨在接近家庭服务的政策指那些可以产生重大再分配影响的政策，因为这些政策以减少社会流动的可能性而让贫困家庭部门受益。

改善贫困家庭部门获得基础设施服务的出发点在于，存在并且拥有一个相应的服务质量水准。在这一点上，基础设施政策的区域分布具有重要意义，因为拉美经济发展水平甚至于居民物质福利的地区差异非常大（Tanzi，2005 年）。因此，针对相对贫困区域的基础设施投资可以产生巨大的再分配效应，在一定程度上改善这些地区的经济条件。

当涉及距离基础设施远或近的时候，在被称为"基础设施服务再分配政策"中，国家的区域情况变得突出，而且这是一个很重要的范围，政府确定投资优先顺序时应该考虑它。但是，同样有一些城市地区，它们尽管临近一些国家最重要的经济活动中心，但同时也"远离"某些基础设施，这就使得它们的居民被排除在现代生活之外。这是人类许多非正常定居的情况，由此形成拉美大城市的贫民窟。

（二） 与网络连接

住所与服务网络的连接是让基础设施接近住所无法回避的补充因素。显然，如果这个连接没有实现，那么就无法获得服务。这不是一个小问题，恰恰在贫困家庭部门，住所条件很差，而且为了改善基础设施，必须要进行大量投资（那些家庭没有条件支付费用）。

连接的补贴方案在改善贫困家庭部门获得服务方面是有效的，因为在他们的居住地，基础设施合情合理地靠近住所。尽管如此，在确定连接的补贴方面具有非常少的经验，大部分这种类型的补贴是通过非常低的连接费用以模糊的方式进行操作。表6.1描述了世界上不同地区66种与自来水网连接的费用排列情况。对拉美而言，连接到自来水网的费用在20美元至387.20美元之间浮动。通过降低负担的连接费用所蕴含的补贴可能会产生负面影响，因为它以某种方式与价格结构相结合。而且，如果没有一种交叉的补贴制度，未连网的贫困家庭部门最终将实际支付富裕家庭部门网络用户的连接费用（通过收入税、消费税或其他内容的税）。

采取产生影响的量化措施是有意义的，因为对接近网络的家庭的网络连接提供补贴，可以对实现连接产生影响。这将有助于评估一项方案的潜在价值，该方案将是对网络建设中更为传统力量的补充。对基本服务网络连接补贴方案的有效性评估是建立在一部分未连网居民区的假定上（但他们可以连网，因为靠近网络分布点），这部分人一旦得到补贴就可以决定连接到网络中。一般而言，不能说已经有对这些干预影响的评估。因为，在严格意义上讲，它们不是评估。但是，就这类政策的效果而言，需要突出两点：能够连网但未连网的居民点和对提供连接的接受率。后者对针对规范非法连接的政策具有特殊的重要性。

如同对这类激励措施重要性的描述，第二章讨论了布宜诺斯艾利斯的统一网络信托（Fideicomiso Redes Solidarias (FRS)），对方案的受益家庭提供小额贷款，最终进行了必要的投资，让这些家庭连接到为他们直接提供的新天然气管道网。2008 年 4 月，莫雷诺市第五镇的 2621 户家庭连接到了天然气外网；其中，为了分享他们家里的天然气服务，2290 户家庭做了内部安装；而且后者中的 96.3%（也就是 2205 户家庭）在筹资中利用了小额贷款的便利性（FPVS, 2008）。尽管这是一个尝试性的例子，但其经验表明，获得基础设施服务网络的方案如何才能与实现家庭连接的导向性政策互补。

表 6.1 不同地区水和下水道服务的连接成本（美元）

排列	水				下水道
	全球	东亚及太平洋	南亚	拉美及加勒比	拉美及加勒比
高	450.0	450.0	129.0	387.2	400.0
低	2.0	10.0	2.0	20.0	20.0
平均	92.2	100.8	41.7	128.2	155.7
看法	66.0	22.0	18.0	21.0	19.0

资料来源：Komives et al.，(2005) a partir de Kariuld y Schwartz (2005).

五 拉美的消费补贴经验

如前所述，拉美最实用的消费补贴机制是对价格的补贴。社会价格是一种具有社会目的的价格歧视机制，因此其复杂性来自于质量，依靠质量实行面向目标人群的低价政策。在现实中，基本上有两种可操作的价格歧视类型：一种是固定价格方案，让消费者在结构确定的不同消费群体中自动对号入座（第二种价格歧视）；另一种是（通过观察到的家庭特点）企业推测付费的范围，以此为基础固定不同的价格（第三种价格歧视）。此外，有大量基本服务用户群体，他们非法连接到水电的分支网。这实际上构成了价格结构分配性影响的分析中反而经常被遗漏的那部分居民的消费补贴。

世界银行对水电部门社会价格的一项研究（Komives et al.，2005 年）进行了修正，不但包括对不同定位机制（第二或第三种）使用的频率，还包括社会价格在涵盖社会贫困家庭部门方面的有效性。这项研究强调，不管是水（80%）还是电部门（70%），与以消费者的地区和其他特征为依据的补贴相比较，以消费数量为依据确定补贴的做法更常见。具体来说，大部分水电服务供应商提供价格框架，即，每消费单位的费用随着消费水平上涨；以这种方式，那些可以支付较高费用的群体支付最高的价格。① 同样正确的是，这些机制可以混合的方式在某个特

---

① 从这种意义上讲，基本上有两种形式。一种是视群体而上涨的价格，额外单位的消费价格按比例越来越高；另一种是，价格的上涨不仅适应于新的单位消费，而且也适用于所有的消费。

定的时刻使用。也就是说，把群体价格框架选择运用到某些特定的群体，比如贫困家庭部门。

考虑到为了能够受益于得到补贴的价格，必须与分布的网络相连接。但是，（那些不能获得基本服务的）贫困家庭部门却被排除在外。这解释了 Komives 等人的（2005 年）的发现，价格补贴往往是累退性质的，因为它只考虑到那些拥有连接的家庭。

最近，Cont 等人（2008 年）[1]对拉美一组国家的水、电和天然气的补贴方案进行了分类，显示了一些国家和地区的情况：以家庭的自动选择为依据的方案实施情况，或者根据支付能力，以某种界定为基础的方案实施情况。表 6.2 总结了这些分类说明：第一水电方面都有补贴的例子;[2] 第二与所观察到的特征差异为依据的机制相比较，更经常性使用借助价格的补贴机制；第三在多数情况下，上述两种机制结合使用（cuadrante "Sí – Sí"）。

按消费单位制定价格的一个重要局限就是家庭消费的最低标准。如果服务供应商不能精确地测量家庭的消费水平，那么就不可能对不同的消费水平制定不同的价格。因此，在这种情况下，为了实行社会价格，惟一的选择是以所观察到的家庭情况为出发点的差别价格。这就是布宜诺斯艾利斯自来水的情况；在智利，电和水的情况不同（将在第五部分更详细地论述）。在智利，虽然微量计量标准的水平非常高，但是采取了以核实家庭生活手段为基础的区别方案。

---

① 这项研究受本报告委托。
② 布宜诺斯艾利斯是例外，见下文。

表6.2的分类想必是在没有明确一种方案或另一种方案是正面的还是负面的情况下划分的，因为每个国家或者部门在对基本服务消费补贴体制做出决策时，其背景是非常不同的。事实上，这些背景不但应该考虑方案定位的质量，还应该考虑其实施过程中的管理成本和体制成本，这同样是由面对的政策限制所造成的。

表6.2 基础设施服务消费补贴类型

	非统一价格的定位	
	没有	有
按照观察特征的定位　没有	天然气：阿根廷、墨西哥（瓜达拉哈拉、蒙特雷、普艾布拉）	水：哥斯达黎加、乌拉圭 电：厄瓜多尔、危地马拉、洪都拉斯、巴拉圭 天然气：巴西、智利、墨西哥（联邦区、普德拉斯内格拉斯）
有	水：阿根廷（布宜诺斯艾利斯）、智利 电：智利 天然气：哥伦比亚	水：玻利维亚、巴西、哥伦比亚、尼加拉瓜、巴拿马、巴拉圭、秘鲁 电：阿根廷、巴西、哥伦比亚、秘鲁 天然气：玻利维亚

资料来源：Cont et al. , 2008 年。

如在第二章已经看到的，公共交通对大部分居民，尤其是城市居民的福利至关重要。因此，除了这个部门的补贴属于政策敏感性的课题之外，还需要认真考虑多种政策方案，以及它与其他干预措施之间可能的互补性，比如公共交通的管理。

从监管的角度看公共交通很有意思，因为在多数情况下，没有一种天然的垄断结构；相反，由于这类服务供应中现有网络的影响，让政府的干预合理化，并且至少为了大众，需要某种层面的协调。交通补贴方案累进或者累退困境与其他服务相似：为了受益于（补贴价格）供应方授权的补贴，必须连接网络。这表明，（通常是那些最穷的）不能连网的部门被排除在补贴之外。这个地区的研究表明（Estupiñán et al.，2007年），在发展中国家，供应补贴往往产生负面效应，而对需求方的补贴可以产生正面效应。

除了对公共交通补贴的分配效应的话题之外，公共交通补贴政策的目标可能不是保障最低消费水平（如同水电的通常情况那样）。而是，由于公共交通消费本身被当作公共商品，① 因而鼓励居民更广泛地使用公共交通。在这种情况下，对这类服务补贴有可能把刺激富裕家庭部门使用公共交通作为目标，因为他们更有可能使用私车，这在很大程度上造成城市拥堵。这项政策未必能减少差异，但是将以重要的方式改善福利，缩短行走的时间，而且有可能改善城市的环境。

必须强调，一般情况下关于公共交通补贴，尽管当初把这些补贴看作是为了减少差异的政策，但是价格补贴政策的目标往往是针对资源配置的效率，而不是以再分配为目标。

以下三部分将分析哥伦比亚、智利和阿根廷的经验，试图显示基本服务补贴定位的重要性。对基础设施服务消费补贴的特殊机制做出决策取决于多个方面，这包括目标质量、管理成本和每个社会的政策—体制的制约。

---

① 这应该是外部效应，对个人而言，因交通堵塞或者环境污染，交通的使用（尤其是城市交通）可以影响到其他人的福利。

（一）哥伦比亚：地理定位

如前所述，清楚的是，从补贴方案实施的角度出发，最重要的目标是受益者的相对集中。在哥伦比亚，居住点分为六种层次，现行体制是建立在此基础上的。最底层是贫困家庭部门，最高层是最富裕家庭部门。其具体划分法被授权于每个市政府，他们采纳国家统计局（DANE）的划分方法。但是，为了安排每一层次的居住点，还保留了最终的自行处置权。这个方案被界定为地理定位的原因应该是，不同层次按照所处地区的城市化情况建立居住点，而且符合所在地区居住点的基本特点。但是，没有考虑每个居住点的特殊性。

根据现行法律（1994 年颁布的第 142 条法令），第一层次和第二层次的家庭应该需要接受公共服务消费的住房补贴；位于第三层次的家庭可以接受，也可以不接受补贴，这将取决于每个部门规划委员会的自行处置权。在每个部门官方决定的基本生活消费方面，第一层次的家庭可以得到高至 50% 的价格补贴；第二层次的家庭可以得到 40% 的价格补贴；第三层次家庭得到的价格补贴是 15%。基本生活消费高于此水平的家庭，则支付完全价格。第四层次的家庭支付全部边际价格，第五和第六层次的家庭支付高于 20% 的超高价格，目的是为低层次家庭的补贴提供资金。

梅伦德斯（2008 年）对哥伦比亚水电的消费补贴定位体制做了一项评估。[①] 表 6.3 显示了 2003 年哥伦比亚对收入分配中补

---

① 这项工作同样包含在为本报告所做的分析中。

贴分布的估计，以及波哥大 2003 年和 2007 年的同类情况。此外，还显示了包容性错误（把补贴给予那些不需要的人）和排斥性错误（没有给需要的人提供补贴）。

这个表格清楚地表明，哥伦比亚的方案在补贴最低层家庭部门方面是有成效的，而且很少有贫困家庭未被包括在内的。但是，它犯了严重的包容性错误，把水电的补贴给了许多不需要的家庭。这些包容性错误的根源在于市政府界定各层次家庭时拥有自行处置权。同样，事实上这种划分不能通过其他更复杂的方法进行监管或者进行核实。

表 6.3 哥伦比亚区域定位方案实施情况（%）

	五分位补贴	水	电	电话
哥伦比亚（2003）	Q1	8.6	13.7	9.1
	Q2	19.8	21.9	22.4
	Q3	24.5	24.9	26.8
	Q4	28.4	25.1	27.3
	Q5	18.7	14.4	14.4
	共计	100.0	100.0	100.0
	排斥性错误	1.7	1.5	25.4
	包容性错误	89.3	83.2	45.1
波哥大（2003）	Q1	28.1	27.8	32.4
	Q2	27.1	27.9	31.6
	Q3	19.4	19.9	19.3
	Q4	16.4	16.0	11.9
	Q5	9.0	8.4	4.8
	共计	100.0	100.0	100.0
	排斥性错误	1.0	2.2	42.6
	包容性错误	85.2	71.6	20.3

续表

	五分位补贴	水	电	电话
波哥大（2007）	Q1	32.2	28.9	—
	Q2	26.8	25.7	—
	Q3	21.2	21.9	—
	Q4	14.0	16.2	—
	Q5	5.8	7.4	—
	共计	100.0	100.0	100.0
	排斥性错误	1.2	1.1	—
	包容性错误	74.9	74.9	—

资料来源：Meléndez 2008 年。

除了对补贴体制的诊断之外，为了评估替代哥伦比亚现行定位机制方案的质量，梅伦德斯（2008 年）提出了另外两种假定方案：第一种以消费数量为依据（也就是说通过消费者的自动选择进行）；第二种通过预先核对生活资料，找到补贴的定位。研究表明，当把利益集中在收入分配的中等和中上等部门时，以消费为依据的定位方案可能会产生负面影响。此外，另一种假定方案，采用一种以 SISBEN 为基础的定位体制（它同样以 1 至 6 层次为标准的社会经济分类工具，但它以家庭调查为基础）。这种机制被用来决定家庭是否被选中得到医疗补贴服务。尤其是，假设第 1 层次、第 2 层次和第 3 层次的家庭得到相当于价格 40% 的补贴，而其他层次的家庭则支付全部费用。在这种情况下，就定位而言，不管与现行的方案相比还是与第一种假定方案相比，结果都非常明显。补贴额的 50% 给了 40% 贫困家庭部门，而包容性错误降至 30%。但是，其排斥性错误有些高。

（二）智利：生活资料的定位

在智利，为了弥补 20 世纪 80 年代末开始上涨的自来水消费价格，1990 年通过规划部采纳了自来水消费补贴制度，由中央政府与市政府联合管理。

该模式包括补贴总额的定义、智利 13 个地区之间的分配情况（通过中央政府），以及每个地区市政府之间的分配情况（通过地区政府）。地方层面补贴的管理由市政府负责。尤其是，每个补贴受益的家庭都应该提出申请，并根据对家庭生活资料的调查进行评分（社会经济特征调查 CASEN）以决定其获得补贴的可能性，该调查汇总了家庭收入资料和住宅条件等信息。

市政府把补贴分配给 CASEN 调查中评分较低的候选家庭（也就是说，贫困家庭部门）。这些补贴构成了价格中核减的部分，如自来水服务达到一定的消费门槛（实际上每月为 15 立方米）。价格补贴的比例因地区而异，中央政府对此作出了规定（平均约为每家每月 10 美元左右）。一旦分派到补贴，市政府便通知自来水供应商，供应商计算每月的家庭账单，最后向市政府收取该补贴的总额。2000 年，全国的补贴总额是 4.25 亿美元。

戈麦斯洛沃和孔特雷拉斯（2003 年）做了一项智利补贴到达贫困家庭部门模式的有效性评估。结果表明，在按照收入分配五分位排列的第一级中，27% 的家庭得到了补贴；第二级中 23% 的家庭得到补贴；五分位的第三级中 21% 的家庭得到补贴。虽然这些数字表明，相当一部分最低层家庭被排除在补贴之外，但两位作者的分析显示，包容性错误相对要小些。自 2002 年为完善定位机制作出努力起，时至今日，国会还在计划讨论是否应该在某种程度上放宽得到补贴的规定（比如，电力公司的最新要求）。

不管是梅伦德斯（2008 年）还是戈麦斯洛沃和孔特雷拉斯（2003 年）的研究都表明，尽管生活资料定位不完美，但它更具备面向居民中特殊群体提供补贴的能力，它如哥伦比亚方案一样，是一种更为简单的管理模式。

（三）阿根廷：制度多样性

在阿根廷，国家的联邦结构允许每个省自主制定价格政策。这样做的后果就是造成一系列补贴制度和基本服务消费机制并存。Cont 等人（2008 年）对各种模式进行了分类。

按照对拉美社会价格做法进行分类的方式，可以将阿根廷各省的情况在两个层面上划分其模式：其一，是否通过生活资料采用某种筛选标准（地域标准、直接入户核实，等等）；其二，当家庭消费超过了某个消费门槛，社会价格的受益是否丧失；或者，家庭消费达到了该门槛，补贴是否不管其数量超过了该门槛都将继续。

表 6.4 表明，按照上述两个层面对阿根廷各省电消费补贴模式进行分类，没有任何公共部门的能源消费补贴模式明显占主导地位。

在自来水和卫生条件方面，鉴于大部分家庭没有实行微量计量，根据消费水平实施差别价格的情况很复杂。因此，大部分差别价格模式以住宅情况或者以出租价值为依据。[①] 在阿根

---

① 一些情况确实存在最低标准，实行以相似标准和家庭消费立方数过程中额外支出为基础的固定费用。

廷，没有天然气的社会价格模式；在某些省份（甚至布宜诺斯艾利斯这样的大城市），也没有电力服务模式。

表6.4　阿根廷各省电力服务社会价格类型

	不包括门槛	包括门槛
选择标准	胡胡伊、萨尔塔、福莫萨、拉里奥哈、圣胡安、圣菲、恩特雷里奥斯、科连特斯、查科	科尔多瓦、布宜诺斯艾利斯
非选择标准	卡塔马卡、圣路易斯、门多萨、火地岛	图库曼、丘布特、拉潘帕、米西奥斯内斯、圣克鲁斯
没有明确的社会价格	布宜诺斯艾利斯大都市区、里奥内格罗、圣地亚哥－德尔埃斯特罗、内乌肯	

资料来源：Cont et al. , 2008 年。

在阿根廷，由于各种基本服务的多种模式并存，很难对补贴模式定位的质量进行评估。因为这需要每个地区消费水平和家庭收入的详细资料，而这些地区的补贴制度都不同。为跟踪非常分散的服务价格补贴制度的质量，所需要的体制远远超过了国家的实际能力。因此，在阿根廷，没有一项研究能将该国基础服务的社会价格制度中存在的包容性错误和排斥性错误进行相应的量化，对此没有什么奇怪的。

六　为补贴提供资金

世界上大多数国家（包括发达国家）收取的平均社会价格都低于支付运营和维护成本及收回投资所应该达到的水平。以 ADERASA（2005 年），GWI（2004 年），NIUA（1999 年）y BasD

（2004 年）的研究为基础，Komives 等人的研究（2005 年）表明，拉美13％的自来水服务公司收取的费用既不够也不足以支付运营和维护成本；39％的公司能支付运营和维护成本；而且，只有48％的公司能支付运营成本之外的投资需要的费用。就电费而言，状况稍微好一点。在拉美，47％的公司可以支付运营成本，53％的公司除了支付这部分费用外，还可以支付投资需要。

　　这种平均价格表明，在大多数国家，除了向最低收入消费者提供差额补贴外，还向所有基础设施服务的用户提供补贴。社会价格不但都到公共资金的资助，而且也从支付"非社会"价格的不同客户群中得到交叉补贴。在一些拉美国家，按照拉姆西（1927 年）/ Boiteux（1971 年）的规则，未得到补贴的住宅电价是较高的。按照这一规则，为寻求利益最大化的价格歧视，对那些价格需求弹性小的消费者制定了高的价格。有证据表明，工业和商业消费者的电需求弹性大于居民的需求弹性。

　　基于这样的原则，从社会角度看是理想的，基础设施服务再分配政策以尽可能低的成本实现社会目标（最低消费、减少不平等，等等），或者至少在这方面取得进展。因此，需要思考的是，为现行的补贴模式提供资金的方式是否最合适。鉴于用于补贴的资金总量是固定的（取决于政策目标，弱势人群的规模，等等），如果通过某些人群支付较高物价为补贴制度提供资金的方式对经济产生额外的扭曲，那么该制度的总成本就可能远远高于其所需要的。在哥伦比亚，较高层次家庭支付的高价格不但会对他们的基本服务消费水平产生扭曲，而且对其他商品的消费也会产生扭曲。另外，如果为补贴提供的资金来源于一般税收，其对经济的扭曲影响可能减小，一般税收制度不包含非扭曲价格体制的成分，智利的例子就是如此。

利用交叉补贴的方式提供资金存在额外成本。通过各种监管机制，国家对限制在各类市场中滥用支配地位的情况负责。如第五章所讨论的，基本服务供应商自然垄断的共同条件需要一种价格监管的自然力量。即便是价格补贴是靠某些部门向部分人群收取高价得到资金，监管力量也需要加强，因为要划分两种价格，一种是为了达到获取利润的目的对部分消费者采取的价格歧视政策形成的价格；另一种是为了提供补贴资金而实行的价格。尽管其复杂性可以量化额外费用，但是在存在严重脆弱性的体制占主导的背景下，选择尽可能简单的监管体制度是有益的。

七　结　　论

具有专门技术特点的服务（自然垄断、网络经济等）证明，公共部门的比重提高了，它是以国家或者通过监管机构，或者通过参与的方式直接与供应相联系的的方式实现的。采取对某些服务进行监管，实现减少不平等的目标，需要在不同的部门中实行社会价格。但是，如果有一种缩小差异的政策，并考虑到基本服务成本对不平等的影响，那么前一种努力就不必要了。这个想法有助于理解哪一种才是最佳的公共干预方式，为此应该将各种选择及其理由进行比较，它涉及社会选择哪条路的问题。一方面，社会价格可能是公共部门之间难以协调的结果，因为每个部门都承担社会政策的部分责任；另一方面，社会价格也可能是综合政策实施困难的结果。

鉴于基础设施服务消费过程中出现不平等的重要根源在于家庭的外部制约（Komives *et al.*，2005年），因此要对不平等产生更大影响的基础设施政策，应该是面向贫困家庭部门服务网络延伸的那些政策。此外，在要让家庭为连接到服务网络支付额外投资的情况下，向连接需求提供补贴的政策同样具有重要作用。

旨在扩大贫困家庭部门获得服务和提高服务质量的政策需要供应商的积极参与，因为是他们进行投资并且对非连接用户直接实施连接计划。这说明了一个事实，对家庭实行社会价格或者实行直接的补贴机制是必要的。除此之外，为了实施任何基础设施服务再分配政策，供应商的参与往往也是必要的。但是，他们作为制度管理者的作用则不需要（如同多数情况那样），而在扩大获得基本服务的目标中，供应商作为执行者和公共部门的合作伙伴则是必要的。

家庭内部制约导致基本服务消费水平低于社会可接受的水平。为了努力缓解这类制约，消费补贴已经具有并将继续发挥关键作用。关于干预的类型，有几个教训来自本章的分析：所有基本服务消费补贴的可行模式都意味着一种价格效应，它在一定程度上可以扭曲受益家庭消费的决策。但是，这些扭曲的成本远远低于涉及补贴定位欠缺的代价。因为，包容性错误可能直接浪费资金；就排斥性错误导致家庭不能受益，因为没有补贴家庭将不能达到基本服务的最低水平。基于这些原因，在对社会价格进行补贴的政策情况下，管理者以适当的方式将资源用于目标人群将是其最优先地位。最后，从制度效率、管理和监管成本，以及对经济扭曲的观点出发，通过一般税收对补贴提供资金的选择优于通过交叉补贴提供资金的方式。

第七章　与私人部门合作：
分担风险与效率

一　前　言

自 20 世纪 90 年代以来，拉美国家私人部门就以各种不同方式参与基础设施建设服务的供应及其资金的筹措。因此在近 20 年中，有私人部门参与的项目数量大幅度增加。[①]但是，由于这种模式越来越多地被采用及其涉及到的利益关系，它在拉美地区所产生的影响有正面的，也有负面的。一方面，它有时候能够实现预期、降低成本并提高效率和质量。但另一方面，就像我们在第五章中已经说明的一样，会朝着对经营方有利的方向重新签订合同，或合同不获审核机构批准，最终导致工程不能按期完成，或者不得不追加大量资金以保证工程顺利完工并投入使用。

私人部门参与基础设施建设项目的方式部分取决于基础设施的类型。比如在电信等行业中，私人部门通常是以私有化（伴随着结构调整重组和加强竞争力）的方式参与进来。在一定

[①]　依据世界银行的数据，在 1990~2003 年期间，公私共同参与的基础设施建设项目增加了 2750 例，项目总额达 7860 亿美金。其中的 1000 多个项目（相当于总投资额的 47%）在拉美地区实施。

程度上，电力和天然气等领域也是如此。而在其他一些领域，例如港口、机场、道路、高速公路、铁路、供水和排水设施以及能源领域的一些分支中，则主要采取另一种方式，其中私人部门及国家公共部门在基础设施的建设运营，特别是项目的认定、评估和计划以及风险分担方面共同合作。这种模式也被称为公共和私人部门的结合（APP）。[①]

本章旨在详细剖析私有经济参与基础设施建设的这一公私结合的模式，探究它的经济基础及其具体操作中应当注意的技术问题。本章第二部分将介绍公私结合的定义并讨论其潜在优势；在第三部分中，将分析公私结合模式中的风险分担以及为减少该模式风险而成立的各种机构组织；第四部分将分析得益于私人部门参与的经营效率提高，特别是得益于基础设施建设项目中各个不同方面的结合而获得的效率提高；第五部分将列举分析个别地区交通设施建设中公私合营的例子；最后一部分将得出结论。

二　公私结合及其潜在优势

公私结合这个名词有多种不同的解释，但是最常用的解释是指私人部门参与到基础设施建设项目的投资、管理和运营中，而这些项目在传统意义上是由国有公共部门操作的。广义地看，公私结合包括公私共同参与合作的各种类型，其分类取决于由哪一方负责项目的投资、运营和维护，哪一方拥有项目的产权，以及由哪一方承担合同相关的风险及公私结合模式项目的持续时间等。

---

① 这种模式也称为公私参股模式（PPP）。两种定义是一样的。

表 7.1 对私人部门参与基础设施建设的投资和操作进行了分类。

公私结合模式有三个主要特点。第一，国家公共部门与私营企业签订长期合同，共同承担责任风险；第二，私营公司对资产进行临时控制；第三：投资与经营的结合，也就是说，私人企业同时执行这两项活动。① 前两个特点是所有公私结合项目的共性，而第三个特点只适用于某些项目。在本章中我们将详细分析这些特点及其对基础设施建设所带来的影响。

传统的、完全由国家公共部门负责的基础设施建设与公私结合模式下基础设施建设的不同之处在于：在第一种模式下，国家公共部门在项目实施的不同阶段需要与不同的企业分别签订合同（设计、建筑、运营、维修等），甚至还要亲自进行某些阶段的工作。然而，在公私结合的模式下，私人部门承担所有责任，或者说几乎承担项目的方方面面，通常情况下，项目施工的多个阶段都是由私企本身来完成的，这就是我们所说的"结合"。另外，公私合营并不同于私有化。在私有化模式下，国家公共部门只能对项目的最终结果提出要求，然后进行招标，选定企业后，该项目就完全归私企所控制，国家公共部门不能做出任何直接或间接的干预（例如通过担保进行干预）。

让公私结合模式取得成功的关键是拟定出能有效分配风险、并获得最大效率及维护社会公共利益的合同。如果政府承担太多风险，将会对国家公共部门造成过大的经济负担，同时也会

---

① 巴西法律对公私结合模式的定义与此非常相似。它把公私结合模式定义为一种转让合同，该转让合同必须包含国家公共部门对私人企业不低于 2000 万雷亚尔的直接付款及至少 5 年的合同期限。一份只提供人工、设备的供应及安装或公共项目的施工的合同并不能构成公私结合模式。

降低私人企业提高效益的积极性；如果转让太多的风险给私人部门，那么，私人企业一定会为这些风险争取相应的报酬，而优秀的企业也会不想参与到该项目中来，从而使重新谈判该项目的呼声越来越大。另外，在合同中列出必要的规范要求也是很重要的，因为只有这样，才能使得社会公共利益在私企追求其效益时不被损害。

表 7.1　公私结合的类别

公私结合模式	简写（英语）	收入方式	运营及维护	投资	所有权	市场风险	持续时间（年）
经营合同		合同	私企	政府	国有	政府	3～5
租赁		合同	私企	政府	国有	私企承担一半	8～15
修复，经营及转让	ROT	转让特许权	私企	私企	国有	私企承担一半	20～30
修复，租赁及转让	RLRT	转让特许权	私企	私企	国有	私企承担大部	20～30
零售		开发	私企	私企	国有	私企承担大部	20～30
建筑，修复，运营及转让	BROT	转让特许权	私企	私企	国有	私企	20～30
建筑，所有权及转让	BOT	开发	私企	私企	半私有	私企	20～30
建筑，所有权，经营及转让	BOOT	开发	私企	私企	半私有	私企	30＋
建筑，租赁及所有权	BLO	开发	私企	私企	私有	私企	30＋
建筑，所有权及经营	BOO	开发	私企	私企	私有	私企	30＋
部分私有化		撤资	私企	私企	私有	私企	30＋
全部私企		撤资	私企	私企	私有	私企	永久性

资料来源：阿尔塔纳和摩亚，2008 年。

但是由于目前公私结合模式并没有在基础设施项目中被广泛地运用，所以关于其经济基础的问题讨论仍没有达成一致结论。在基础设施建设中，公私结合模式可以解决传统的国家包揽模式所面临的诸多问题。支持公私结合模式的一个最普遍的论据是：该模式可以缓解政府的资金压力，使得国家的资金可以流向其他能获得更高社会效益的项目中去。但是，如果考虑到政府跨时段预算的限制，就会发现政府在公私结合模式之初所节约的资金与传统的国家包揽模式下政府在项目造价中所节约的资金总额是一样的。因此，该论据总是被反复用来论证国家贷款的缺陷或是所谓短期政策行为。

支持公私结合模式的另一论据为：私人企业接管了其擅长的投资、资金管理及项目运营等活动。国家公共部门在项目建设中总是追求一定的政治目的，从而有可能损害该项目；或者追求其他社会福利。与此不同，私人企业会为项目谋取利益最大化。从该意义上来说，在基础设施建设中，私人企业对提高效率的追求可能会损害到其他社会福利。由此可见，公私结合模式所最求的目标可以是缩减成本，但并不一定需要达到社会福利的最大化。但是，如果有一份拟定合理的合同，就能够使私企在追求其利益的同时也兼顾到其他社会公共福利，相较于传统的国家包揽模式，这也是公私结合模式在基础设施建设方面的一个改善。

另外，如果能吸引到在基础设施建设领域中有经验、有技术的国内或国际大型企业，就能获得更高的效率。因为这些企业已经拥有了处理项目建设中可能出现问题的丰富经验和相应一整套的后勤队伍，而且他们能更准确熟练地评估项目发展前景，从而做出更合理的投资规划（埃斯塔切等人，2007 年）。

公私合营模式在过滤那些具有负面社会价值（即社会投入成本大于社会收益）的项目上也发挥了非常重要的作用。众多的不利于效益提高的因素会使得那些具有负面社会价值的项目无法投入建设，例如，纯粹以获得政治支持为目的的公共资金消耗。[①] 通常一群非常有权威的人会从这些项目中获益，并通过施压的方式使得项目通过审核并实施。而公私结合模式就是过滤这种项目的一个好帮手，特别是在社会缺乏一个有效评估系统的情况下。因为公私结合模式的主要收入来自于使用者。

公私结合模式还具有其他一些优点，这主要得益于它使项目的建设与经营被整合到了一家公司手中。公私结合模式主要类型之一就是 BOT（英文字母的缩写，建设－所有权－移交转让）。在该模式中，私人企业不但负责项目的建设，还要负责其运营，并在合同终止时将其移交给公共部门。在下文中，我们将分析基础设施建设项目中的激励政策的内在化如何减少成本，惠及社会。

虽然在有些情况下，相对于传统的国家包揽模式或私有化模式，公私结合模式更具有吸引力，但并不是所有类型的基础设施建设项目都可以套用这一模式。比如私有化模式更适合那些能营造市场竞争机制，并能向使用者征收费用的项目。电信项目就是其中之一。而传统的国家包揽模式就更适合那些既不能营造市场竞争机制，也不能向使用者收取费用，或者说社会

---

① 在理论上，这种政治交易被称为"政治分肥政策"，即通过相互交换投票权的方式使得某项有利可图的由纳税人（甚至是那些不会从中获得任何利益的人）付款的项目通过。

并不希望对它的使用进行收费，并且对其服务质量也无法进行具体规范和控制的项目，如教育与卫生。但是，对那些尽管不可以征收使用费，政府却可以对其服务质量进行规范，而其成本也会因私人企业的内在激励机制而减少的基础设施项目，使用公私合营模式，则更能发挥出其在资金管理及经营方面的优势。

公私合营模式对基础设施的保养也作出了重大贡献。目前，基础设施面临的一个普遍性问题就是维护及保养资源的匮乏。而这也给社会造成了双重损失：首先，服务质量不达标；其次，当不得不对损坏的基础设施进行维修时，其费用大大增加（费用将翻三番）。① 公私结合模式不仅包含项目建筑，同时也涵盖了项目的维修，使得私人企业承担了项目维修成本风险，注重对基础设施的保养。而且，如果双方所签订的合同把服务费用的支付和设施的状态联系起来，那就更能激励私人企业对该设施的维护与保养。

总之，虽然公私结合模式的某些优势（例如能为项目获得更多的资金等）仍需要重新评估，但是该模式的一系列潜在优势是不容否认的。同时，该模式在拉美地区应用所展现的利与弊也说明它并不适用于所有的基础设施建设项目，而且在可运用的项目上制定出能适当分配风险的合同也至关重要。在下文中，我们就将讨论这一问题。

---

① 例如，一条铺路面的公路在有保养的情况下，10～15 年内都不会需要对其进行重新铺设路面。但是，如果不对其进行保养的话，公路的严重损坏导致在 5 年内就需要对其重新铺设路面。

三　风险的分配

（一）概述

实施公私结合模式（或任何一种有组织的合作模式）的一个重大挑战就是如何合理的分配基础设施建设中的风险，这些风险一般都具有长期性，而且都会被有限的反对派有策略地利用起来。我们无法避免这些风险，只能通过合理有效的方式对这些风险进行分配。

基础设施项目因其内在的特质总会面临一些风险。对这些风险进行分类的一个方法就是分析其对造成资金流动的各个因素的影响。接下来，我们将介绍一下依据该分类标准而得出的几种主要风险类型。[①]

1. 影响项目最初投资的风险　即项目建设过程中遇到的风险（在基础设施建设项目中，通常包含了最初的重要投资）。它主要分为两种类型：项目实际成本大于预算的风险和项目工期长于计划工期的风险。该类风险不仅只是项目建设过程中建设本身的风险，而且还包含土地征用风险（便道），以及含环境评估报告在内的许可风险等。

2. 收入风险　即影响项目收入来源，进而影响私人企业资金流动的风险。造成该类风险的主要因素有：对基础设施服务的需求量、收费标准、服务效率及支出。对基础设施服务的需

[①]　该分类的依据是伊斯基尔多和巴萨约的文章（2008 年）。

求量是很难预料的，但是，投标者们对其的估算呈现出一种越来越乐观的态度。尽管收费标准会随着通货膨胀而进行调整，或会因某些与国际市场有关联的不确定因素的变化而变化（如矿产或能源类的项目），但是还是可以预先估算的（如公路收费站这样的项目）。

3. 经营成本风险　即维修和/或开发活动的效率降低而造成的项目运营成本增加。运营成本风险对那些在项目之初需大量投资的基础设施建设的流动资金不会造成太大影响（如公路、铁路、水库等项目），但是会对那些以运营成本为主的项目造成很大影响（如电信、热电厂等项目）。

4. 财务成本风险　它主要分为两种类别：一是利率风险，另一个是汇率风险。从私人企业来说，财务成本风险对其利润有重要影响，特别是那些债务较重的企业在项目的最初几年会更注重此风险。从债权方来说，财务成本风险会直接影响到该项目按规定还本付息的能力。

我们还可以跟据风险的来源对基础设施项目所面临的各种风险进行与上文分析思路不同的横向分类：

5. 市场风险　即与项目建筑及运营成本变化相关的，或与基础设施服务需求变化相关的企业行为的内在风险。经济环境变化如货币贬值等风险也包含在该类风险中。

6. 政治风险　即项目所处政治环境或法律条文修改所造成的风险。该类风险包含监管风险（即不利的监管行为造成的损失）及主权风险（即国家公共部门违反有关合同规定）等。这些风险一般都与政府换届有关。古阿什和斯皮勒尔（1999 年）预测监管风险将使项目的总风险提升 2% 到 6%。

7. 不可抗力风险 即由影响基础设施项目建设或运营的自然灾害等不可预见因素所带来的风险。

我们在第五章中介绍了妥善处理风险的两个基本原则。首先，某一风险的主要责任方（或更能控制某一风险的一方）应承担该风险。其次，应该把风险分配给对其危害较小或损害较轻的一方。如果某一风险的分配能同时符合这两项原则，那么该风险就可以很好地得到处理。但是，一般来说这种情况很难出现。那么在分配风险时，就需要考虑对其进行分部分、分等级、分规模的分配。例如，对合同的内在风险进行分配时，被转让风险的那一方（例如私人企业）所承担的风险与其为避免风险发生而努力所获得的利润应该是一致的。

这些原则似乎说明私人企业应当承担建设及运营风险，而政府部门则应承担政治风险。但在实践中，我们总是很难准确地判定某一方是否能控制某一风险，也很难依据一个预先制定的标准来分配风险。例如，如果一个项目建设成本超出预算，我们就很难判定这到底是归咎于公司本身（如管理不当），还是归于一些不受其控制的因素（如突如其来的大雨）。同样，让政府独自承担由其政治行为或不受其控制的政治行为所造成的政治风险也是不合理的。例如，政府常给外企提供的货币贬值担保。这种不当行为对国内投资者来说是不公平的，同时也损害了在其他经济领域必须承担汇率风险的外企的利益。[①] 另外，一些政府"有意"行为造成的政治风险也可以通过一份包含处理

---

① 尽管公私结合模式下的私企所提供的服务收费标准是受到监管的，且不是在自由市场上活动，但双方面对政治风险的表现是非常不同的（这就是说价格自由所起到的部分保险作用在公私结合模式下既不直接也不明显）。

该种风险应对机制的合同来缓解（英格尔等人，2008年）。

面对如此多的风险，投资者们总希望获得一定形式的政府担保。但是，这种政府担保会给国家公共部门造成过大的负担。同样，如果一个公私结合模式带有过多风险的话，也会影响私有投资者们对项目进行投资或技术参股的积极性和处理风险的效率。政府担保不会体现在财政收支方面，而且常常很难衡量它的经济影响，所以政府提供担保的话，可能会给社会造成过重负担（现在和/或将来的）。

在公私结合模式下合理分配风险的第一步就是拟定适当的担保政策，要考虑如何衡量风险的大小及其担保物，如何把风险纳入到公共财政收支中去，使得决策更加合理。如果担保金估算不准的话，政府部门一般会低估其成本并把它转嫁到以后的管理当中去。担保金可能造成的损失计算方法有很多种（如选择理论的方法）。一旦估算出一个可信的数字，该损失就会被纳入公共财政支出。

改善公私合营模式下的项目合同并不是单纯对风险进行更有效地分配，同时也要努力地减少项目风险。拉美地区及世界各国的经验都告诉我们，项目规划也是影响基础设施建设的一个关键性因素。如果对项目的准备不充分的话，就极有可能出现成本超出预算、工期延长及工程重新谈判等情况。在第四部分，我们就将讨论拉美地区在合理规划方面的缺失对公私结合模式造成的负面影响。

8. 需求风险

需求风险与其他风险不同，因为它在很大程度上不受企业控制。对市场需求预计不准的话就会造成该风险，其发生率极高。对宏观及微观经济状况的评估是估算市场需求的两个重要因素。在发展中国家对市场需求进行估算尤其困难，因为其经济环境具有波动性和不稳定性。然而在信息数量及质量都比较稳定的发达国家，对市场需求的估算也可能会出现重大的计算失误。

另外，价格、收入、兴趣爱好的变化及替代服务的出现等因素造成的消费者行为的改变，也会影响到市场需求从而带来风险。需求风险对计划长期使用的基础设施所造成的损失更严重，而且短期估算的失误也会随着时间而扩大。

因为需求风险会造成流动资金的波动，使得双方不得不重新对项目进行审议或通过引进一些预防机制来减少此类风险。

尽管所有企业都面临着影响其市场机遇的风险因素，但是基础设施建设领域与工业领域有所不同，市场需求风险对其影响更大。首先，就像我们在第五章中所阐述的那样，基础设施建设项目固定投资成本大，生产结构不能灵活地随着社会需求的变化而进行调整，但工业领域的大部分项目的流动性投资成本都大于固定投资成本。其次，传统工业项目生产结构较灵活，可以随市场需求的变化调整其产品生产。另外，一般来说，传统工业项目的固定资产用途较多元化。而基础设施建设项目则刚好相反，很难对其产品及服务或初期投资进行改变。再次，基础设施服务的价格是很难调整的，而大部分传统工业企业都可以依据市场需求变化而调整其产品价格。最后，政府与有特许权的私人企业之间的长期合同所造成的双边垄断的局面也使得双方行为带有机会主义的色彩。正因为如此，私人企业才会把部分其无法控制的需求风险转让给可以承担这类风险的代理方。

　　需求风险对公路项目的影响尤其突出，因此，我们将着重讨论。私人企业可以通过其政策在一定程度上缓解交通需求风险：例如，私人企业可以通过改善公路出入的便捷性或降低某一时段的收费标准等来提高交通需求量。但是也有很多企业无法控制的因素在影响着交通需求量，如在项目之初无法预计的经济环境或交通运输基础设施网的改变等。[①]

　　对道路基础设施的需求量预先做一个准确估算十分困难。事实证明投标企业对交通基础设施需求量的估算总是过高。标准普尔研究报告对公路项目需求量的估算也过于乐观：2004 年的 87 个项目的实际需求平均值比估算值低了 25%，2005 年的 104 个项目也同样如此（贝恩和波拉科维奇，2005 年）。另外，巴埃萨和巴萨约（2008 年）的一份类似的有关西班牙特许权的研究报告对其第一年需求量估算比实际值平均高出了 35%。对交通基础设施需求量预先准确估计的困难性，也给企业在投标时的战略规划造成负面影响。而且，毫无疑问，估算值与实际值之间的差距会随着时间的增加而不断扩大（赵和柯克尔曼，2002 年）。

　　对一个已运行多年的公路项目和对一个新项目的需求量进行估算是非常不同的。后者的需求量更难估算准确。如果一条已投入使用的公路的服务质量或价格被大幅度调整，如对原有公路条件进行较大改善或将一条不收费公路改为收费高速公路，

---

　　① 当所涉及的项目是一条收费高速公路，而预先没能预计到的新项目是一个免费公路的时候，该风险的影响更为突出。海运港口也可能面临同样的情况，一个预先没能估计到的新港口的开发会导致其交易额的减小。

那么就很难在其原有基础上对其服务需求量进行估算，特别是在有其他可替代道路的情况下。

对基础设施服务需求量估算的困难性也使得其价格变得难以确定。例如，对公路服务需求量及其对价格敏感性估算的不足会导致公路收费的不合理：太低就会导致交通堵塞，太高就会导致公路使用不充分。因此，总会频繁地调整价格。

（二）合理分配风险的方法

在公私结合模式下，拟定出一份适当合同的关键因素就是对风险进行有效分配。如果私人企业必须得承担过多的风险（特别是那些在其控制之外的风险），那么它们就会为这些风险争取相应的补偿，否则它们就没有兴趣加入这个项目，同时也会使那些工作质量低却喜欢讨价还价的企业有机可乘。如果国家公共部门承担过多的风险，就会降低项目效率（因为不能够最大限度地开发出私企的潜能），而且会对社会税收造成不必要的负担。

针对如何分配公私合营模式合同中最具争议性的需求风险的问题，我们研究出以下几种方法。在这一部分，我们就将对其一一介绍，以便更好地发挥公私结合模式的效应。[①]

1. 最低收入担保

即政府给予私企的有关项目经营最低收入的担保。该担保通过对可预计收入制定最高及最低限的方法让国家公共部门和私人企业共同承担项目需求风险。当实际经营收入低于最低限

---

① 对这些不同方法的定义部分依据伊斯基尔多和巴萨约的文章（2008 年）。

时，政府得确保私企的最低收入；同样，当实际经营收入高于
最高限时，私企得与政府分享其收益。该方法有助于减少项目
资金管理成本，并使得企业和政府可以共同分担收入风险所带
来的利润和损失。

利用该方法，政府可以在招标时设定收入的最高及最低转
折点。如果不这么做的话，可能会有投标者通过设定最高估计
需求量的方法来提高其收入。在不利的经济环境下，使用该方
法，也会使政府在合同期限内承受沉重的负担。

2. 重新平衡财政经济的条款

即在法律规定的特殊条件下允许对合同的有关内容进行调
整的条款。首先对某一指标确定一个最高限和一个最低限（如
收入、交通量等），当实际情况在这个范围之外时，就可以通过
调整价格及合同工期等来启动该条款。这一方法可以在不危及
公共资源的情况下减小需求风险。但是这一方法会给私人企业
竞争对象造成很多不确定因素，同时也会因其无法确定每年的
最低收入而造成资金管理问题。

3. 收入限幅机制

在某些公私结合模式下，私人企业并不直接向使用者收取
基础设施服务费用，而是政府通过价格或直接付费的方式对其
进行补偿。在这种模式下，使用该机制可以在需求量大于预期
的情况下控制私人企业的收入，避免高于预算之外的支出。在
公路项目中，这就意味着价格会随着每年的交通量而进行调整，
当交通需求量低时，价位就高；当交通需求大时，价位就低。

4. 灵活定价机制

大部分的基础设施项目合同都会对私企的服务收费定下一

个最高限。这个价格最高限既规范了企业的市场权利（因为通常情况下来说，这些企业提供的基础设施服务都具有垄断性的），同时又避免了社会贫困家庭部门无法享受该基础设施的服务（大部分基础设施都是为了服务全社会居民的）。一个确定最高平均价格的灵活定价机制使得私企可以根据时间或季节的变化，调整其价格以达到最佳收费的目的。该体制的合理之处在于，当服务需求量增加，社会成本也随之增加的同时，授权方有权提高其收费标准。

5. 最低收入现值机制

基于项目累计收入，特别是收入现值（VPI）应对需求风险的投标方式在最近几年很受欢迎。因为对某一项目在未来某一固定时刻是否赢利我们很难准确预知，但是我们却可以确定该项目在某一时间段内的赢利情况。[①] 该机制的主要原则为，在政府确定折扣率及价格标准的情况下，在项目有效期内收取最低收入现值的竞标企业赢得该项目。当企业收入达到该值后，合同即终止；如果实际需求小于预期，那么合同期限延长；如果实际需求大于预期，那么合同也将提前终止。

因为该机制能使得合同期限随实际需求量的变化而进行调整，所以它可以降低需求风险。如果最终证明是一个赢利性项目，那么需求风险就会被彻底的解决。相较于内容固定的合同，含该机制的合同可以从根本上降低竞标企业需求风险的三分之一（英格尔等人，2001 年）。

---

① 例如，很难准确地估计一个项目在 20 年内（特许权转让合同的期限）是否可以赢利，但是却可以确定一个项目在 10～30 年内的赢利。

　　基于收入当前最低价值机制的招标活动比起传统的招标方式更能吸引到利润率要求较低的企业。当实际需求量小于预期时，签订了期限固定的传统合同的企业，有可能会无法实现其对债权方的承诺。但是，如果签订的是含最低收入现值机制的合同，那么合同期限就会延长到企业收回投标时所确定的价值为止，企业违约情况也就不会出现。[①] 另外，因为该机制使得投资者面临的风险减小，政府提供担保的必要性也相应降低。

　　最低收入现值机制也降低了包括对项目进行干扰性重新谈判在内的投机行为。在传统公私结合模式合同下，总会需要对合同的期限、价格或政府转移支付的可能性等问题进行重新谈判。在最低收入现值机制下，合同期限本来就不是固定的，所以完全没有必要对其进行重新谈判。而且在不改变最低收入现值的情况下，要求提高收费标准也是没有意义的，只能缩短合同期限而已；想要获得政府的补贴或转移支付也很困难，因为其收入是有保障的。

　　虽然最低收入现值机制可以在很大程度上降低需求风险，但同时也降低了私企对存在问题的基础设施项目进行投资或改造以提高其需求量的积极性，因为不论私企对该项目做出何种改善，其收入是已定的。任何提高项目需求量的行为只是缩短了合同期限而已。相反，在那些合同期限固定的公私结合模式下，私人企业更愿意对已存在的基础设施项目进行技术投资或改善。

---

　　① 在一个 VPI 模式合同下，债权方收回贷款的期限可能会比最初约定的时间长且不固定，但是总比收不回钱的损失小，而且依据合同所确定的利率及延期时间内金融市场的状况甚至可能还会获利。

上述内容证明，以最低收入现值为基础的公私结合模式不适用于所有类型的基础设施项目，只能用于那些可以在合同中明确规定基础设施及其服务质量的项目，特别是那些不需要通过经常性大量投资来维护其服务质量的项目（如电信类项目）。因此，公路及海港类项目非常适合使用该种机制模式。

（三）多边组织的作用

并非所有公私结合模式下的风险都必须由私企或政府部门承担。有些风险是可以通过让其中一方缴纳保险费的方式对其进行投保。如汇率类的财政风险就可以通过互惠外汇信贷合同得到解决。[①]

但是，在拉美地区私人保险公司对基础设施项目领域的风险，特别是政治风险的担保范围很小甚至于没有。私人保险公司的保险费一般都很高，而且期限最多只有 3 年，还不一定能够续保。另外，保险总额一般最高只有项目总价值的 50%。

多边组织提供了多种降低风险的途径。我们上文提及过一些风险，如政治风险，是由政府本身的行为所造成的，对于这些风险，政府所提供的担保效用甚微。另外，人们对如监管风险、贬值风险或主权风险等由政府本身的作为或不作为行为给基础设施项目所带来风险的解决办法的探寻越来越急迫（玛祖卡瓦和哈贝克，2007 年）。尽管，私人保险公司非常擅长于评估风险，但多边机构对政府影响较大并且更受债权方的欢迎。精

---

　　① 互惠外汇信贷合同可以减小因利率及汇率等变化而导致的风险，双方通过该合同对一系列数值变化情况进行了规范，朝某一方向的变动范围是预先确定的，而朝另一方向的变动是随机的。

确及特殊的担保机制能营造出更安全的投资环境。

在多边机构所使用的几种主要降低风险的方法中，风险的部分担保能使债权方规避一系列的风险，特别是那些在政府不支付合同应付款情况下所形成的风险。无论借债方因何种原因不能偿还债权方借款，贷款的部分担保可以使债权方的损失得到部分赔偿。这种方法可以在政府或私企因信誉度或支付能力不足而无法集中所需的资金时，帮助调动商业贷款或私企资本。一般来说，多边机构会给该方法附加可持续发展的条件。

双边机构或私有金融企业也可以为降低风险提供多种办法。多边组织提供的多是让私人保险公司共同参与承担风险的担保方法，而私人保险公司在这个过程中则可以通过多边组织的债权方及其与政府的关系获得利益（玛祖卡瓦和哈贝克，2007年）。能降低风险的非国家担保方法也是非常重要的，因为很多基础设施项目都是地方的，地方政府在其执行过程中发挥着更重要的作用。

另外，多边组织机构能在某些基础设施项目上进行直接投资并为其吸引国际投资。这一点对那些跨国性的或有重要国际性影响的基础设施项目至关重要，如大型交通运输项目。从这一点来看，合理利用类似于专栏7.1中的南部国际通道项目的工程年度付款认证书（CRPAO）这样的新型融资方式极为重要。该方法是在安第斯发展集团（CAF）的支持下研究出来的，它能有效地降低项目的建筑风险。

多边组织能够更快速便捷地向公共部门及私人企业通报有关的工程信息，加快工程进度。如 CAF 可持续发展基础设施项目基金委员会这样的组织，改善和加速了工程准备进度，为公私结合模式的顺利发展创造了必不可少的有利条件。专栏7.2对该基金委员会进行了详细叙述。

专栏7.1　南部国际通道项目及其新颖的财政结构

南部国际通道是横穿秘鲁及玻利维亚南部及巴西西北部的一条公路。在秘鲁境内2600多千米长的线路将其港口城市与巴西相连。

安第斯发展集团通过三步走战略对该项目进行了全程的协助。首先，安第斯发展集团出资研究该项目的可行性（花费350万美元），并在不考虑经营方技术投资及成本冲击的情况下，对该研究结果进行了验证。之后又通过与政府、拥有特许权的企业及金融企业的讨论，为政府提供咨询，以确保特许转让合同的"银行可承兑性"。同时提供了额度为2亿美金的链接信贷以确保工程的快速启动和高达2.8亿美金的循环信贷的部分担保以支持私人投资。最后，安第斯发展集团为解决铁路影响区间内的环境问题启动了一个专门方案。

值得强调的是，该工程被分解为经济上相互独立的五部分，其融资方式非常新颖，采取工程年度付款认证书方式（CRPAO）。在公私结合模式下，政府必须依据合同规定向特许权授予方支付工程进度款。CRPAO就是该付款的表现形式。它是由秘鲁政府通过交通部发行的不可撤销的、无条件的且以美元为单位的债券，可以确保私企依据合同完成的投资的年（或半年）补偿金并具有附加值。CRPAO是可转让的，

并且一经颁布就不受合同任何条件及义务的限制，受法律及
纽约州法院的承认，所以它可以在不提供任何政府正式担保
的情况下，用作有价证券进行融资。

虽然正式地说，CRPAO 不是政府债务的一部分，但是是
以秘鲁政府的信誉度为依靠的。所有的 CRPAO 都享有同等的
权利。依据法律，秘鲁政府不可以因政治原因在付款时区别
对待不同特许权授予方的 CRPAO，支付一方而拒绝支付另一
方。拒绝支付任何一个 CRPAO，都意味着对整个项目特许权
及基础设施的放弃。

南部通道项目的融资方式非常成功。首先，因该融资方
式的使用，使投资者避免了很多风险，且也开拓了一种全新
的基础设施融资方式。其次，该跨国公路是秘鲁国内融资方
式成熟期最长的项目之一，同时也是拉美地区利用国际资本
顺利完工的不多的几个采用公私合营模式的项目之一。另外，
该项目的财政结构使得项目的建设可以在特许权转让之后的 6
个月内启动，三个投资阶段的全部私人融资在接下来的 18 个
月内完成。

资料来源：在乌尔夫（2007 年）和费迟（2007 年）资料基础上总结
得出。

专栏7.2 可持续发展基础设施项目促进基金

可持续发展基础设施项目促进基金（PROINFRA）是一

个以改善和加快工程准备活动为目的预先投资基金。从本章的论述中，我们可以看出很多项目失败是因为缺乏合理的准备和预先的经济估算。安第斯发展集团通过 PROINFRA 对基础设施项目的准备活动及财政结构设计提供资金，并且优先资助那些能发展和加强国内基础设施规划能力，并具有新颖融资方式的地区一体化项目。在项目准备过程中，该基金为项目的可行性研究、环境及社会影响、投资选择及部门研究提供资金。在融资过程中，该基金的资金（5 年能分配的资金高达 5000 万美元）就会被用来资助有关项目融资结构的咨询，招标及特许权转让过程中的技术支持及政府投资规划系统及公私结合模式类型的创造和加强。基金所花费的这些资金也许能收回，也许不能。

到 2008 年 8 月，差不多 30 个项目获得了 PROINFRA1000 万美金左右的无偿资助。下表以国家为单位列出了截至 2008 年 8 月 PROINFRA 所资助的项目数量及拨款额。

PROINFRA 作为一个促进及加快项目实施的基金，其活跃度的不断提高证明了一个优化基础设施投资决策的机构在当今世界融资方式如此多样化情况下的重要性。

资料来源：在安第斯发展集团（2008b）的信息基础上总结得出。

表 1　以国家为单位，2008 年 PROINFRA 所资助的项目数及拨款额

	项目数量	拨款额（美元）
玻利维亚	6	1,983,880
哥伦比亚	7	2,224,047
哥斯达黎加	1	582,000

	项目数量	拨款额（美元）
厄瓜多尔	1	255,000
墨西哥	1	100,000
巴拿马	2	360,000
秘鲁	4	1,230,000
多米尼加共和国	1	123,000
委内瑞拉	1	280,000
地区性的	3	795,000
两国的	2	260,000
总额	29	8,192,927

资料来源：安第斯发展集团副主席提供的数据。

总之，基础设施项目因其共同的内在本质总是要面对一系列的风险。而制定出一份能合理分配这些风险的合同的关键就在于能否使得有能力降低某一风险的一方有足够的兴趣为之努力，且能否使解决每一风险的成本降到最低。有效降低及合理分配风险的方法有很多种。多边组织机构在降低政治风险上发挥着重要的作用。

四　效率的提高

正如我们上文所提到的那样，对公私合营模式并没有一个统一的定义，其具体的实施形式也非常多样化。在有些情况下，私企只负责基础设施项目的维修和保养；而在有些情况下，私企却要负责项目的设计、资金管理、建筑等所有活动。而公私结合模式类型中最常用的一种是 BOT 模式。在该模式下，私企同时负责项目的建筑和运营，并在合同结束时将一切移交给国家公共部门。项目的不同阶段互相结合是不少基础设施项目的共同点，它会因项目成本结构及内在特质的不同而不同程度地提高项目效率。

基础设施项目的资金管理、建设及运营之间的关系非常密切。基础设施的建设过程决定了影响其运营及维护成本的项目最终质量。项目不同阶段之间的关系对项目的影响可以是积极的，也可以是消极的。例如，一个高质量的基础设施项目可能会降低保养成本，也可能会加大保养的难度，必须使用专业技术工人。同样的情况也会发生在经营成本上。

如果项目的建筑、经营和维护由同一家企业负责，那么就会激励该企业在建筑阶段就进行技术投资以降低整个设施在其使用过程中的经营成本。[①] 因为签订公私结合模式合同的企业拥有部分或全部设施的使用权，它可以获得因降低成本而带来的部分利益，所以这一激励政策对其影响尤为明显。如果这些投资损害了服务质量，就会影响到公共利益。

改善基础设施服务质量以达到最终提高居民生活水平、打击损害基础设施服务质量的投资项目是政府部门工作的一大目标。至于如何制定出适当的激励政策，就要视具体项目的特点

---

① 例如，某座桥的建筑商可以在确保结构安全的情况下对减小梁压进行技术投资，这样可以降低维修保养成本（德瓦特里庞特和莱格罗斯，2005 年）。

及其所处的经济环境而定。

当私人企业在信息方面占据有利地位时，就会对效率与利润提取进行权衡。这里所指的有利地位包含两方面内容。第一，指私人企业比政府部门更清楚其经营状况（成本、生产功能等）；第二，指政府有可能无法掌握私企的所有行为，即私企有可能会采取政府忽略的决策。这就意味着企业有可能会在合作时有所保留或为降低成本而作出影响项目经营及维护的行为。而项目不同阶段的结合有助于解决该难题：在项目修建之后拥有其决定权就会使得在项目建设之前付出更多的努力（德瓦特里庞特和莱格罗斯，2005 年）。

在此需要强调的是，公私结合模式并不适合所有的基础设施项目及与其相关的服务。公私结合模式中各个不同阶段结合所带来的效益只能在那些能在合同中明确其质量及数量要求（确保其执行度），及政府规划重要性的项目中体现。

如我们在第五章中说所讲述的那样，如果一个收费基础设施项目的长期服务回报率很低，或呈现下降趋势而且也不存在很大的使用限制（经济、技术或法律上的限制），那么改善其服务的最好管理办法就是实行市场开放，如对项目进行完全的私有化并不对其进行任何监控，让私人企业自由定价。[①] 该方法能使项目的服务质量更符合社会需求并降低其使用周期内的总成本。

对不收费项目进行市场开发是不可行的，因为不收费项目

---

① 也就是说，当私人部门完全可以胜任，且所确定的企业（一个或多个）并不拥有可以使他们长期获得巨额赢利的垄断权时，私有化更加合适。

的服务具有不可排斥性或社会居民并不希望对这些服务进行收费（如饮水权）。[1] 另外，对处于经济上升阶段的项目，也不适合开放其市场，因为该类项目的服务在本质上就具有垄断性。[2]在所有上述类型的项目中，企业不需要面对任何竞争或潜在的竞争，且其收入也不是很受消费者需求的影响（因为消费者不直接对其服务付费或在消费者对其服务不满意时也没有可替代的选择），因此企业就不会积极去满足消费者的要求。在这种情况下，政府部门就起到了重要作用，当然有私人企业的加入仍然是更好的，一个项目的合同能否明确其服务质量或建筑材料的质量对其服务方式的选择有决定性作用。

　　假设在基础设施建筑过程中能通过某一革新提高其社会效益，但是同时又会增加经验成本，那么在此情况下，建筑与经营分离的传统基础设施建设模式（即国家包揽模式）会更好。因为，在各个阶段互相结合的公私结合模式下（视现行的定价及补助机制而定），私企就不会愿意实施该项可能使经营成本增加的革新。但是，如果该项革新同时也会降低经营成本，那么公私结合模式就是一个更好的选择。因为，项目各个阶段的互相结合会使得企业将减少成本的革新的效果内在化，并自主决定对该革新进行投资（贝内特和伊奥萨，2006年）。[3]

　　虽然项目各个阶段的结合会促进企业在项目建设阶段对减少其经营成本的活动进行投资，但是经营成本的降低并不意味

---

　　[1]　在极少情况下，市场开放时竞争企业会获得政府依据当时的需求情况进行补偿。

　　[2]　只要可以增加成本就有可能会存在收益持续增加的自然垄断（例如布劳提甘，1989年）。

　　[3]　值得一提的是，上述国际化情况也可能发生在传统的国家包揽模式下，只要该国企有恰当的激励机制，既使由于各种原因，这种现象也极少发生。

着基础设施及其服务质量的提高。甚至可能会损害到相关质量，进而导致社会公共利益的损害。政府可以通过制定相关的质量标准来避免这种情况的发生。如果政府可以在公私结合模式合同中明确规定项目质量的最低标准，使得企业必须选择满足该标准的材料，那么公私结合模式也可以很好地解决该问题。一个合理设计的公私结合模式可以最大限度地激励企业降低成本并保证项目的质量，从而避免了企业为降低成本而损害项目质量（进而危害到社会利益）的行为。[①] 另外，有关质量标准的规范也会促进企业对项目的适当维护。

但是，有时我们无法对项目的服务质量进行规范或无法检测其服务质量是否符合规范（这样的话，就不能将其列入到合同中去）。在这种情况下，政府可以利用项目应用材料与其质量之间的关系（虽然不是很准确），在合同中对其应用材料的质量进行规范。这种限定项目使用材料的方式，会在项目建设之初就影响到企业的效率，或使得企业无法对项目进行技术改良。在公私结合模式下，企业会选择能让其获得最大利益，同时减少与项目各个阶段及政府所规定的材料标准相关的建设成本及质量的投资方式。

一般来说，当一个基础设施的质量提高能大幅度减少其经营及维修成本并改善其服务质量时，使用公私结合模式就更适合。因此，公私结合模式非常适用于交通及水、电等注重工程质量的领域；却并不非常适用于教育等以承包方无法占为己有

[①] 我们可以拿海港的经营做一个具体例子。对一艘船靠岸所需的等待时间，卸货速度等服务质量的控制可以排除那些会降低服务标准的成本减少情况。像第五章所阐述的那样，公私结合模式下电力服务最低质量标准也是受到控制的。

的人文投资为主的领域（伊奥萨和马尔提莫特，2008 年）。[①]

　　总之，公私结合模式是那些可以在其合同中明确服务质量要求的不收费项目的最好选择，它可以使得企业获得项目各个阶段结合所带来的最大利益。当项目合同无法对其服务质量进行明确规范，但企业在降低项目成本的投资中所获得的利益大于该项投资造成的服务质量降低所带来的损失时，公私结合模式仍然是最佳选择。对于那些不能在其合同中明确规范服务质量，而且降低成本的投资也会造成明显服务质量降低的项目，传统的政府包揽模式更合适。

五　拉美各国的经验[②]

（一）墨西哥

　　墨西哥是拉美地区允许私有经济参与基础设施建设的第一个国家。在 1989 年，墨西哥规划了一个长达 4000 多千米的收费高速公路项目。该项目的资金部分来源于私人企业，其总资金的 70% 左右来源于银行机构及国外。政府通过扩展特许权的方式提供了一份成本及需求的部分担保。这些特许权依据占有时间最短的原则被转让（也就是说无论如何最多不能超过 15 年）。

　　项目开始时非常乐观，对 52 条高速公路及 5500 千米的新高

---

　　① 但是，可以在学校建筑及维修保养项目中使用公私结合模式。在英国，公私结合模式在学校建筑上的最初使用效果很差，所建学校窗户很少，声音效果及空气质量都很差。窗户数量的增加在增加采光的同时也增加了破坏性行为所造成的维修费用。另外，很明显，学校的质量对学生的行为及学术研究的效果有正面影响。该问题通过在合同中对要求具体化得到了解决，因此，学校的质量得到了改善（伊奥萨和马尔提莫特，2008 年）。
　　② 该部分的主要依据是英格尔等人（2008 年）为本书所写的报告。

速公路进行了私有化，所需投资大约为 130 亿美金。但几年以后，该项目瓦解，政府收回了 20 项特许权并纳入了政府的一个基金"收回被转让特许权高速公路信托基金"，该组织负责管理这些高速公路。该项目的股东们损失了大约 30 亿美金。剩余没有赎回的特许权平均被延期至 20 年（有的延期了更长时间①）。

这个花费了政府部门大约 130 亿美金的项目失败的原因有很多。第一，项目招标方式使得其服务的收费标准很高。第二，特许权转让平均期限过短，使得项目的财政压力很大。第三，项目前期的技术研究不合理，使得项目最终设计及规格遭遇一系列更改，导致工期及成本超出预算。而企业受投标时所承诺工期的限制，造成对工程验工的失误，使得工期及成本问题更加恶化。另外，很多时候无法获得沿线有关地区的许可，从而不得不改变线路。第四，对项目交通需求量估算的不合理（实际需求平均值比估算值低了 30%）使得项目赢利性极大地降低。第五，1994 年的金融危机及比索的贬值都对该项目的财政状况造成了沉重的打击。最后，参与该项目的大部分企业都是国内建筑企业，缺乏项目维修保养、经营及财政管理的经验，并且通过收买议员获得了政府提供的对成本及需求量可能估计失误所造成损失的担保。

在首次尝试失败后，墨西哥政府制定了两种新的公私结合模式，其一是新特许权转让模式；其二是提供服务的项目模式（PPS）。在第一种模式下，政府确定最高平均收费额，只有那些

---

① 例如，墨西哥－托卢卡公路的特许权转让合同期限由最初的 2 年零 4 个月变成了 42 年。

既拥有对项目需求量及收入有深入研究等的技术、经济及法律
条件，又对补助要求最少的企业才能获得该项目。一般来说，
运用该模式的项目不仅会吸引到国内企业，同时也会吸引到国
外企业的投标，使得竞争更加激烈。但是其主要资金来源于国
内，这就降低了汇率风险。这种新模式在众多正在施工的项目
中获得了很好的效果。

在第二种模式下，政府会与私企签订一份期限固定的服务
供应合同（一般情况下，大于 15 年）。只有当私企开始提供服
务并获得政府对其服务质量的认可时，政府才会开始支付相应
的费用，这就避免了某些投机风险。对服务的准确定义（特别
是对服务质量的要求），合理的预结算，及有竞争力的招标过
程，都会提高该类模式的使用成功率。

（二）哥伦比亚

哥伦比亚高速公路的特许权转让过程可以分为三个阶段。
第一代的公私结合模式始于 20 世纪 90 年代中期，它具有一些设
计缺陷，其解决办法也改善了下面几代的公私结合模式。其第
一个缺陷为，13 个项目中的 7 个项目是通过直接商议的方式决
定的，没有任何招投标过程，因为没有任何企业参与这种特许
权转让投标活动。这主要是由于那时吸引外资投标的推动力极
小。另外，国家道路局（INVIAS）[1] 没能对高速公路线路进行准
确定位，进而使得沿线的土地征用手续办理不及时，耽误了项
目工期。在为项目选择企业时，没能考虑到企业的财政状况，

---

[1]　负责哥伦比亚高速公路系统的国家机构。

某些企业无法及时筹措到足够的资金，从而使得项目的工期被再次延长。另外，特许权转让细节的制定是基于项目确定之前就有的可行性研究报告，和需求的初步研究报告。最后，项目合同并不完整，既不包含应对冲突的解决办法，也没有具体的担保支付的规定。

因以上种种问题，公私结合模式的初期实践结果表现为项目工期普遍延长，支付担保的财政支出及漫长的项目重新谈判费用很高。实际建设成本比合同的预计成本高出40%，而实际的交通流量却比预期低了40%。高出预算成本的58%是由更改项目设计造成的，40%是由土地征用费用高出预算造成的。

在第二代公私结合模式中，上述许多问题得到了解决。部分是因为在招标前对项目要求进行了更具体的规范，对需求量做了更准确的研究，并引进了一些保护环境的政策。它与第一代公私结合模式的另一个不同点，就是采取了类似于最低收入现值机制的合同期限不固定方式，但是并不会抽取企业收入。这一代模式只有两个项目，一个因违约而被取消，另一个没有按期完工并且融资困难。

在第三代（即现行）公私结合模式中，引进了渐进性概念，即项目随需求的增加而扩展、调整。这一点，使得特许权授予方在进行追加投资时没有竞争对象的情况下，获得更高的赢利。它与第二代公私结合模式的另一个不同点在于，它的招标过程更加简单，因为收费站累计收费的标准决定了竞标出价的高低。

对哥伦比亚公私结合模式实践结果的评价，应在与传统国家包揽模式所得效果的比较下得出。在这个意义上说，公私结合模式是非常成功的，它使得项目的平均延期时间减少了两年，它所造成的超预算的支出只是传统模式下的三分之一。

总之，公私结合模式在哥伦比亚道路建设使用过程中存在两大主要问题：首先是缺乏招标经验及加强公私结合模式竞争力的规划，使项目工期延长，费用增加。其次，政府提供过多的担保，使企业积极性不足，也给政府造成沉重的财政负担。

（三）阿根廷

阿根廷于 1990 年起开始使用公私结合模式。在第一阶段，政府通过特许权转让方式招标了 12 个市政道路工程。市政道路交通水平的提高能证实私企管理者对道路的维修保养及提高交通质量的能力，但并不能说明其新建公路的能力。道路的收费标准与通货膨胀率相关联，以保障特许经营企业获得赢利。项目合同对服务质量确定了一个指标，低于该指标时，企业必须对其进行改善。同时，在开始收费之前，特许经营企业必须满足政府所提出的一系列改善道路的要求。有 100 多家企业参与了这些项目的投标活动，而政府选择企业的标准是特许经营企业能为其提供的租金或税收水平的高低。

然而 6 个月后，政府就要求对这些项目进行重新谈判。因为一项新的法律规定，那些在项目中将道路收费标准与通货膨胀率相关联的做法是不合法的。另外，很多特许经营企业在没有完成必要投资的情况下，就开始收取费用，使得高速公路使用者非常不满。重新谈判的结果就是收费标准降低了 50%，作为对企业的补偿，其任何赢利不再需要转让给政府。

在 1995 年又开始了对这些项目的另一轮重新谈判活动，因为交通需求量超出了预期，需要投资建设新的公路。政府以招标新企业来扩展交通网为由，对各特许经营企业进行施压，迫使他们在特许权转让期限内投资新公路而不是对原有公路进行扩展。企业最终同意对项目进行重新谈判，一直到 2000 年 12 月才得出结论：政府增加额外担保，而企业则承诺在特许权期限内冻结收费标准，并对新道路进行投资。

阿根廷的第二阶段公私合营模式包含了众多通往布宜诺斯艾利斯道路项目，这些项目的合同设计相较于市政道路项目合同更加合理。在限定收费标准，不提供任何补助及期限为 20 年的基础上，政府对这些项目提供了很多特殊的特许权转让合同。合同包含了一个修正条款限定了企业收益率（当收益率超出标准时，企业必须降低收费标准或对项目进行投资）。该条款修改了很多合同内容，并且造成了一系列没有经过竞争筛选的额外投资，因为企业为了使收益率不超出既定标准，就要进行额外投资。该条款是非常不合理的，因为有时企业的收益率高很可能是由于需求量高，而降低收费标准只会使情况变得更加严重。另外，无限制的扩展很可能会造成投资过剩，或者甚至导致其他路段的堵塞。

阿根廷社会普遍认可在公私结合模式下其道路服务质量得到了改善。交通流量及道路的交通能力得到提高，现存道路的路况及其维修保养得到改善，使用者的满意度也得到了提升。但同时项目成本也非常高，主要因为在这些项目合同中没有考虑到某些重要因素：如，没有规定收费站的具体位置，这样企业从其战略利益出发所设定的收费站在很多时候都使得用户在只跑几千米的情况下就得付全额费用。另外，这些项目的特许权授予方的经营费用出奇的高（甚至达到净利润的 60%），在这些费用中向用户收费的费用占据了 2/3 之多。造成该状况的一个原因可能是交通密度太低使得收费成本增加，另一个原因就是为了避免限定企业收益率修正条款的启动，在一般情况下会在企业估算的收益率大于12.4%及其他方面对其收益率的估算值大于26%或38%时启动。

国家审计局2003年的一份报道显示，这些项目的合同执行力度极低，且对工程的检测缺乏精准（如对质量指标的检测）。很多公路质量标准不达标，而政府却极少会对这种违约行为收取合同规定的罚款。

2003年在这些项目的大部分合同到期后，政府又为这些项目进行了新一轮的招标活动，这次规定合同的工期为5年，在该期限内，由政府负责投资，而企业负责公路的保养和经营。收费站的位置由政府确定，政府的招标标准就是企业对其收入的分配方式。在该阶段中，由于没有监督部门，公路路况变差，且维修工作组织也很不合理。私企的收入相较于上一模式大幅度减少，因为对私企损失的补偿及对火车、汽车及卡车运输的补助，政府的投资也无法兑现。

总的来说，公私结合模式改善了阿根廷的道路服务质量，扩展了其国内的交通网，但是由于一些不合理的合同条款，使取得这些成果所付出的成本也很大。初期公私结合模式问题的解决方法使得阿根廷的公私结合模式具有与其他模式相混合的特点，但其效果并不理想。由阿根廷的实践经验中，我们可以看出合同条款清晰性及稳定性对公私结合模式的重要性。

（四）智利

随着允许转让公路、港口、机场、医院及监狱等公共项目特许权法律的颁布，智利于 1991 年开始尝试公私结合模式。到 2007 年末，智利公共建筑部对 50 多个项目特许权进行了转让，总价值大约为 113 亿美元，相当于智利国内生产总值的 10%，其中高速公路项目投资额占到了 90%。

政府通过竞争的方式对所有项目进行招标，但是法律对招标过程的控制并不严格并且允许依据现实需要修改合同内容。初期的招投标活动过于复杂。在麦隆隧道项目中，企业在其投标书中列出了七项内容，而这只能代表那时的一个平均数：对政府的年度补贴或付款额，收费标准及结构，特许权转让期限，私企所面临的建筑风险等级，最低收入担保以及因通货膨胀而调整价格或计算额外服务费用的方法。在所有这些内容中，只有两项（收费结构及对政府的补贴/付款额）会影响到投标结果。

智利也尝试了其他一些招标方式。如康塞普西翁的北部通道，诺坤莱斯－布昆凯威公路及圣地亚哥－圣安东尼奥高速公路，都是采取收费最低的招标方式。连接圣地亚哥、瓦尔帕莱索及比尼亚德尔马的 68 号公路是第一个尝试收入现值模式（VPI）（上文已对其进行了阐述)[①] 的高速公路项目。

在 20 世纪 90 年代项目的重新谈判受到极大限制，但是从

---

① 在该案例中，除上述讨论的条件外，其合同还包含了一个可选择的最低交通需求量担保，当然这意味着一定的成本费用。参与竞标的五家企业可以在两个不同的折扣率中选择一个：6.5% 的固定折扣率或在项目经营 90 ~ 365 天之间的国家金融系统折扣率平均值基础上所计算出的变动折扣率（三家公司－甚至最终中标的公司－选择了该折扣率）。风险溢价的 4% 被转让到了折扣率上，这样政府就不需要增加担保。中标企业所提供的 VPI 为 3.74 亿美元。有趣的是该数值低于公共建筑部所估算的建筑及保养费用总额（3.79 亿美元）。一个可能的原因就是，风险保险费用太高，而使用 VPI 模式可以显著地降低企业风险。

2001 年起这种情况就得到了改善且进行了很多重大调整。到
2007 年末，公共建筑部（MOP）转让特许权的 50 多个项目共经
历了 144 次重新谈判活动（平均每个项目 2.9 次）。总的来说，
项目重新谈判的结果主要就是私企收入增加或原有项目规划得
到改善。项目重新谈判使得其成本显著增加，在 113 亿美金原始
投资的基础上又追加了 27 亿美元。

智利项目的一大优势就是其立法很完善，有一个稳定安全
的贸易环境，取消了私企的征用顾虑。另外，完善的招投标法
律也减少了监管风险和腐败行为的发生。智利项目的最大缺陷
就是缺乏内部监控机制：公共设施部负责所有项目合同的拟定、
施行、监督及重新谈判。这种情况会造成让项目成功的压力与
履行合同的必要性之间的冲突，我们在第八章中将讨论到这点。

六　结　论

全世界越来越多的基础设施项目开始使用公私结合模式。
就像本书阐述的那样，公私结合模式具有许多潜在优势。但并
不是所有基础设施项目都适合使用该模式。

一般来说，各个阶段相互结合能显著地减少经营成本的项
目更适合采用公私结合模式。另外，当基础设施服务存在革新
空间时也更适合采用该模式，因为这样可以使私人部门的技术
与经验更好地服务于该项目。

公私结合模式合同的一项重要内容就是风险分配，如果不
能对风险进行合理的分配，就会使得公私结合模式的优势大打
折扣。在过去，政府总是承担过多的基础设施项目风险，为财

政造成沉重负担的同时，也降低了对企业有效运营的激励，助长了投机行为。

政府可以通过制定改善交易环境的政策及减少担保需求的方法来更好地分配风险。多边组织机构也可以通过提供更多的降低风险的措施，及吸引更多外资使投资多元化的方法来做到这一点。

一个国家具有监督双方合同执行情况的法律及政治机构，对提高公私结合模式的成功率至关重要，我们将在第八章中详细讨论这点。

最后，项目开展前的充分准备及合同和招标过程的精心设计都对降低项目风险和项目的实施阻力有很大作用。

第八章　没有偏差的繁荣：
制度的作用

一　前　言

前面三章比较深入地研究了对基础设施所采取的各种公共政策。这些政策既涉及到政府对投资、建设和服务提供等方面的干预，也涉及到在国家机构所监督的调控制度管理下的建设计划和私人供给。

但在实践中，政府在实施这些政策时却要面对一系列制约，尤其是因为政府并不是在这方面惟一起重要作用的角色。一方面，政府不是惟一的政策实施者，而是有多个机构参与其中（如行政权力机构及其有关部、国会、相对独立的协调机构、国有企业、地方政府等等），这些机构并不总是有着同样的目标和计划。另一方面，企业、厂家，以及对基础设施有大量投资的利益集团也可以通过不同的机制来影响公共决策。最后，消费者也可以直接通过消费者协会或者间接地通过在选举中支持某一位候选人来对政策的制定施加压力。在这样的背景下，各种影响交织的结果就是，使社会利益最大化的政策不一定会实施。

有大量的文献试图解释这些对于公共干预政策的挑战（特拉森，2000 年；佩尔森和塔贝里尼，2000 年；格罗斯曼和海尔普曼，2001 年)。本章试图引述这些关注基础设施的观点。总的来说，这些解释承认，这方面的决策过程确实是由政府主导的。但是，政府虽然在客观上加强职能，却并不一定将各个方面的综合利益作为其主要和惟一的目的，而是要看自己所做的决策是否有助于维持自己的权力（比如在下次选举中提高自身的支持率），从而会受到一系列政治规则的制约（例如，利益集团的干预或"游说"以及对不同于社会利益的其他目标的寻求）。在本章的第一部分我们将描述这些观点，还将评述这些观点在解释各国基础设施公共决策过程时所起的重要作用。第二部分，我们将分析为解决这些问题而设计的调控制度或规定。这些调控政策包括：完善公共投资的评估、计划和多年预算过程；在公共部门内部进行任务分配，设计和实施公共和私人部门合作的方式（如公私结合模式，简称 APP)，对特许经营合同进行调控和约束。这些任务都将由独立机构负责。第三部分讨论的主题是，地区合作协议（如 IIRSA, CAN）也可以成为一个重要因素，推动对基础设施服务进行独立认定、计划和调控的过程。第四部分将得出主要结论。

二 基础设施提供方面的政治经济学

有些观点试图把选举因素、利益集团的干预和基础设施方面的公共决策联系起来。对于这些观点，我们可以分开来看。一方面，一些观点主要谈论公共投资的规模及其时间和空间（地区）分布；另一方面，还有一些观点关注上述因素对应用于私人部门调控政策的影响。在后一种情况中，对政治规则的考虑会影响私人部门在价格和投资额上的决策。接下来，我们将展开分析这两种观点及其内容。

（一）公共支出的决定

要把政治因素和基础设施方面的公共决策联系起来，最常见的方法就是研究决策如何影响选举结果。众所周知，政府一般在选举之前会增加公共支出，目的是增加获得连任的可能性。这就是关于公共支出政治周期的假设。罗高夫（1990 年）、罗高夫和斯贝尔特（1988 年）对这一假设进行了分析并提出，选举前对公共支出所做的决定标志着政府在提供一定公共福利方面的偏好和/或能力。在此意义上，应该承认，候选人，特别是执政党候选人，拥有关于这些变量的非公开信息。而选民无从获得这些信息，他们只能根据政府当前所采取的行动来推断政府的管理能力和/或偏好，通过这一推断来决定他们选票的投向。在这种情况下，选民就可以在一定的公共福利方面对支出做出决定，这可以成为政府提供公共福利能力的标志。如果情况是这样的话，政府就有积极性在选举前增加公共福利（为选民所关注）的支出。

在把总支出或财政赤字作为变量时，有关公共支出政治周期假设的经验性证据便不能作为结论。佩尔兹曼（1992 年）提出，美国选民会惩罚政府在选举前扩大总公共支出的行为。布兰德尔（2003 年）在以色列找到相似的证据：该国地方政府在选举前赤字严重，从而使连任受到影响。[1]

---

① 关于选举周期的影响、公共支出或赤字的有利证据一般存在于新民主制国家（史和斯万森，2002 年 a 和 2002 年 b；佩尔森和塔贝里尼，2002 年）。

　　如果用政治周期假设来解释基础设施支出方面的公共决策，其效果如何呢？正如我们下面要分析的，基础设施支出对于选民来说是最明显的支出之一，而且这种工程还有一定的技术复杂性（如机场、水力发电厂、高速公路等等）。这两个特点使得这一支出非常适合用来证明一个政府的能力和偏好。这些观点就是德拉森和艾斯拉瓦（2005 年）所提出的主要假设，他们证明，政治周期能够对公共支出的构成（对其水平并非如此）产生重要影响，并在选举前使其向资本（基础设施）支出倾斜。这两个人在哥伦比亚的一些城市对这一假设进行了考察。他们使用了一个数据库，其中包含关于支出构成的重要细节，然后做出了一个样本，包括 1987～2000 年间将近 1100 位市民的情况。这一实证分析中的重要一步便是对支出进行分类，这些支出有的花在了那些有可能因选举目的而被操纵的人（对投票决定有影响的人）身上，有的花在了另外那些情况相反的人身上。尽管这样很难"先验地"来确定，他们两人还是提出，对于发展性的基础设施支出（如对学校、道路、发电厂的支出）具备这一特点。另一方面，一些一般支出，如购买消耗品、对其他国家机构进行支付、债务服务等，在没有造成选举方面严重后果的情况下，原则上可以取消。那么，按照该理论所预见的，我们应该会看到，在选举前的年份中第一种支出相对于第二种支出会增加。图 8.1 和 8.2 给出了与这一假设相关的初步证据。我们可以看到，在选举年份中基础设施上的支出总体上比不进行选举的年份要多。而对于其他一般支出所进行的类似比较却不能给出同样的结论。

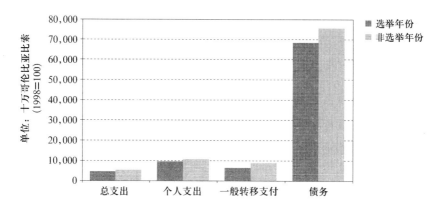

图 8.1　哥伦比亚在选举年份和无选举年份中的平均一般支出

资料来源：德拉森和艾斯拉瓦（2005 年）。

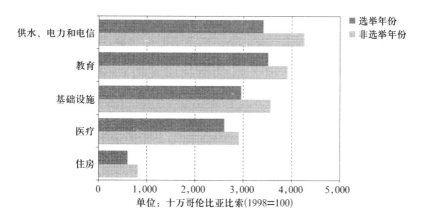

图 8.2　哥伦比亚在选举年份和无选举年份中的平均投资支出

资料来源：德拉森和艾斯拉瓦（2005 年）。

表 8.1 给出了由德拉森和艾斯拉瓦（2005 年）所做的计量经济学分析结果，其中的从属变量由各种支出在总支出中所占的比重确定。各柱与可替代的具体情况对应，取决于是否包括其他作为制约因素而加入的变量。得出的结果有力地证明了下

述观点：相对于其他支出而言，选举周期似乎会影响资本支出，特别是基础设施的决定。例如，交通领域（特别是公路）的支出比例在选举年份的总支出中上升了40%。在水利、能源和电信基础设施的支出上，该比例上升了18%。总之，基础设施支出比例的上升程度（42%）相对于其他投资支出比例的上升程度（如教育、住房和医疗，上升了将近2%到3%）而言是显著的。

表8.1 哥伦比亚选举对支出构成的影响

1. 一般支出	-0.088 *
	(0.013)
1.1 总支出	-0.041
	(0.031)
1.2 个人支出	0.038 *
	(0.018)
1.2.1 个人临时支出	-0.466 **
	(0.282)
1.3 一般转移支付	-0.286 *
	(0.060)
1.3.1 给退休者的转移支付	-0.978 **
	(0.508)
1.3.2 其他转移支付	-0.060
	(0.118)
2. 投资	0.106 *
	(0.019)
2.1 基础设施	0.421 *
	(0.087)
2.1.1 公路	0.401 *
	(0.065)
2.2 供水、电力和电信	0.187 *
	(0.074)

续表

2.3　住房	0.032 (0.201)
2.4　教育	0.037 (0.034)
2.5　医疗	0.018 (0.067)
3. 债务	−0.104 * (0.037)

注：（1）每行对应一项回归，其中，因变量是每种支出占总支出的比重。
　　（2）括号中是标准差。＊估计为 5%。＊＊估计为 10%。
资料来源：德拉森和艾斯拉瓦，2005 年。

之前对于哥伦比亚情况的分析与针对其他国家所做的分析是类似的。布兰德尔（2003 年）在其关于以色列的一份报告中指出，尽管选民对选举年份的高赤字提出批评，但他们对于基础设施发展项目的看法（从投票来看）还是积极的。上文提及的佩尔兹曼（1992 年）得出的研究结果中提到美国选民因总支出增加而惩罚政府，这里主要指的是一般支出的增加。对于公路和高速公路的支出而言，这一结果就没有什么说服力了。

关于加拿大，尼伯恩和麦克肯兹（2001 年）在混合支出方面发现并不存在选举周期，但在他们所谓的"可见支出"上存在这一周期，他们认为这种支出包括对道路和住房的公共投资。

上面的例证说明，具有政治－选举性质的因素有可能影响着基础设施支出在时间上的分布，因此这一支出可能随着政治周期（即选举年份）的变化而增加和减少。很明显，这可能并不是一个好的政策，因为投资需求与经济增长的关系更密切，而与选举周期的关系不甚密切。

　　同样的选举方面的原因和利益集团的影响（或二者同时）可能会使基础设施支出在空间或地区上的分布变得扭曲。有广泛的证据表明，政府支出或预算在地区上如何分布是由政治权力在国家地理上的分布情况决定的（参见 1995 年美国地图册等）。[①] 这里有必要关注一下把这种假设应用到基础设施公共支出上的那些文章。卡多特等人（2006 年）分析了这种情况。其假设指出，政府（现任的或未来的）非常愿意许诺并把更多的基础设施支出安排到那些该支出会对选举结果起决定作用（关键投票人[②]）的地区；例如那些选举竞争更为激烈、执政党表现不佳且民众支持率不是很高的地区。

　　除了这一选举方面的原因外，还有一个因素就是地区利益集团的干预。根据卡多特等人的观点，这些集团与各地力量雄厚的企业有着紧密联系，而这些企业的利益一般涉及更多的地区，因此它们比小企业更关心公路、高速公路等是否运行良好。[③] 在由大众负责提供资金的情况下，这些部门会寻求实行这些政策。

　　为验证这一假设，卡多特等人（2006 年）使用了法国 21 个地区的数据。假设的核心在于，与投票过程（即有利于增加选票的支出增加过程）结合在一起的"游说"过程所造成的结果

---

　　① 这里有必要再次强调，政治权力的分布不总是与公共投资需求相关（尽管部分而言，政治权力的地区分布确实与人口有关，人口是公共利益需求的决定因素之一）。
　　② "关键投票人"的概念指的是那些没有强烈的政治参与意识并且可能会支持任何一位候选人的选民。
　　③ 关于这一论断可参照第三章中所谈到的有关基础设施对企业生产率的积极影响（对私人资本是一种补充）的论述。从这一角度来看，企业对其所在地区大规模基础设施公共投资的兴趣并不一定意味着一种附加利益的成本，除非这种投资挤占了其他有更多社会回报的投资（如医疗和教育）。

是，高的选举回报不成比例地集中到某些地区。分析还指出，拥有高民众支持率和/或执政时间长的党派更容易被利益集团（"游说"）所影响，因为基础设施公共支出对于能否获得选票，进而对于该党派能否继续执政来说，并不是非常具有决定意义。当执政党（或希望执政的党派）的支持率不高，并且（在决策之前）胜出的可能性不大时，上述情况发生的可能性就会更小。卡多特等人（2006 年）的报告给出了与上述假设有关的论据。特别是，在过去选举更加激烈的地区，以及集中着更多能对政府施加更大影响力的大企业的地区，在其他情况相同的情形下，在交通基础设施上的支出更多。报告还指出，如果一个地区的现任政府比反对派有更大的选票空间，那么"游说"对于这一地区的基础设施支出会有更大的影响。①

上文中由卡多特等人（2006 年）对法国各地区所做的分析对于委内瑞拉各地区似乎也适用。正如皮内达和斯蒂芬尼（2008b）所指出的，在选举年份，该国中选举竞争较激烈的地区更容易在基础设施上投入（不一定只是分配）更多支出，比如在道路建设方面。

上文中思考了选举原因和利益集团干预对基础设施支出的决定所产生的影响。这一思考暗含着一种观点：如果一个项目的社会回报较其他可能的投资低（甚至有着负面的社会回报），那么对它的选择和实施就是无效力的。这样的"白象"就不会被挑选出来并进入到计划过程以及经济和社会鉴定过程。人们

---

　　①　这些经验主义的结论揭示出了一些有趣的关系，尽管其关于原因的解释还应谨慎对待。这些作者努力审视并修正其对于内在问题的猜测。然而，不可避免的是，地区收入上相对持久的"震动"同时也会成为投资和选票增加的原因。

自然要问，应该设计什么样的机制来减少这种挑战？很明显，这应该与多年预算规则联系起来，而这些规则与对投资进行计划和鉴定的公共机构有关。第二部分将谈论这些问题。在这之前应该分析一下，选举因素和利益集团的干预在多大程度上影响着有关监管问题的决定。

（二）监管政策

上文谈到了关于影响基础设施公共支出决定的政治经济学思考、选举和"游说"行为的一些经验主义的观点和证据。然而，正如本书各章中所论述的，私人部门对基础设施的参与也很重要。在这一部分中我们准备回顾一些观点，这些观点认为，对这一方面的思考可能会影响政府针对私人部门向基础设施提供的服务而实施的调控政策。这种调控会导致私人投资水平降低。

上文已指出，对基础设施的投资依靠规模经济，因此这种投资（其沉没成本比重很大，很难另作他用）的规模一般会很大，同时与这些投资有关的服务是在自然垄断的条件下被提供的。正是由于这些特点，政府就可以有理由通过调控来进行干预，尤其是在投资和运营由私人部门完成的情况下进行调控。

然而，上述特点使得公共部门实行的监管政策缺乏可信度，或者说，"动力不足"。关于这一点，我们知道，在决定监管参数（如价格）时，政府在投资完成前后会采取不同的刺激政策。在投资完成之前，政府会公布并实行一种价格，使企业不仅能够投入生产成本，而且还能有一定的收益来投入资金成本，正如我们所说过的，这一成本非常重要，大部分情况下在一个项目运行之初就要投入。

　　然而，一旦投资完成，政府的刺激政策就完全不同了。或者是为了实现选举目标，或者仅仅是为了消费者利益最大化，政府所采取的刺激政策是把价格降低到仅略高于生产成本的水平上。对于那些已完成投资的企业而言，收益虽低，但比退出市场要好。因此他们不会放弃投资权。这种情况也被称为"套牢问题"，会严重影响政府所采取的调控政策的可信度。而企业由于对政府这种"事后"的刺激政策有所预期，所以不会顾及这种政策，他们相信在短期内（企业投资之后）政策就会改变。很明显，这种预期大大减弱了对投资的刺激作用。[1]

　　这种机会主义行为所影响的并不仅仅是公共部门所采取的政策。私人服务企业也会采取不同的"事前"和"事后"刺激政策并试图给政府施加压力，目的是在获得投资权之后使一些调控参数发生对其有利的改变。这之所以能够实现，是因为企业预测，一旦签署投资许可合同并开始投资，对政府而言，从法律上废除许可合同的代价很大，因为这就等于承认在招标过程中存在漏洞。另外，如果废除合同，服务可能会在一定的时间内被中断。私人企业会做出这样的预期，因此，根据这一预期，企业借助其重新谈判的技巧（与政府在观念和政策上都很相似），会在投标期间给出一个不太现实的服务价格和条件，中标之后再重新给出。在第五章中有大量的关于地区投资许可权再谈判的证据（参见古阿什等人，2004 年），其中一些谈判明显

────────────

　　① 这种"动力不足"问题在其他公共政策领域也存在，例如在货币政策中（基德兰德和普莱斯考特，1977 年；卡尔沃，1978 年）。

源自私人部门的机会主义行为。

这种动力不足的问题可以由一种替代性的制度来解决，应该会带来更好的结果，部分地解决调控风险之前出现的私人投资不足，或者由企业机会主义行为导致的过多的重新谈判。这种替代性制度具体而言就是把调控职能授权给一家独立于政府和企业的机构。这一机构从名义和实质上都不参与政府的选举活动，因此不会实施降低价格的"事后"刺激政策。由于这一机构会特别关心服务质量和企业的经济、资金的可持续性（即该机构的关注点更为"保守"），因此企业的投资水平会接近最佳可能，即，如果政府先设定价格而会出现的投资水平（艾万斯等人，2008 年）。总之，设立一家独立的机构会解决（尽管只是部分地）"套牢问题"导致的调控不确定性及其所带来的私人部门对基础设施的投资不足。①

很明显，如果调控机构过于倾向企业（或者过于被企业控制），那么从社会福利的角度来看，创建独立机构的行为就会产生与目的相反的效果。这样的话，价格就可能会被定在过高的水平上（例如中标之后重新谈判所定的价格）。这样虽然保证了企业能够获得用来补偿固定成本的重要收益，但是会大大减少消费者剩余。

由这种分析所得出的政策的结果是很明显的。由于已投入的大量成本必须在很长时间内通过调整价格来收回，因此政府/调控者和企业对未来政策做出承诺的能力对于获得一个人们所

---

① 对调控动力不足问题的这种解决方案与罗戈夫（1985 年）提出的对货币政策的解决方案很相似。他主张由独立的中央银行（比政府更"保守"，不愿意通货膨胀）制定货币政策，这一主张与这里所说的调控机构的情况很相似。

希望的投资、服务价格及其效率来说，就是一个非常重要的决定因素。在实践中，政府能够通过宪法的制约作用，或者通过非常具体的立法（如智利），或者通过合同方面的司法运行和传统来保证这种承诺能力。如果没有这些可以预先制定政策的机制，那么有一种替代方法就是设立独立的调控机构。这种机构的目的就是保护企业免受政府机会主义行为的侵害，同时也保护政府免受企业机会主义行为的损害。

在下一部分，我们将详细分析政府为应对调控政策动力不足问题而进行的制度选择，包括详细分析独立监管机构的设计和建立问题。我们还将研究何种制度调整能够解决选举周期、"游说"和"白象"等问题（上文已探讨这些问题），这些问题都影响着基础设施公共支出的决定。

三 用于改善基础设施管理的制度

上一部分中我们探讨了影响基础设施领域公共投资政策和监管政策实施的各种问题。提出这些问题的前提是承认选举影响、利益集团以及"事前"和"事后"等各种刺激政策的存在。政府目前有什么办法来应对这些问题呢？首先，我们将研究可以减轻政治周期影响的制度调整和其他针对公共投资决定的办法。其次，我们将探讨调控的管理问题。

（一）计划、预算和评估

有一种办法有助于提高基础设施管理效率，那就是在该领域投资的决定上进行中长期的计划。理论上，这一计划过程应当支撑预算的决定（也可以具有多年的特点）。无论如何，包括在计划内的、意味着预算项目划拨的投资或项目应当经历一个"事前"评估过程，以满足经济、社会和环境可持续性的最低要求。最后，还应该协调这些改善公共投资计划和评估的努力，与各种财政规定中已制度化的跨时段财政可持续性之间的关系。

接下来，我们将简短地描述一下拉丁美洲一些国家在多年计划和预算过程方面的经验以及各国在公共投资和财政规定方面的体系。

多年计划和预算

多年框架是金融计划的一种方法，在这一框架中，年度预算在三到五年的时间中按照支出的全部或部分限制来决定（波耐弗依和马特奈尔，2007 年）。有些观点支持拓宽这一预算范围，认为这可以保证必要的跨时段可持续性和逆周期政策的建立，还可以创造条件，对该支出进行适当的评估。

巴西可能是在计划过程和预算过程方面最有经验的国家之一。巴西计划的主要办法之一是"多年计划"（PPA），这一计划负责建立联邦公共管理方针和目标以及为期四年的投资目标。正如在专栏8.1中所讲的，2004 – 2007 年的 PPA 中已加入了新的具体方案，以显著改善这一措施的效率。

专栏8.1 巴西战略计划制度

在巴西，第一次全国规模的尝试是 1956 年的"目标计划"制度。自这一制度建立以来，计划部在经济协调方面增

强了能力，努力协调公共投资与经济稳定的关系。从 1974 年开始，计划部转变为计划协调部（SEPLAN），随后成为巴西的经济决策中心。20 世纪 80 年代经济危机以及随后的财政调整计划大大降低了计划制度的重要性。1987 年的宪法改革重新加强了计划的功能。这样，从多年计划（PPA）开始形成的制度体系由 1988 年联邦宪法（第 165 款，第一段）确立下来，规定联邦政府在执政期第一年的八月底之前应当将 PPA 提交给国会。PPA 将在执政联盟接下来的四年执政期内指导预算的制定。负责制定预算的机构是计划、预算和管理部。该部建于 1999 年，由计划和预算部与国家改革管理局合并而成。这有利于将这两个单位分散的计划工作更好地整合起来。

2004 - 2007 年的 PPA 中加入了新的具体内容，显著提高了这一计划的效率。一方面，新增加的一种方法关注具体区域，目的是利用不同部委和国家机构在同一区域的公共干预的协同作用。第二个新内容是私人投资与公共投资的整合，由此推动 APP 成为促进基础设施投资的机制。第三个新内容是寻求信息系统间的整合，这些体系将计划与预算过程中建立的体系联系在一起。这样就能找到一系列通用的办法来把预算信息和战略计划中的目标结合起来。

资料来源：波耐弗依和马特奈尔（2007 年）。

虽然预算和计划的关系更为紧密，跨时段特点也更为明显，但是这些计划的实施却要面对财政可持续的目标。通过严格的法规，如 2000 年出台的财政责任法，这一目标在巴西的制度体系中也获得了重要的地位。要实现立法中所规定的赤字水平目标，就意味着要出现一种在巴西被称为"应急（contingencia-miento）"的现象。这一概念指的是一种资源分配方式，在实践中意味着预算阶段之外的一个阶段。资金在国会得到批准，然后被"应急"分配，最后按照不同的标准被下发；换句话说，就是预算拨款的临时减少。很明显，这一机制限制了可使用的预算拨款，有力地减少了非强制性支出，特别是在基础设施投资方面。这并不意味着彻底的切断：随着一年中不断的调整，最初的拨款会逐步恢复，尽管恢复的具体金额或速度不得而知。例如在 2005 年，"应急"分配占到了联邦预算的 10%。

在秘鲁（见专栏 8.2），随着 2002 年以来促进战略和运作计划的方法进步，人们再次希望建立新的机制，以促进公共机构制定计划。2005 年 5 月建立的国家战略计划体系和国家战略计划中心（CEPLAN）成为巩固公共部门计划制度的指导标准。这一制度可以协调方法和步骤，尤其是步骤，从而把预算的制定过程、多年计划、国家公共投资体系和国家发展战略计划联系起来（波耐弗依和马特奈尔，2007 年）。

专栏 8.2　秘鲁战略计划与预算的结合

2002 年 1 月，秘鲁国会通过了国家管理现代化框架法案（第 27,658 号）。这一新的标准框架试图应对挑战，把预算决策过程和近年来一系列与战略运作计划协议有关的方法整合起来。这些新的方法包括从 1997 年起在一些试点机构开展的

战略计划和测量体系。这一体系依据的是管理指标和遵循国家预算管理法第 55 款的制度运作计划定义。

计划方法和预算之间的结合是在多年部门战略计划（PESEM）过程中开始的，该计划要得出的成果有：部门的任务和意图，FODA 分析，政策构思以及部门战略目标。从这些部门定义出发，制度战略计划（PEI）得到实行，其中包括：任务、意图和制度战略目标。

制度总的战略目标分别用五年中的最终年度指标表示，而具体战略目标由年度结果指标表示。PESEM 和 PEI 都是中期计划，后者的实施范围是从 2002 年到 2006 年。负责领导和协调部门战略计划和制度战略计划制定过程的机构是公共部门跨年度计划总局，属于经济部副部级。与之相反，预算和制度运作计划（POI）为期较短。负责筹备和执行这两件任务的是国家公共预算局，属于财政部副部级。由此我们可以看出，战略计划和预算的制定都由经济和财政部管理，分别由其不同的副部级负责。其制度结构与 1999 年起出现的巴西制度结构很相似，在巴西，一个部管着计划、预算和管理各项事务。然而，在秘鲁，国家改革和现代化的主动权是由部长会议主席掌握的。

资料来源：波耐弗依和马特奈尔（2007 年）。

除了上述两个国家的情况外，在大部分国家，负责计划的机构和负责制定预算的机构都是分离的，而分离是通过制度协调协议实现的（波耐弗依和马特奈尔，2007 年）。在对预算和计划信息系统进行整合时也遇到一定的困难。最后，建立评估体系所用的信息过多也造成了政策制定者很难辨别在公共政策问题上哪些信息紧急、重要，哪些多余、不重要。

虽然如此，近年来一些国家也在努力完善中长期计划体系。例如哥伦比亚（见专栏8.3）国家计划部（DNP）近年来做出很大努力，在负责制定计划和项目的人员之间建立国家范围内和地区范围内的对话。

专栏 8.3　哥伦比亚（"自下而上"）的参与计划

到2008年，哥伦比亚国家计划部（DNP）已创建50周年。它负责提出并推动创建社会、经济和环境领域的国家战略观念，负责引导和评估国家公共政策，掌握和分配公共投资，以及确定私人部门活动范围。为了应对由哥美自由贸易协定谈判带来的国际干预这一挑战，哥伦比亚政府自2004年开始建立国内生产率和竞争性备忘录，具体由国家计划部实施。通过与地方和各部门的协调和对话，这一过程自下而上地进行构建，目的是设计一个有关改革、方案和重要项目的行动计划，以推动国家的生产率和竞争性，进一步加强市场参与性。

国家计划部的任务是让地方政府、私人部门、决策者、学术机构和民间组织都参与到地区经济发展的战略建设中。这一过程在28个部门和两个地区（波哥大－昆地那马尔卡和欧里诺基亚－亚马逊尼亚）内完成。在全国总共设立了96个论坛，召开了1,638个会议，36,651人参加。

此外，2006 年第一季度还举办了 13 次会议，有 70% 的市长和 75% 的州长参加。同时，为了听取对地方建议做出的回复，第二季度又举办了 13 次会议，有 60% 的议员以及地方单位、私人部门和中央政府的代表参加。

通过这项广泛参与的计划，在贸易全球化和地区经济、社会发展受到更大冲击的背景下，实现了更有保障的生产活动连贯性。在计划中确定的部门组成"生产担保"组织，作为地区竞争战略的基础。对于每一个担保部门，按照竞争性和生产率来确定主要需求。出于这些考虑，确定行动 – 计划、方案、项目和方法，在短、中、长期内实行，以推动部门担保。此外，在这些行动中确定了许多以提高各地区生产率为目的的必要的基础设施工程。"生产担保"和地区内部计划中的行动由中央政府分析，并用于制定 2006～2010 年国家发展计划和 2007～2010 年国家投资计划。

此外还要确立"哥伦比亚二百周年观点"：2019 年，政府要在各党派和政治团体、学术机构、行会、地方政府、社会团体和市民当中组织广泛讨论，商讨在政治独立二百周年之际国家的发展之路，争取制定出国家方案，而不是政府方案。国家计划部先于中央政府负责组织讨论和集中这一观点，这对于确定一致（地方、中央政府和各民间团体之间达成一致）的国家行动以及设计和实施可行的部门目标、计划和项目来说是一项很重要的工作。

通过确立 17 项基础战略，与其他目前正在实施的计划（如内部计划和减贫任务）的目标相一致，上述"观点"全面提出了有关经济增长、基础设施、人力资本、社会和区域发展等方面的部门公共政策。

资料来源：国家计划部（DNP）（2007年）。

（二）国家公共投资体系

国家公共投资体系（SNIP）的宗旨是通过加强公共投资评估体系来实现公共支出的高效率和高质量。SNIP的制度结构和运作模式与各国现实相适应。总体而言，各国SNIP覆盖公共部门中所有进行投资活动的单位，包括部管理部门、国有企业或者国家控股企业以及分散经营机构；在个别国家（如下文将谈及的秘鲁）该体系只覆盖国家级别以下单位，如市级单位。经许可或APP资助的项目参加的也很少。APP投资项目不参与其中，因为这些项目不包含直接公共支出。但是一般有公共保障或津贴来保证未来获得大量的资源。那么很明显，这些投资应当会经过SNIP的认真审查。

这些体系的发展和巩固程度在各国不同。例如智利就是程度较高的国家之一（见表8.2）。在智利，SNIP由立法严格确立，开展评估的方法标准非常精确，最初由"计划组织"（MIDEPLAN）负责的评估过程对预算决定有着切实的影响。[①]

---

① 许多评论家指出，智利的公共投资评估体系最近经受了一系列冲击，其独立性和能力受到了影响。由于"圣地亚哥交通"系统（大圣地亚哥城市公共交通系统）的建立引发了许多问题，以上批评声音渐强（莫兰德和埃斯特万，2007年）。

表 8.2 智利 SNIP 的内容

公共投资的定义：

任何可以增加生产可能性并最终增加社会收入的资本增长。

目标：

把稀缺资源有效分配到收益更高的替代投资上。

立法：

该体系得到立法的有力支持。国家金融管理组织法规定："要对预先投资和项目进行研究，须有国家或地区相关计划机构的报告作为管理的内部文件，该报告须以分析收益率的技术、经济评估作为基础。财政部负责指导和解决相关问题。"

组成部分和工作过程：

SNIP 包括四个子体系：1）技术、经济分析（投资基本统计体系，SEBI）；2）预算的提出；3）预算的实施；4）"事后"评估。投资项目银行是该体系的一个基本组成部分，该银行拥有与前期投资、投资和施工的计划、执行和控制过程有关的必要信息。

选择项目的标准：

> · 消费者剩余最大化，意味着要由计划部通过。
> · 项目资金全部有保证，要得到投资方承诺。
> · 项目支出不影响某一宏观经济变量，例如，利率。
> · 部门间和部门内存在一致性。
> · 资金的提供要与部门政策相一致，例如，在"条件相符时"私人部门的参与。

部门投资目标与部门优化：

国家计划机构被称为 MIDEPLAN，其职责是提出公共投资目标并评估国家提供资金的投资项目等。然而在实践中，则是由 DIPRES 通过对国家宏观经济进行研究来决定整体预算框架和预算在部门和地区间的分配以及确定每个机构可能的负债水平。之后，MIDEPLAN 和 DIPRES 在选择部门最佳排名的第一阶段中相互沟通协调，把它作为最终选择政策过程的第一阶段。

职权范围：

> · 非联邦政策结构，因此，决策、实施和协调等职能在三个管理层次实现：国家、地区、市镇。
> · 决策职能（项目决定和选择）由总统、部长、地区领导、省长和市长掌握。
> · 行政职能（制定、提出、评估和执行）由部委、事业单位、公共企业和机构、地区和城市事业单位掌握。
> · 政府与管理（决定与执行）部门之间的协调职能（投资决定的协调）由 MIDEPLAN 掌握。

环境保护：

国家环境委员会（CNMA）负责环境政策的设计。MIDEPLAN 负责评估国家和地区发展计划对环境的影响。然而，在实践中这一工作只由 CNMA 开展。

资料来源：根据 CEPAL 资料编写（2002 年）。

秘鲁地方政府对 SNIP 所进行的职能分散和整合耐人寻味。秘鲁 SNIP 体系建立于 2000 年。从那时起，要实施一个项目必须先对前期投资进行研究，证明其具有社会赢利性，而且与国家部门政策具有兼容性。最初，该体系因技术方面过于繁琐和官僚化从而导致项目审批过程缓慢而备受批评。这意味着公共部门特别是地方政府投资的减少，因为地方政府提出和实施投资项目的技术和运作能力都较低。例如在 2006 年，地方政府投资预算超过了 8.136 亿美元，审批通过的 57% 几乎都没能实施。在这样的背景下，为解决这些问题，中央政府提出对 SNIP 进行职能分散。基于这一目的，除了需要国家负债和担保的项目，新的调整措施赋予了地方政府评估和确定所有投资项目可行性的职能。此外，国家决定在各地区设立经济和财政部（MEF）技术顾问办公室，为投资预算的设计和提出提供支持（DGPM，2007 年）。

总之，拉美各国 SNIP 的建立提高了立项及其评估的能力。这在各级公共部门，尤其是中央政府公共部门创造了一种"项目文化"（CEPAL，2002 年）。无论如何，在严格实施这些评估机制时，在提高能力的过程中，如果缺乏政治上的支持，这些公共投资"事前"评估框架的建立所带来的好处就不会实现。一国在制度上存在弱点也是 SNIP 面临困难的原因之一。另一方面，正如上文所述，公共部门和私人部门之间缺乏整合（主要因为 SNIP 基本用于控制公共项目）是影响各国 SNIP 的一个普遍问题。只有智利的这一体系把 APP 投资纳入其中。另外一个问题在于战略计划和预算过程之间缺乏整合。有时候虽然制定了国家和/或地区发展的完整计划，但这些计划很少在具体项目中得到具体实施。

总之，各国 SNIP 对公共管理有不同的影响。这一体系有利于政府对项目进行"事前"评估，有利于市民以更加透明的方式了解项目情况。减少项目资金的随意安排使得审批过程和资源支出更为严格。

财政规定的影响

建立基础设施投资的多年战略计划机制、使用"事前"社会评估方法以保证其社会收益的努力在一些情况下是没有效果的。例如，由于要求财政的可持续性，计划中的投资会被大幅度削减。在第一章中我们可以清楚地看到某些国家基础设施公共投资水平出现了下降趋势，这在一定程度上与政府实施财政调整的需要有关。在这一部分还曾提到巴西的"应急"现象。这种与基础设施支出相反的措施在某种程度上是源于旨在限制赤字或负债增加的财政规定。当征税减少时，为了提高财政能力，不论是出于政治经济学的考虑，还是出于保持一般支出相对稳定的需要（为稳定消费），都会导致上述投资支出减少的结果。因此可以认为，这些规定的建立在某种意义上导致了公共投资出现下降趋势，[①] 这可以用国内生产总值占比表示（巴里拉和梅罗德拉，2005 年）。[②]

但是从理论上人们怀疑，这种对基础设施投资的削减是否

---

① 其他解释认为，出现这种下降趋势是因为许多传统上由国家提供的服务私有化了，国家在经济中的作用减弱了；此外还因为出现了新的资金提供方式（APP），以及补充基础设施需求出现饱和。

② 由于马斯特里赫特条约以及稳定和增长条约对税收的限制，财政规定对于基础设施投资的这一负面影响在欧洲曾经很突出（巴里拉和梅罗德拉，2005 年）。然而，根据这些证据并不能下结论。加利和佩罗蒂（2003 年）并没有发现更多的这种循环关系。

就一定有利于财政能力的提高，虽然在短期内清偿能力会有所提高。尽管这种政策以传统的方式减少了财政赤字，或者减少了总负债水平，但是其代价却是影响了经济增长和未来的税收，而这会导致未来财政能力下降（布依特尔，1990 年；塞尔文，2007 年）。

如果说传统控制赤字和债务的规定对基础设施投资有负面影响，那么还可以设计出何种规定，既提高跨时段财政能力，又不会严重影响公共生产投资呢？一种选择是保留这些规定，但是对一些基础设施支出破例。还有一种明显的替代方式是实行所谓的"黄金规则"，即要求政府保持公共预算一般账户的平衡，但允许出现赤字或债务以保证为（净）投资提供资金。从直觉上看，这种规定在经济学上有其道理，因为它可以使投资的税收成本平均分配到各个时段。[1] 但这种替代方式的问题在于，它会使人们把一般支出"伪装"成投资支出；当然，即使赞同提高财政能力以增加公共生产支出（能带来高收益），还是需要建立一个对投资进行公共评估的优良体系。

另一种比较简单的替代方式是把私人投资项目（如 APP 项目）中包含的公共投资成分排除在外。这种方式能让项目经受一定的市场检验，去除拥有"白象"的可能性。然而，正如在第七章中所论述的，如果公共部门因为担保和补贴的成本和应急程度没有被适当的评估而承担过大的风险，那么上述结论也不总是有保证的。无论如何，这些投资也应该像智利所做的那

---

① 布兰查德和基亚瓦兹（2004 年）指出，按照黄金规则来重新制定的稳定和增长条约会带来欧洲国家基础设施资源的显著增加。英国对黄金规则做了改变，即对公共债务占 GDP 比重设定了 40% 这一上限（H. M. 特斯里，2004 年）。

样被纳入公共评估体系。秘鲁的情况能够引发人们的思考。正如上文所谈到的，一方面，作为一个公共投资决策方面的重要机构，SNIP的地位非常牢固；另一方面，现行的财政规定把对支出增长的限制和初级财政盈余目标结合起来。尽管投资支出是财政盈余目标所考虑的内容之一，但却不受支出增加限制的制约。此外，税收（如采矿税）的增加（尽管可能是暂时的）部分可能会被用于投资。① 秘鲁还有一点比较有趣，那就是专门在选举期间实行的财政规定，既有针对支出（非金融）的，也有针对赤字的。上文说过，近年来基础设施投资支出持续增加，但却不是因为它能提高社会收益。这些限制是附加在上文提及的财政规定所设定的限制之外的。②

协调跨时段财政能力与公共部门生产投资之间关系的另一种途径是，使用与这一概念更加一致，而与短期清偿问题联系不太大的其他财政指标。这种指标中应该有一项能反映公共部门账户以便让人更清楚地看到其赢利状况（而不要太清楚地看到其经济状况），同时引入净财富概念。在这种情况下，当公共部门投资生产性资产（如机场）并因此负债，其净资产不发生改变；因此，如果这一概念可以判断财政能力，那么财政能力就不应该降低（完全相反，因为对机场的投资产生了一种有效净现值）。当然，这种指标的问题在于，公共资产账户中的定价可能不会反映真实的市场价值。最后（往往是在重新提出财政

---

① 很明显，由于资金不能持续供给（如经济衰退时）而导致的基础设施支出难以维持的问题无法由这一规定解决。

② 尤其是在选举年份：1）一年的前七个月中政府非金融总支出不能超过年度非金融支出的60%；2）上半年公共部门非金融赤字不能超过全年赤字的40%（财政责任和透明法）。

指标的过程中），还有一种可能就是，基础设施投资是按照长期计划来做决定的，这反映了投资对于未来税收的影响，证明了使政府财政账户具有跨时段可持续性的，未来税收收入可以支撑债务。这其中的问题在于，政府可能会试图操纵计划，使其显得过于乐观。要解决这一问题，可以对计划进行独立审查，比如智利的专家委员会对财政结构盈余做出规定。

正如上文分析指出，没有哪一种方案能始终协调好跨时段财政能力与维持公共生产性投资需要之间的关系，该投资能保证各国经济可持续增长。各国关注的问题不一样。一种正确的发展方式是把各种规定统一起来。这些规定的特点是：当一些生产性投资满足一定的评估标准，或者这些投资在某种独立的委员会或机构审查过的未来收入计划中被论证过，那么上述规定就把这些投资排除在外。

（二）调控性治理

第七章提到，APP 参与一些基础设施服务可以显著提高这些服务的效率和质量。然而，对公私合作应该进行调控性管理，以保证政府和私人部门所做承诺的可信度。为此，按照古阿什和范西贝尔（2008 年）的观点，需要建立一种具有以下特点的制度：

（1）由各相关部制定战略计划、对项目进行确认并评估。

（2）由财政部或计划部做筛选、确定优先顺序和协调。

（3）由 APP 代理机构制定合同并召集私人部门。

（4）由独立调控机构监督合同的履行。

比德兰（2008 年）也强调有必要把设计和提出 APP 方案的

机构与监督和执行其义务的机构分开。他指出，智利没有将上述两个机构分开，制定合同的部门不愿意惩罚特许企业，因为担心这样会让人们觉得合同制定得不好，或者企业没有选好。因此在实践中，相关的部门变成了特许企业的同盟者。与此相反，正如专栏8.4所指出的，秘鲁在制度上的设计与上文提及的模式很相似。

专栏8.4　秘鲁促进基础设施私人投资的制度和公共计划

在秘鲁私人部门参与提供公共服务的过程中，为了实现宪法所设定的目标，尤其是为了促进私人对秘鲁经济的投资，各个公共机构之间有着互相影响，但其各自作用是固定的。

近年来开展这一工作的主要过程大体如下：

（1）各部门（交通和电信、能源和采矿、教育、医疗等）向一家公共机构（促进投资的机构）提出其对实施某一个项目或者提供一项需要私人投资参与的服务的兴趣；

（2）促进投资机构分析这一申请，并决定这一活动是否应包括在促进私人投资的计划中，以及应如何实施。同时，研究公开招标基础的设计方案以选择承包商（在授予特许权时）或者购买者（在销售时），研究合同、基本价格等等；

（3）关于公开拍卖前新的特许权设计问题，可以向监管机构咨询。

过去，在促进投资机构中存在两个"促进私人投资特别委员会"，分别是"基础设施和公共服务特许权委员会"以及

> "国家资产和企业私有化委员会"。每一个委员会都有三名常任委员和一名轮值委员，人选根据所属的相关部门确定（如机场、港口、公路、排水设施、电力等）。这两个委员会最近被解散了，但即将在不同部门的内部重新组建，以避免因促进投资机构内部决策过程过于集中而导致官僚机构化。
>
> 　　总之，这一过程有效地集中了各方力量。首先是作为发起人（"需求方"）的各个部门的参与；其次是促进投资机构，该机构作为专门制定合同和设计投标方案的主要技术机构，在其委员会中既有常任委员（"总负责人"）也有轮值委员（"部门负责人"）；最后是调控机构，在最后对私人部门进行召集安排前，这种机构负责提供顾问咨询服务，以降低决策所面临的不稳定和低效率的风险，尽管这不一定能够避免官僚化的倾向。
>
> 资料来源：乌尔比兹通多和孔特（2008年）。

　　在危地马拉，新的特许经营法（公私合作提供公共服务法）也采取了这样的原则。① 该法案特别设立了国家公私合作机构作为权力分散单位，拥有一般自主权以及经济、金融、技术和管理等方面的自主权。其职责包括制定和协调计划、政策和规则以保证上述法案规定的公私签约模式的展开和良好运行，为任何一家希望通过这一模式承揽公共服务的国家机构提供咨询。

---

　　① 正如第七章所提到的，公私合作（PPP）和公私合营（APP）的概念指的是同一种机制，通过它，私人部门与公共部门在基础设施服务的投资和运营中展开合作。

正如在专栏8.5中详细谈到的，国家公私合作机构在制度设计中把有关投资计划、合同设计和项目执行的任务与其他任务分开，后者是在工程开始后，对服务企业所做的承诺进行监督。前一项任务由该机构行政局负责，而后一项任务由监管局负责。这两个局都是独立运行，向国家公私合作委员会负责，该委员会由多名部长以及四名独立专家组成。立法方面还有一点比较引人注目：在投标之前要求该机构（与负责服务或投资招标的国家单位（如交通部）一起）进行研究，以有利于国家开展APP模式下的项目投标。这些研究包括对前期投资、当前和未来预算结果以及社会和环境影响的研究。

专栏8.5　危地马拉针对公共服务供应而设立的公私合作（PPP）法

危地马拉新的公私合作（PPP）法创建了国家公私合作机构。该机构的战略领导部门是国家公私合作委员会，由国家财政部长、电信、基础设施和住房部长、经济部长、环境和自然资源部长以及计划和制定部长组成，由财政部长主持工作。该委员会的主要职责是指导地区和部门签订公共服务合同的政策。在其职能实施过程中，该委员会可以听取其他部长或上级政府领导的意见，在与国家经济增长一致的前提下，根据项目的特点，协调国家各机构之间的工作，通过PPP体系实施签订合同的政策。此外，该委员会成员还有四名在金融、市场权利、社会评估和项目工程学方面的独立专家，他们负责在委员会决策过程中提供自己的观点、技术鉴定和技术知识。

该机构的最高领导是执行主任，他享有较高的技术权力，通过公开招聘上岗，定期轮换。同时还设有监督处，由委员会任命，负责监督合同的履行。监督处负责监督是否达到了PPP合同中承诺的服务水平和技术标准。监督处的职责还包括收集信息、认可和要求对使用者权利的尊重，这些权利包括其对于服务方面的知情权及其所提出要求得到处理的权利。此外，监督处的职责还包括惩处未履行合同的私人服务提供商，按照违约程度进行罚款。这些职能不损害国家招标局在合同协调过程中进行处罚的权力。

最后，国家招标局是得到国家公私合作机构和财政部事先授权的负责签订合同的部门。它在建设过程中与行政局进行协调，在合同开发过程中与监管局进行协调。

这部法律的一个创新之处在于，它确立了一系列须由国家公私合作机构和国家招标局在投标过程开始前履行的义务。这是为了保证实现最大的透明标准，在PPP项目实施过程中所有人都很关注这一点。

因此，在进行PPP项目投标前，必须先进行研究，以确定以下内容：

（1）应当有利于国家在公私合作的合同模式下开展项目；

（2）对实行合同的财政年度中的预算和金融影响作出估计；

（3）根据公私合作合同，当国家对未来的津贴做出承诺时，国家承担的义务要与负债的范围相适应；

（4）项目产生的社会影响。要减轻因开展项目而给居民带来的损失；

（5）项目带来的环境影响。

此外，这部法律还让国家承担起一项义务，即直接接触受项目影响的居民，协调关系，以提出降低损失的解决方案。

资料来源：危地马拉针对公共服务提供而设立的公私合作法草案。

在哥伦比亚，私人对基础设施投资的参与是由哥伦比亚基础设施委员会（CCI）来负责管理的。专栏8.6指出，这一机构建立了若干专家组织，即由基础设施领域有关专家组成的顾问委员会。这有利于与公共部门互相协作，达成一致。

专栏8.6 哥伦比亚：制度改革及基础设施专家组织的建立

在哥伦比亚，私人资本参与基础设施发展始于1990年。从那一年起开始，实行一种以经济开放和私人参与为基础的模式。随着1991年宪法的颁布，该国开始实行一项雄心勃勃的计划，对法律、法规和制度进行改革，通过提高能力来改善服务质量。最终哥伦比亚明显提高了基本服务效率，将公共资源投入到赢利少的社会领域。

这一改革促进了对各基础设施领域的大量投资，推动了公共服务建设，如饮用水供应和基础排水设施、能源和天然气、港口、机场、公路和电信等。这些服务在很多地区产生了重要影响，扩大了覆盖面。然而公路部门仅实现了一部分创收目标，这是因为，由于主要道路受交通安全影响而出现交通流量显著下降，该部门所建设项目创收能力低。在更为稳定的经济和安全形势下，从2003年开始，又展开了新一轮的制度改革，把私人投资和国有石油、电信、电网企业的投资和现代化联系起来。在交通部门，主要由国家公路研究所（INVIAS）负责实施公共项目，由国家特许经营研究所（IN-CO）负责实施私人项目。

基础设施私人部门目前有着不同的行会组织，对这一领域没有明确的战略方向。这一部分私人投资由哥伦比亚基础设施委员会（CCI）管理，组成基础设施工程价值链的各部门代表参与这一委员会，他们有着共同的利益，希望政策能促进各部门发展。

CCI除了关注其成员的利益，还扮演着另一个角色，即与政府及国家生产部门各个机构、金融机构和学术机构进行沟通，以增进了解、影响决策、促进部门整体改善。该委员会建立了专家"顾问委员会"，由与基础设施发展有关的专家组成。

CCI的积极参与和合作对于国家基本方案的实施是很重要的，如国家合同法的修订，2006～2010年发展计划的制定，为签订自由贸易协定而对已有的基础设施的必要性进行考察，确定解决争论的方案等。专家组织的建立和各个公共及私人部门代表的参与对哥伦比亚基础设施的建设产生了重要影响，带来了制度上的巩固，促进了共识的形成。

资料来源：自主编写。

上文提到，拉美多个国家加强制度建设，以完成投资计划和评估任务。这些投资中有时也包含私人部门通过 APP 参与的项目。同时，这些国家也在努力建立独立的调控和/或监管机构。下面，我们就分析一下在设计这些机构时使用的一些概念，之后再分析一下拉美国家在建立这些机构方面的经验。

1. 概念

在最近几十年中，拉美国家见证了包括从市场开放到国有企业私有化等各种各样的改革进程，这些改革的主要目的之一就是监管基础设施公共服务（斯丰德斯，2005 年）。在最近 15 年中，世界各国共建立了超过 200 家基础设施监管机构（斯登，2007 年）。在最近 10 年中，无论在经合组织国家，还是在拉美国家，基础设施各部门（电力、交通、自来水等）的监管机构数目都显著增加。

如上文所述，最初公共部门对基础设施服务进行干预，主要是由于国家试图通过监管来解决市场的种种缺陷。无论如何，任何一份合同都不可能考虑到所有可能出现的情况，并指出面对这些情况监管机构该如何行事。因此，需要建立这样的机构，可以为投资者做出最低限度的保障：一旦投资完成后，监管体制内确定的主要参数不会被无缘无故地更改。还需要确保所提供的服务在数量和质量水平上都相对合适，确保消费者不会遇到价格歧视（由生产的垄断性导致的），以及确保在经济和技术环境发生重大改变时，提供服务的企业义务和消费者义务都能得到调整。最后，这类机构的另一项重要职能是保证监管体系的透明度，这样的话投资者和消费者就都能够了解"游戏规则"（布朗等人，2006 年）。

但是，要想确保完成上述目标，巩固该机构独立于政治权力和企业利益之外这一特点，应该怎样设计这一机构呢？在专门的文献中以及国际实践中都提到了一些有助于加强这一机构自主性的基本建议：1）拥有独立于政府主管部门的组织和预算自主权（具有类似于国务秘书的特点或相当于副部级）；2）经过竞选或与行政－立法机构达成一致，选举出机构主任和领导委员会委员，任职期限固定（不能无故被解职），但各职位任职期限不同；3）技术和管理人员的任用要适当，以保证机构能够进行分析和监控等工作；4）确定适当的酬劳标准，总体上独立于为其他公共部门设立的工资规定；5）限制企业以前的职工被该机构聘用，反之亦然，即该机构以前的官员不能被企业聘用。

除了该机构所拥有的正式自主权以外，还有一个重要问题就是该机构在决策方面是否拥有自主性，以及是否建立了固定的机制来确保上述决策与建立该机构的法律法规所规定的内容相一致。这一机制可能会非常有效地决定合同标准的细节（价格及其调节方式、服务的义务和质量等），并减少该机构决策的随意性。而法律可以赋予该机构在确定这些细节方面广泛的权力，只需遵守一般原则和标准。① 随意性的降低对于建立可信和稳定的规则是有利的，尤其是在私人部门参与提供基础设施服务过程开始的时候。然而，其代价在于，当供需条件发生变化时（例如因为技术发生变化），为了在服务监管上获得更好的信息和更多的经验，灵活性的缺乏会限制该机构在游戏规则上做出社会所希望的改变。按照这一标准，可以发现电信领域的监管机构比公路监管机构更谨慎（史密斯，1997 年）。

无论如何，如果要赋予监管机构在解释和确定监管标准方面一定的自由权，那么同时应该建立一套保证决策透明度的管理程序。包括：在调控机构开始审核调控政策时，需要告知有关各方；让有关各方有机会对正在酝酿的政策变化进行表态；建立规定以限制有关各方与监管机构人员进行私下接触；要求监管机构解释其决策条件。这一程序可以由对机构决定进行的司法审核作为补充。当监管机构的决定超出法律法规的内容时，或者这些决定与管理程序中的惯例相冲突时，可以进行上述司法审核。透明度和对监管机构决定所做的司法审核是非常重要的，可以向社会证明这些机构的合法性并公开其收益状况。此外，通过这两项措施还可以回击来自一些人的批评：他们认为这些调控机构的独立性使其拥有了过多的权力，这使得对调控过程所进行的民主审查面临着风险（格拉汉姆，1998 年）。

---

① 在美国，监管机构拥有广泛的授权，因为法律只确立了一些模糊的价格原则（例如"价格应当是公平而理性的"），并且根据广泛的公众利益标准对其他权力做出限制。国会（通过财务总办公室以及其他法律委员会的审核）和政府（通过管理和预算办公室的审核）都对监管机构的决策进行"事后"控制，但是，1946 年管理程序法要求在做出调控决定之前召开听证会，接受公众评议，对这些评议进行评估并对最终决定方案进行修改。从此之后，"事后"结果控制成为主要手段（乌尔比兹通多和孔特，2008 年）。

　　赋予监管制度以合法性和平衡力的另一个因素是建立一个办公室或机构，在基础设施公共服务方面有权力保护消费者。该办公室应该代表该服务领域众多小客户和消费者的利益。由于诉讼和协调费用高，他们无法组织起来利用政府和司法渠道来捍卫自己的利益。

　　按照上述观点，建立独立的监管机构，使其拥有透明的管理程序，可以对其进行司法审核，拥有适当的制度来保护消费者，这似乎是一个理想的模式。然而，并不是所有国家在制度上都有足够的能力来建立这种监管机制，主要是因为宪法和法律的制约以及各国政治传统的影响。可以颁布法律的立法机构、实用的司法体系、可以制订并签发特许经营合同的政府官员、诚实而透明的形式，这些都是建立有效监管体系的必要条件。下一部分我们将分析这一系列因素是如何影响拉美一些国家的监管制度。

　　2. 拉丁美洲的监管制度

　　在一份为本书而准备的报告（见乌尔比兹通多和孔特，2008 年）中，我们可以看到拉美监管制度的多样性。例如在能源部门（电力和天然气服务），各国几乎都有着特殊的监管框架，其中计划职责和监管的责任是分开的。

　　在监管机构的独立性和自主性方面，所采取的监管措施中有一种现象比较有趣。例如，智利的机构，国家能源委员会（CNE）与电力和燃料主管机构（SEC）不能正式算作独立机构。因为前者的领导是由部长担任，后者的领导由总统任命。秘鲁能源和采矿业投资监督组织（OSINERGMIN）和哥伦比亚能源和天然气监管委员会（CREG）都比智利的类似机构有着更高形式的独立性（见专栏 8.7 和 8.8）。在阿根廷，各部门监管机构

（不管是国家电力监管机构（ENRE），还是国家天然气监管机构
（ENARGAS））在设计和行动上也都努力独立于政府行政部门。

专栏8.7　哥伦比亚监管机构的设计

1991年通过的哥伦比亚宪法允许向私人投资者开放居民公共服务，其基本宗旨就是引入竞争机制，让任何愿意提供这一公共服务的单位都可以自由进入这一领域。于是，1994年7月，共和国国会在签发了家庭公共服务法（第142号法令）和各部门特别法之后，形成了一个新的法律框架。

国家政策、经济调控、监督和控制等责任明确分配到各个机构。在部门政策方面，由矿业和能源部（MME）制定国家能源政策，确定对传统和替代能源的经济开发标准，推动现有能源的发展和对能源的理性使用。该部通过国家计划部（DNP）提交给国家经济和社会政策委员会（CONPES）一系列文件，提交给国会一系列行政命令和法律草案，通过这些程序行使上述职能。在部门计划方面，同样受MME管辖的矿业和能源计划组织（UPME）负责按照由各政策管理部门在其开始工作第一年确定的国家发展计划（PND）的制定，并实行国家能源计划和电力部门扩大计划。

在监管方面，建立了部门监管组织：能源和天然气监管委员会（CREG）、电信监管委员会（CRT）以及饮用水和基础排水系统监管委员会（CRA），此外，还有一家独立的监督机构：居民公共服务主管机构（SSPD）。

CREG 的职责基本如下：1）使市场逐渐向自由竞争过渡；2）确定该部门计划和运行规定；3）确定对最终使用者实行的价格。MME 部长主持该委员会的工作，此外还有财政和公共信贷部部长、国家计划部部长以及 5 名有特别职务的独立专家（由共和国总统任命，任期 4 年，不得部分或分阶段更换）参与工作。这些专家有资格担任公职，可以被重新选举，不受行政管理制度制约。CREG 表决的法定人数为：8 名成员中有 6 名出席，以简单多数原则进行投票，最后要由一名部长投票来决定是否通过。

对公共服务质量和效率的控制和监督由共和国总统负责，具体由居民公共服务主管机构（SSPD）执行。SSPD 的职责很多，包括关注该领域的市场竞争，监督企业管理，监督供应的安全和服务标准的实现，在各企业是否完成法律提出的要求这一问题上给各部和部门监管委员会提供意见，证明分级发放补贴是否正确，建立供应服务的企业所使用的信息和财务系统，检查企业是否履行了与用户和由委员会指定的管理者签订的合同，是否立即准备好了用户要求的更新资源。该机构的其他职责还有：对企业进行罚款，令企业停止营业，取消合同，禁止企业提供公共服务最长可达 10 年，干预并管理企业事务。

资料来源：乌尔比兹通多和孔特（2008 年）。

专栏8.8 秘鲁监管机构的制度设计

秘鲁有四个国家监管机构（OR），分别是：电信私人投资监管组织（OSIPTEL）、能源和矿业投资监管组织（OSIN-ERGMIN）、公共交通基础设施投资监管组织（OSITRAN）和国家排水设施服务主管机构（SUNASS），均创建于1996年。

2001年起开展的一系列改革旨在保证这些机构的独立性。首先，为替代由政府自由制定的工资政策，2001年7月的最高法令（第147-2001-EF号）通过了这些机构的工资政策，确定了各个一般岗位的工资上限，并在其相关网页上对这一工资政策（细则）进行必要的公布。这使得这些机构可以在规定的为保证透明度而设立的范围内，决定其工资和聘用政策。

其次，2002年9月通过了第27,838号法律，建立了透明的、通过听证会进行咨询的程序，以及OR主席的竞选程序。这使得OR努力使其监管过程变得更为透明，分享各部门监管经验，在其工作中提高技术质量，聘用高水平技术人才，提高团队能力。最重要的是降低监管风险。

实际上，专门谈论价格问题的第27,838号法律规定了一系列内容，包括各机构有必要预先公开价格方案，任何人都可以了解所有重要信息（没有特别注明为机密的），在听证会上对价格进行必要的预先讨论，对机构参与的非公开讨论（与用户代表组织进行的讨论以及与服务提供企业进行的讨论）

的重要内容予以公开等等，这明显改善了监管工作的质量。

公共服务私人投资监管机构法律框架（29/07/00 第27,332 号法律）于 2004 年 8 月作出修改，这对于大部分监管机构来说有着积极的影响。这次修改内容规定，要解除任何一家 OR 领导的职务，需要一个特别程序，需要与共和国国会进行沟通并给该领导申辩的机会。OR 领导委员会其他成员通过竞聘获得任命的程序也开始实施。

然而，2007 年 5 月第 046 - 2007 - PCM 号最高法令的颁布却产生了严重的负面影响。该法令规定，每个领导委员会的执行主席有权批准或者不批准对监管机构总经理的任命或解职（这项权力过去由领导委员会成员掌握）。结果，OSIP-TEL 和 OSITRAN 领导委员会的成员立即辞职。政府委托部长委员会主席办公室（PCM）任命监管机构未来的领导。2008 年下半年，大部分领导委员会的成员得到任命。目前，OSIT-RAN 和 OSIPTEL 的领导委员会中都只有 4 名成员，而法律要求有 5 名成员。

资料来源：乌尔比兹通多和孔特（2008 年）。

在表8.3 中列出了拉美多个国家电力和天然气部门监管制度的各项内容。正如我们开始所说的，可以发现，在这些能源服务方面进行的改革出发点是提出一套监管体系，然后把电力和天然气的生产、传输、分配和销售企业引入该体系。监管主要集中在传输和分配环节，在生产环节建立了批发市场（在电力部门由系统运营商进行协调）。但是在很多国家不要求做横向和纵向的分割

（乌拉圭和委内瑞拉），有些国家不要求做纵向分割（哥伦比亚和智利），甚至有些国家不要求建立批发市场（委内瑞拉）。

表8.3 部分拉美国家电力和天然气部门监管制度

	阿根廷	玻利维亚	智利	哥伦比亚	厄瓜多尔	秘鲁	乌拉圭	委内瑞拉
天然气								
服务监管机构	ENAR-GAS		CNE/SEC	CREG		OSIN-ERGIMN	URSEA	ENA-GAS
独立监管机构	无	无	有[a]	有[b]	无	有[c]	无	无
监管范围	全国	全国	全国	全国	全国	全国	全国	全国
生产的横向分割	有	有（目前存在风险）	有	有	无	有	—[d]	无
分配的横向分割	有	有	有	部分有[e]	无[f]	有	有	无
电力								
服务监管机构	ENRE	电力主管机构	CNE/SEC	CREG	CON-ELEC	OSIN-ERGIM	URSEA	
独立监管机构	无（2003年起）		有[a]	有[b]	无	有[c]	无	无
G, T监管范围	全国	全国	全国	全国	全国	全国	全国	全国
D监管范围	国家和省	全国	全国	全国	全国	全国	全国	全国
生产的横向分割	有	有	有	有	有	有	有[g]	无
系统运营商	有	有	有	有	有	有	有	有
分配的横向分割	有	有	有	有	有	有	无	无
批发市场	有	有	有	有	有	有	有[h]	无
纵向分割	有[i]	有	有[j]	有[j]	有	有	无[h]	无

a/ 国家能源委员会与电力和燃料价格主管机构是政府机构。

b/ CREG的主席（拥有否决权）由能源部长担任。

c/ 成员从部长提名的三名候选人中选出。

d/ 不生产天然气。

e/ ECOPETROL。

f/ 从2002年起，马查拉能源公司（MachalaPower）在瓜亚基尔海湾气田的基础上建立了一家一般循环天然气总站。

g/ UTE 拥有97%的生产能力。

h/ 尽管存在市场运行框架，但这是一家结构为纵向的企业。

i/ 尽管禁止纵向构成，但还是存在法律空隙而导致这一可能。

j/ 不禁止纵向构成。

注：CNE：国家能源委员会；CONELEC：国家电力委员会；CREG：能源和天然气监管委员会；ENAGAS：国家天然气组织；ENARGAS：国家天然气监管组织；ENRE：国家电力监管组织；OSINERGMIN：能源和矿业投资监管组织；SEC：电力和燃料主管机构；URSEA：能源和自来水服务监管组织。

资料来源：乌尔比兹通多和孔特（2008 年）。

在交通运输方面（见表8.4），6 个国家已经对具体运输形式（公路、陆路运输、空运、铁路运输）建立了正式的监管体系，一般通过法律法规建立一家国家级的（在联邦制国家一般为省级）管理运输的机构（在玻利维亚、哥伦比亚和乌拉圭是跨部门的），或者每种运输形式建立一家机构（如阿根廷），其职责是对运输服务进行调控、监督和控制。总体而言，这种运输部门的监管机构比电力和天然气部门的监管机构的自主权小，很多情况下它们隶属于某一个部，由政府领导（总统或部长）任命。

表8.4　部分拉美国家交通运输部门监管制度

	阿根廷	玻利维亚	智利	哥伦比亚	厄瓜多尔	秘鲁	乌拉圭	委内瑞拉
服务监管机构	CNRT	交通运输主管机构	MOP	INVIAS	MTOP 特许经营管理处	OSIT-RAN	DNT	MIN-FRA
正式监管体系								
陆路运输	有	有	有	有	有	有	有	
机场	有	有	有	有	有	有	有	
港口	有		有	有	无	有	有	

续表

	阿根廷	玻利维亚	智利	哥伦比亚	厄瓜多尔	秘鲁	乌拉圭	委内瑞拉
铁路	有（客运）无（货运）	有	有	有	无		有	
道路	有	有	有	有	有	有	无	
监管机构的独立性								
陆路运输	无	无	无	有	无	部分有	无	
机场	无	无	无	有	无	无	无	
港口	无		无	部分有	无	无	无	
铁路	无	无	无		无	部分有	无	
道路	无	无	无	无	无	部分有	无	
监管范围								
陆路运输	国家和省	全国	全国	全国	全国	国家和省	全国	
机场	全国	全国	全国	全国	全国	全国	全国	
港口	国家和省	全国	全国	全国	全国	全国	全国	
铁路	国家和省	全国	全国		全国	全国	全国	
道路	国家和省	国家、部、市	国家和地区	全国	国家和省	全国	全国	

注：CNRT：阿根廷国家交通运输调控委员会；DNT：国家交通运输局；INVIAS：国家道路研究所；MINFRA：基础设施人民权力部；MOP：公共工程部；MTOP：交通运输和公共工程部；OSITRAN：公用交通运输基础设施投资监管组织。

资料来源：乌尔比兹通多和孔特（2008 年）。

　　另一方面，在一些国家，公共部门参与交通运输服务的程度很高。例如，在玻利维亚，从未实行过任何特许权或替代机制，因此一直由国家通过公共工程合同提供护理、修缮等服务。在乌拉圭，国家参与该服务的程度也很高。2000 年，通过收入净现值（VPI）机制对一些道路进行开发建设，2001 年通过

"影子收费"的方式对一些城市道路进行开发建设。最后，2002年把总长 1400 千米的国家主要道路交给一家国有、私人经营的公司开发建设。这些工作都由乌拉圭道路集团开展，该集团将修建、维护道路和收取过路费的工作转包给私人企业，将过路费产生的利息作为收入并向国家纳税。

饮用水和污水排放（见表 8.5）方面的情况较难归纳。世界各国（表中这些国家也不例外）都倾向于在城市内对这类服务进行分散提供。表中大部分国家都设立了框架法案，对提供的服务进行监管，有的针对全国（如哥伦比亚、秘鲁和乌拉圭），有的针对非国家范围（可能是地区（如阿根廷的布宜诺斯艾利斯地区），也可能是城市（如厄瓜多尔的一些城市）。[①] 上文所说的法案并不一定只是一部法律（如玻利维亚同时遵循水法、SIRESE 法（SIRESE 是一家监管机构）、饮用水和下水道卫生及改造公共服务法）。[②] 总体来看，饮用水和污水排放部门的监管机构没有拥有像能源部门监管机构那样的自主权。

表 8.5 部分拉美国家饮用水和污水排放部门监管制度

	阿根廷	玻利维亚	智利	哥伦比亚	厄瓜多尔	秘鲁	乌拉圭	委内瑞拉
服务监管机构	各省级监管机构	SISAB	SISS	CRA（调节）SSPD（监控）	各地区级监管机构	SUNASS	URSEA	SNS

① 在哥伦比亚和秘鲁，价格管理机构（CRA 和 SUNASS）所做的决定需要市政府批准。在厄瓜多尔存在多种监管体系，各监管机构的职能有所重叠。因此，厄瓜多尔曾试图通过由国家进行监管来解决在调控、监督和企业行为上的职能重叠。但是这一举措最终未能实行，其中一个原因是各城市表示反对，因为这使得它们失去了自主权。

② 只详细谈论价格和服务提供监管部门的情况。其他部门可以对服务质量、卫生状况和环保进行监管（见阿德拉萨，2005 年）。

续表

	阿根廷	玻利维亚	智利	哥伦比亚	厄瓜多尔	秘鲁	乌拉圭	委内瑞拉
正式监管体系	有（AM-BA 和各省）	有	有	有	有	有	无	有
独立监管机构	无（AM-BA）		无ᵃ	有		部分有ᵇ	无	无
监管范围	国家/省	全国	全国	全国ᶜ	市	全国ᶜ	全国	全国ᶜ

a/ 排水服务主管机构：在职能上是分散的，通过公共工程部受共和国总统监督。

b/ 成员由部长提名的候选人中选出。

c/ 相关机构在价格方面所做的决定须经市政府审批通过。

注：AMBA：布宜诺斯艾利斯城区；CRA：饮用水和基础排水系统监管委员会；SISAB：饮用水和排水系统主管机构；SISS：排水卫生服务主管机构；SSPD：居民公共服务主管机构；SUNASS：国家排水服务主管机构；URSEA：能源和供水服务监管局。

资料来源：乌尔比兹通多和孔特（2008 年）。

四 跨国合作协议：南美洲区域基础设施一体化倡议（IIRSA）和安第斯共同体

上文我们比较详细地研究了各国推动基础设施公共投资的计划、评估和预算进程的措施。我们还分析了一些国家为促进私人部门参与提供服务，建立常规和独立的监管机制而建立的制度。除了各国的努力以外，地区合作协议也是推动基础设施服务认定、计划和监管进程的一个因素。这一节将对这个主题进行分析，重点是分析南美洲地区基础设施一体化倡议（IIR-SA）和安第斯共同体（CAN）。

基础设施项目产生的影响可能会超出投资所在地区和国家的政治和管辖范围。例如，当基础设施建在一国边境时，就可能会对邻国边境地区产生影响。邻国可能会被动受益，也可能会通过在其领土上进行补充投资来扩大这一影响（卡尔西奥菲，2007 年）。正是由于这个原因，各国会组织起来并签署开展跨国基础设施项目的双边协议。[①]

然而，虽然双边协议对两国都有利，但是这类项目还是面临一些问题，与建在国内的基础设施项目有着不同的特点。可能存在的问题如下：1）各国投入的成本和获得的收益不对称，这会导致原本各国都希望建设的跨国项目最终无法实施，因为其中一国不再希望建设这一项目，这最后会导致地区投资不足[②]（贝阿托等人，2002 年）；2）在计算一个特定项目可能会带来多少收益时，各国会面临一定困难，这主要是因为收益同时被多个国家分享；3）各国不愿意对境外基础设施进行投资，尽管其收益大于成本；4）缺少跨国项目成本分配结构和/或机制，以及合作规则和/或鼓励沟通的机制，这使得各国很难就一个特定项目的成本和收益分配问题展开对话；5）这种项目难以实施，是因为在一次性谈判中各方都努力使用战略战术（斯西弗和温特尔斯，2002 年），还因为在遇到合同未履行的情况时，没有可前去申诉的主管机关。

可以看出，跨国基础设施项目需要各个主权国家之间进行良好的合作和协调，这不仅是为了使成本和收益得到较好地分配，还为了建立一个投资环境、确定项目开发规则和私人资本参与机制（如果存在私人资本）、协调监管的各项内容、减轻对

---

① 在本章中，"跨国"这一概念指的是多国为一个项目投入成本并从中获得利益。
② 实施这种项目很困难，但是这并不意味着所有这种项目都会被排斥。这种项目中只有一些能实施，结果就会出现一定的投资不足。

环境的影响等等。正因为需要进行协调，并解决上述问题，各国才建立了一系列国家间协议框架，以应对增加跨国项目投资的需要。这些项目不仅对各国有利，也对其所在地区有利。

各协议之所以获得成功，其直接原因是它们有效地解决了上述问题。例如，各国对这些协议的支持有利于收集信息，从而可以对跨国项目的成本和收益进行评估。

针对各国不愿意对境外基础设施进行投资的问题，国家间协议可以保证建立并实行一系列规定，确保一国可以长期从中受益。同时，这些协议还可以通过对一国特定项目进行收益补偿的方式来减少该国因另一项目收益小于成本（但对地区有利）而对其排斥的倾向。[1] 因此各国可以相信，这一协议能够保证当所有项目全部实施后，特定项目成本和收益的差额可以得到弥补。拉美地区协议能够在创造条件推动一个特定项目的同时，推动各项规定的建立。那么，稳定和可信是这类协议取得成功的必要条件。

同样，还有别的机制可以减少上文所说的排斥行为。例如，可以促进各国参与地区基础设施，享受无差别待遇；协调各国调控体系；在基础设施服务之间进行自由交流；以及建立地区制度以保证待遇公平。此外，要对境外基础设施产生长期信任，这些机制也是非常有必要的。

在拉丁美洲，寻求在基础设施领域展开地区合作的一个非常重要的文本就是 IIRSA 倡议。正如在专栏 8.9 中所描述的，这

---

[1] 地区协议涉及一国参与的多个跨国基础设施项目。对这些项目的有效管理如果可以使一国受益，那么当该国把所有项目当做一个整体来考虑时，它就可以接受一个对其不利但对地区有利的项目。

份协议有效地推动了各国合作，通过参与地区事务，提出有关基础设施的建议和项目。但是，在基础设施服务调控方式上，该协议在缔约国之间的协调工作没有多少进展。各国在基础设施服务合作方面还有一个突出的例子就是安第斯共同体（CAN）在电力领域的合作。专栏8.10谈到，这一合作使得各国在标准体系方面达成了一定共识，促进了各监管机构之间的交流。

专栏8.9 南美洲区域基础设施一体化倡议（IIRSA）

南美洲区域基础设施一体化倡议（IIRSA）是一份涉及多国、多部门、多领域的协议，于2000年由南美洲12国签署。该地区三家银行为其提供技术和资金支持。这三家银行是：安第斯发展集团（CAF），美洲开发银行（BID）和普拉塔河谷发展金融基金组织（FONPLATA）。

这一协议的主要目的是在环境可持续的前提下发展该地区基础设施。IIRSA的行动计划包括三个主要内容：1）加强各国在国家投资上的计划和国家间的协调；2）实现规范和制度的标准化和协调；3）建立一系列项目以促进私人部门的参与和投资机构的创新。

该协议最重要的特点之一或许是它的持续性，这正是以前同类型协议所缺乏的。同时，还有一点备受关注：IIRSA在制度化程度极低而且缺乏地区一体化严密结构的情况下开展了工作，也就是说，它完成了实体基础设施发展项目的议程，尽管地区一体化的总体环境容易变化。

从 20 世纪 90 年代起，拉丁美洲和加勒比国家开始了贸易自由化的一体化进程，目的是通过多边、单边和地区协议获得可持续增长。这些协议不只局限于拉美地区，还包括各种南南协议和南北协议。与这些协议不同，IIRSA 主要关注更大程度的南南一体化。这主要是因为关注这种一体化不仅能更加促进贸易自由化，还能克服在其他一体化中可能出现的规模和技术方面的缺陷。

然而，证据显示，虽然该地区在最近十年间有了显著的发展，但是南美洲各国间的贸易量还相对较低。这主要有两个原因。第一个是制度原因（像南方共同市场（MERCO-SUR）和安第斯共同体（CAN）这样的自由贸易区还不够完善）。第二个原因是该地区基础设施方面存在的赤字（连同由关税和非关税壁垒导致的其他贸易成本）限制了贸易流通。除了这两个原因外，近二十年来的投资匮乏也增加了该地区基础设施的赤字，并进一步降低了基础设施的质量和服务能力。而 IIRSA 这样的协议恰恰可以在这方面发挥重要的积极作用。

在 IIRSA 的第一阶段，南美各国先起草了该地区基础设施一体化行动和项目的共同文本。第二阶段主要是站在南美12 国的共同角度来关注一体化战略项目的实施。

"2005～2010 年整体计划"中包含了第一批共 31 个投资项目。这些项目是以土地规划阶段和 IIRSA 项目整理阶段得出的结论为基础，由各国共同商定。该协议对南美基础设施一体化有重要的影响。2004 年 11 月，该协议连同其 31 个战略项目由 IIRSA 行政领导委员会通过，并于 2004 年 12 月在库斯科南美领导人峰会上被提交给各国总统。

随着这份协议的通过，南美 12 国和各多边机构将集中在 IIRSA 框架内寻找结论，利用 IIRSA 共识所创造的机会和协调作用。

这批项目在被广泛关注后，实施的进度随之加快。这是因为，在财政紧缩、公共债务能力有限、私人对基础设施发展的参与程度有待加强的背景下，政府给予了这些项目更多的优先权。

在这种情况下，为了支持"2005～2010 年整体计划"，各国开始对其进行集中管理。具体措施是建立有关该协议项目的"战略管理信息系统"（SIGE），目的是在相关最高政府机关建立信息和监管机制。

总之，虽然在 IIRSA 之前已经出现过一系列双边项目，但是 IIRSA 可以在投资计划和成本收益评估方面促进信息交流，减少不确定性，尽早指出项目存在的问题。因此，IIRSA 的工作主要是对提出的建议进行审核，之后由各国具体部门采纳实施。然而，在监管体系的一致性和对南美洲基础设施进行监管等方面还存在一些问题，IIRSA 在处理这些问题上效果不佳。

资料来源：卡尔西奥菲（2007 年），梅斯基达（2007 年）和 IIRSA（2008 年）。

专栏 8.10 安第斯共同体（CAN）电力部门一体化

2001 年 9 月，在哥伦比亚的卡塔赫纳·德·印第安，哥伦比亚、厄瓜多尔、秘鲁和委内瑞拉的能源和矿业部长召开会议。会议决定实施"规范体系协调建议"，该建议的目的是制定设计运行体系的基本原则。这一体系将促进 CAN 各国之间就电力问题进行交流。同年 12 月，审核该建议。一年后，2002 年 12 月，第 536 号决定开始执行。该决定建立了一个总体框架，以促进地区内各国电力系统的联网以及共同体内各国（玻利维亚除外。该国虽然没有签署协议，但只要正式表示愿意加入，便可以被 CAN 接纳）在电力问题上进行交流。

第 536 号决定确立的基本原则主要为：1）各成员国内部和外部市场之间不得存在价格歧视；2）可以自由进入国际联系体系；3）在电力市场上创造竞争条件，价格要反映有效经济成本，避免歧视现象；4）促进私人投资参与国际输电基础设施的发展；5）对共同体成员国之间电力进出口不设置任何补贴、关税或特别限制。

从那时起，为促进安第斯地区国家电力部门的联系和一体化，各国实施的政策和战略如下：1）厄瓜多尔-哥伦比亚以及秘鲁-厄瓜多尔的电网初步联通；2）各国决策者一致认为法律壁垒最难逾越，因此应以合适的方式处理这一壁垒；3）厄瓜多尔公布电力进出口规定，并允许自由进入其体系。

尽管各企业一直努力在安第斯各国间实现更大程度的电

力一体化（例如哥伦比亚的电网联通股份公司为扩大其覆盖面而加大投资），但是这一努力也遇到了一系列技术和法律障碍。要实现有效的一体化，一个主要条件就是要有合适的电力基础设施，还需要建立基本规定和法律（法律文件）以保障跨安第斯地区的电网运行。为此，各国电力部门在监管体系上保持一致是很重要的。

鉴于此，2001年7月，安第斯各国电力部门代表召开会议，讨论电网联通的问题。会上发表了《基多宣言》，表示可以"在安第斯地区实现制度化，以促进监管体系趋于一致，从一体化中获益，促进各国市场的发展"。

数据显示，在厄瓜多尔、哥伦比亚和委内瑞拉等国，国有资产占有更大比重；而在玻利维亚和秘鲁，私有资产占有更大比重。然而，这些国家的改革模式是相似的，因此是有可能达成共识的。

资料来源：萨科内蒂（2003年）。

五　结　　论

为促进公共和私人部门对基础设施的投资而实施的政策会受到政治因素的制约（选举周期）和制度因素的制约（"游说"行为对公共部门的影响）。这些因素不仅影响着投资和监管的公共决策，也会催生私人部门的机会主义行为（例如对合同进行的重新谈判会导致价格不合理上涨和成本增加，而这需要由公共补贴来解决）。

一系列制度规定、程序和机制有助于解决这些问题。首先，有必要提高公共部门对投资（也包括由私人部门进行的投资）的计划和评估能力。这一工作可以由集中转向分散，即各部门所对应的部可以分别开展这些工作，尽管也需要在整个公共部门进行协调并确定优先顺序。计划和评估过程很重要，它涉及到如何对资金进行公共分配。同时，这一过程还应该和多年预算结合起来，以保证投资的持续性以及项目的合理成本。

要提高对投资支出的规划能力，并把这种支出体现在长期计划预算或规定中。这有利于减少短期财政调整政策在对基础设施调整时出现的失误（至少可以使减少资本支出的决定更为理性）。从这个意义上来说，对预算平衡或财政责任的规定在长期计划中的公共投资开支中能更多地得到关注（或者优先得到处理）。

要扩大APP的影响和覆盖面，有必要提高公共部门的计划和评估能力。从公共计划过程中诞生的APP对选民/消费者来说更易拥有合法地位（尤其当消费者使用公共资金的时候）。

为避免公共部门的机会主义行为（降低价格和/或对合同的条件做其他改变），同时也为了避免私人部门对不合理的承诺进行"事后"重新谈判，应该把APP计划投资和设计结构的职能与监督合同履行情况的职能分开。应该由一家独立于各部门相关部委的机构来负责监督合同的履行（这家机构可以在特许经营合同的设计阶段发表意见）。

APP要发展，须对其职责和制度结构进行划分。具体方法是：1）各部门的主管部对项目进行战略性计划和认定；2）在金融市场上进行过滤筛选、优先安排或协调（要考虑负债水平的一贯性）；3）由 APP 机构负责管理私人部门和设计合同；4）由独立监管机构监督合同的履行情况并通报服务的运行情况；5）对各种影响进行"事后"监督（例如：由同一家监管机构协同各高校实施）。

拉美一些国家已经确立制度结构或者正在进行改革来确立制度结构。然而，我们应该明白，虽然制度已经建立，但并不是一劳永逸的，各国必然会经历一个学习的过程。或许在改革之初就应当认识到这一点，这样就不会把制度的改变当做失败。

最后，国家间合作协议对各国自身的努力也是一个补充，可以完善基础设施服务的认定、计划、评估和调控过程。在这方面，已经有了像 IIRSA 这样的尝试，各国努力建立并实施基础设施项目以实现各国基础设施一体化。同样，在电网联通、建立共同的监管标准等一体化努力方面，安第斯共同体也取得了重要成就。

参考文献

1. Acosta Rojas, G. , Calfat, G. y Flôres, R. (2005). *Trade and Infrastructure*: *Evidences from the Andean Community*. (Ensaios Econômicos N° 589) Río de Janeiro: Fundação Getulio Vargas.

2. Agénor, P. (2005). *Infrastructure investment and maintenance expenditure*: *optimal allocation rules in a growing economy*. (Discussion paper 060). Manchester: Centre for Growth and Business Cycle Research.

3. Agénor, P. y Moreno-Dodson B. (2006). *Public Infrastructure and Growth*: *New Channels and Policy Implications*. (World Bank Policy Research Working Paper 4064). Washington, DC: Banco Mundial.

4. Aghion, P. y Shankerman, M. (1999). Competition, Entry and the Social Returns to Infrastructure in Transition Economies. *Economics of Transition*, 7 (1), 79 – 101.

5. Ahmed, K. , Mercier, J. y Verheem, R. (2005). *Environment Strategy Note N° 14 on Strategic Environmental Assessment - Concept and Practice*. Washington, DC: Banco Mundial.

6. Ahmed, H. y Miller, S. (2002). The Level of Development and Growth Determinants of Productivity Growth: A Cross-Country A-

nalysis. *Applied Economics*, 34 (9), 1089 – 1095.

7. Ahuja, V. (1998). Land degradation, agricultural productivity, and common property: Evidence from Côte d'Ivoire. *Environmental and Development Economics* 3 (1), 7 – 34.

8. Akella, A. S. y Cannon, J. B. (2004). *Strengthening the weakest links: Strategies for improving enforcement of environmental laws globally.* Washington, DC: Conservation International, Center for Conservation and Government.

9. Alcaldía Mayor de Bogotá (2008). http://www.bogota.gov.co/

10. Analistas Financieros Internacionales (AFI). (2004). Investor Perceptions of Regulatory and Institutional Risk in Latin America. En Benavides, J. (Ed.), *Recouping Infrastructure Investment in Latin America and the Caribbean.* Washington, DC: Banco Interamericano de Desarrollo.

11. Andersen, L., Granger, C., Reis, E., Weinhold, D. y Wunder, S. (2002). *The dynamics of deforestation and economic growth in the Brazilian Amazon.* Cambridge: Cambridge University Press.

12. Anderson, J. y Wincoop, E. (2004). *Trade Costs. Journal of Economic Literature*, 62 (3), 691 – 751

13. André, F. y Cerdá, E. (2005). *Gestión de residuos-sólidos urbanos: análisis económico y políticas públicas.* Centro de Estudios Andaluces, Serie Economía E2005/23.

14. Andrés, L., Foster, V. y Guasch, J. L. (2006). *The*

impact of privatization on firms in the infrastructure sector in Latin A-merica countries. (Working Paper N° 3936). Washington, DC: Banco Mundial.

15. Artana, D. y Moya, R. (2008). *Financiamiento de la infraestructura en la Argentina: la situación después de la crisis* 2001 - 2002. Manuscrito no publicado, Corporación Andina de Fomento.

16. Aschauer, D. (1989). *Is Public Expenditure Productive? Journal of Monetary Economics*, 23 (2), 51 - 63.

17. Aschauer, D. (1990). *Public Investment and Private sector Growth.* Washington, DC: Economic Policy Institute.

18. Asociación de Entidades Reguladoras de Agua y de Saneamiento de América (ADERASA). (2005). *Situación actual de la regulación de las tarifas de los servicios de agua, alcantarillado y tratamiento de aguas residuales en Latinoamérica. Grupo de tarifas y subsidios.* Washington, DC: Banco Mundial.

19. Atlas, C., Gilligan, T. G., Hendershott, R. J. y Zupan, M. A. (1995). Slicing the Federal Government Net Spending Pie: Who Wins, Who Loses, and Why. *American Economic Review* 85 (3), 624 - 29.

20. Auditoría General de la Nación (AGN). (2003). *Concesiones viales y DNV: muestra de las principales auditorías sobre órganos de control y empresas adjudicatarias del proceso de privatización. Síntesis y Conclusiones.* 1993 - 2003. Buenos Aires: AGN.

21. Ayres, R. y Ayres, L. (2002). *A Handbook of Industrial Ecology.* Cheltenham: Edward Elgar Publishing.

22. Baeza, M. y Vasallo, J. (2008). *Renegociaciones de los contratos de concesión de autopistas de peaje en España y su influencia sobre los incentivos en la licitación.* Manuscrito no publicado.

23. Bain, R. y Polakovic, L. (2005) *Traffic Forecasting Risk: Study Update* 2005 *through Ramp-up and Beyond.* Londres: Standard and Poor's.

24. Banco Asiático de Desarrollo (BASD). (2004). *Water in Asian Cities: Utilities Performance and Civil Society.* Manila: BASD.

25. Banco Interamericano de Desarrollo (BID). (2007). *Privatization for the Public Good? Welfare Effects of Private Intervention in Latin America.* Washington, DC: BID.

26. Banco Mundial. (1994). *World Development Report* 1994. *Infrastructure for Development.* Washington, DC: Banco Mundial.

27. Banco Mundial. (2001). *Global Economic Prospects and the Developing countries* 2002: *Making Trade work for the Poor.* Washington, DC: Banco Mundial.

28. Banco Mundial. (2004a). Colombia Recent Economic Developments in Infrastructure (REDI). Balancing Social and Productive Needs for Infrastructure. *World Bank Report*, 30379-CO. Washington, DC: Banco Mundial.

29. Banco Mundial. (2004b). *Informe sobre el desarrollo mundial*, 2005: *Un mejor clima de inversión para todos.* Bogotá: Banco Mundial y Alfaomega.

30. Banco Mundial. (2006). Encuestas a empresas. (Archivo electrónico de datos). Washington, DC: Banco Mundial.

31. Banco Mundial. (2007a). *The Nexus Between Infrastructure and Environment*. Washington, DC: Banco Mundial.

32. Banco Mundial. (2007b). World Development Indicators. (Archivo electrónico de datos) Washington, DC: Banco Mundial.

33. Banco Mundial. (2008). *The Welfare Impact of Rural Electrification: A Reassessment of the Costs and Benefits*. Washington, DC: Banco Mundial.

34. Barham, T., Lipscomb, M. y Mobarak, A. (2008). *Social and Economic Impact of Electricity Provision: Evidence from the Quasi-Random Placement of Hydro-Electric Plants in Brazil*. Manuscrito no publicado, University of Colorado y Yale University.

35. Bastos, C. y Abdala, M. (1993). *Reform of the electric power sector in Argentina*. Santiago de Chile: Antártida.

36. Batra, G., Kaufmann, D. y Stone, A. (2003). *Investment climate around the world: Voices of the firms from the world business environment survey*. Washington, DC: Banco Mundial.

37. Beato, P., Benavides, J. y Vives, A. (2002). Challenges to Regional Initiatives promoting transnational infrastructure projects. *Infrastructure and Financial Markets Review*, 8 (2), 1 – 5.

38. Becker, G. (1965). A Theory of the Allocation of Time. *Economic Journal*, 75 (299), 493 – 517.

39. Benavides, J. (2003). *Infraestructura y pobreza rural: coordinación de políticas e intervenciones en países de América Latina y el Caribe*. Manuscrito no publicado, Banco Interamericano de Desarrollo.

40. Ben-Akiva, M. , Bowman, J. , Ramming, S. y Walker, J. (1998). "Behavioural Realism in Urban Transportation Planning Models". Trabajo presentado en *Transportation Models in the Policy-Making Process Symposium*. Marzo de 1998, California, Estados Unidos.

41. Bennet, J. y Iossa, E. (2006). Building and managing facilities for public services. *Journal of Public Economics*, 90, 2143 – 2160.

42. Bernard, A. y Jensen, J. (1995). Exporters, jobs and wages in US manufacturing, 1976 – 1987. *Brookings papers on economic activity: Microeconomics*, 67 – 118.

43. Bernard, A. , Eaton, J. , Jensen, J. y Kortum, S. (2003). Plants and Productivity in international Trade. *American Economic Review* 93 (4), 1268 – 1290.

44. Bernard, A. , Jensen, B. y Schott, P. (2006). Trade costs, firms and productivity. *Journal of Monetary Economics* 53, 917 – 937.

45. Bertinelli, L. y Strobl, E. (2007). Urbanisation, Urban Concentration and Economic Development. *Urban Studies*, 44 (13), 2499 – 2510.

46. Biehl, D. (1986). *The contribution of infrastructure to regional development*. Report produced by the Infrastructure Study Group for the European Community. Bruselas: Comisión Europea.

47. Binswanger, H. , Khandker, S. y Rosenzweig, M. (1995). How Infrastructure and financial institutions affect agricultural output and investment in India. *Journal of Development Economics*,

41（2），337 - 366.

48. Birdsall, N. y Nellis, J. （2002）. *Winners and Losers: Assessing the Distributional Impact of Privatization.* （Working Paper N° 6）. Washington, DC: Center for Global Development.

49. Bitrán, E. （2008）. "Reforming PPP in infrastructure: lessons from Chilean experience". Trabajo presentado en la *Conferencia Internacional sobre Enfoques alternativos para incrementar la inversión en Infraestructura en América Latina y el Caribe.* Julio de 2008, Lima, Perú.

50. Black, S. y Lynch, L. （2004）. What's driving the new economy: understanding the role of workplace practices. *Economic Journal,* 114 （493）, 97 - 116.

51. Blanchard, O. y Giavazzi, F. （2004）. *Improving the SGP through a proper accounting of public investment.* （CEPR Discussion Paper N° 4220）. Londres: Centre for Economic Policy Reasearch.

52. Blyde, J. , Mesquita M. , y Volpe, C. （2008）. *Desbloqueando las arterias. La incidencia de los costos de transporte en el comercio de América Latina y el Caribe.* Washington DC: Banco Interamericano de Desarrollo.

53. Boiteux, M. （1971）. On the Management of Public Monopolies Subject to Budget Constraints. *Journal of Economic Theory,* 3 （3）, 219 - 240.

54. Bojovic, V. （2006）. Public Private Partnerships as a Last Resort for Traditional Public Procurement. *Panoeconomicus,* 3, 299 - 311.

55. Bonnefoy, C. y Martner, R. (2007). *Planificar y presu-puestar: modelos de integración y coordinación en América Latina.* Santiago de Chile: CEPAL.

56. Bosañes, F. y Willing, R. (2002). *Second-Generation Reforms in Infrastructure Services.* Washington, DC: Banco Interamericano de Desarrollo.

57. Bougheas, S., Demetriades, P. y Mamuneas T. (2000). Infrastructure, Specialization and Economic Growth. *The Canadian Journal of Economics*, 33 (2), 506 – 522.

58. Bourguignon, F., Ferreira, F. y Walton, M. (2006). Equity, Efficiency and Traps: A Research Agenda. *Journal of Economic Inequality*, 5 (2), 235 – 256.

59. Braeutigam, R. (1989). Optimal Policies for Natural Monopolies. En Schmalensee y Willig (Eds.), *Handbook of Industrial Organization*, Volumen II, 1290 – 1346. Amsterdam: North Holland.

60. Brender, A. (2003). The effect of fiscal performance on local government election results in Israel: 1989 – 1998. *Journal of Public Economics*, 87, 2187 – 2205.

61. Bresnadhan T., Brynjolfsson, E. y Hitt, L. (2002). Beyond Computation: Information technology, workplace organization and the demand for skilled labour: firm level evidence. *Quarterly Journal of Economics*, 117 (1), 339 – 376.

62. Briceño-Garmendia, C., Estache, A. y Shafik, N. (2004). *Infrastructure Services in Developing Countries: Access, Quality, Costs and Policy Reform.* (Working Paper N° 3468). Washing-

ton, DC: Banco Mundial.

63. Brown, A. , Stern, J. y Tenenbaum, B. (2006). *Handbook for evaluating infrastructure regulatory systems*. Washington, DC: Banco Mundial.

64. Brownstone, D. , Ghosh, A. , Golob, T. , Kazimi, C. y Van Amelsfort, D. (2003). Drivers' Willingnessto-Pay to Reduce Travel Time: Evidence from the San Diego I – 15 Congestion Pricing Project. *Transportation Research Part* A, 37 (4), 373 – 387.

65. Brynjolfsson, E. y Hitt, L. (2003). Computing Productivity: firm-level evidence. *Review of economics and statistics* 85 (4), 793 – 808.

66. Buiter, W. (1990). *Principles of budgetary and financial policy*. Boston: The MIT Press.

67. Bull, A. (2004). *Concesiones viales en América Latina: situación actual y perspectivas*. (Serie Recursos Naturales e Infraestructura N° 79). Santiago de Chile: CEPAL.

68. Cadot, O. , Röller, L. , y Stephan, A. (2006). Contribution to productivity or pork barrel? The two faces of infrastructure investment. *Journal of Public Economic*, 90, 1133 – 1153.

69. Calderón, C. y Chong, A. (2004). Volume and Quality of Infrastructure and the Distribution of Income: An Empirical Investigation. *Review of Income and Wealth*, 50 (1), 87 – 106.

70. Calderón, C. y Servén, L. (2002). *The Output Cost of Latin America's Infrastructure Gap*. Working paper 186. Santiago de Chile: Banco Central de Chile.

71. Calderón, C. y Servén, L. (2004). *The Effects of Infrastructure Development on Growth and Income Distribution.* (Working paper 270). Santiago de Chile: Banco Central de Chile.

72. Calderón, C. y Servén, L. (2008). *A quarter century of infrastructure in Latin America.* Manuscrito no publicado, Banco Mundial.

73. Calfee, J, Winston, C. y Stempski, R. (2001). Econometric Issues in Estimating Consumer Preferences from Stated Preference Data: A Case Study of the Value of Automobile Travel Time. *The Review of Economics and Statistics*, 83 (4), 699 – 707.

74. Calvo, G. (1978). On the time consistency of optimal policy in a monetary economy. *Econometrica*, 46, 1411 – 1428.

75. Canning, D. (1999). *The Contribution of Infrastructure to Aggregate Output.* (World Bank Policy Research Working Paper 2246). Washington, DC: Banco Mundial.

76. Canning, D. y Bennathan E. (2000). *The Social rate of return on Infrastructure investment.* (World Bank Policy Research Working Paper 2390). Washington, DC: Banco Mundial.

77. Canning, D. y Pedroni, P. (2004). *The effect of infrastructure on long run economic growth.* Manuscrito no publicado.

78. Carciofi, R. (2007). Cooperación y provisión de bienes públicos regionales: el caso de IIRSA. *Integración y Comercio*, 28, 57 – 88.

79. Cárdenas, M. y Sandoval, C. (2008). *Transportation infrastructure and productivity: Evidence from Colombia.* Manuscrito no

publicado, Corporación Andina de Fomento.

80. Carrillo, P. , Bellettini, O. y Coombs, E. (2007). *Stay Public or Go Private*?: *A Comparative Analysis of Water Services Between Quito and Guayaquil.* (Working Paper N° R – 538). Washington, DC: Banco Interamericano de Desarrollo.

81. Casas, C. (2008). *MERLIN, un modelo de logística para el fortalecimiento de la competitividad colombiana.* Manuscrito no publicado, Corporación Andina de Fomento.

82. Cattaneo, A. (2001). Deforestation in the Brazilian Amazon: Comparing the impacts of macroeconomic shocks, Land tenure and technological change. *Land Economics* 77 (2), 219 – 240.

83. Centro de Estudios Distributivos, Laborales y Sociales (CEDLAS). (2007). Socio-Economic Database for Latin America and the Caribbean (Archivo electrónico de datos). La Plata: CEDLAS.

84. Chay, K. y Greenstone, M. (2005). Does Air Quality Matter? Evidence from the Housing Market. *Journal of Political Economy* 113 (2), 376 – 424.

85. Chomitz, K. y Gray, D. (1996). Road, Land Use, and Deforestation: A Spatial Model Applied to Belize. *World Bank Economic Review* 10 (3), 487 – 512.

86. Chowdhury, S. y Torero, M. (2006). *Urban-Rural Linkages in Bangladesh: The Impact of Infrastructure and the Food Value Chain on Livelihoods and Migration of Landless Households, Women and Girls in the Northwestern Region.* Manuscrito no publicado, Inter-

national Food Policy Research Institute.

87. Clarida, R. y Findlay, R. (1992). Government, Trade and Comparative Advantage. *American Economic Review* 82 (2), 122 – 127.

88. Clark, X. , Dollar, D. y Micco, A. (2005). Port Efficiency, Maritime Transport Costs and Bilateral Trade. *Journal of development Economics*, 75.

89. Clarke, R. y Wallsten, S. (2002). *Universal (ly Bad) Services: Providing Infrastructure Services to Rural and Poor Urban Consumers.* Manuscrito no publicado, Banco Mundial.

90. Cointreau, S. (2006). "Sustainable solid waste Systems in developing countries". Trabajo presentado en el Seminario *Solid Waste Primers and Lessons Learned form Bank Projects.* Febrero de 2006. Washington, DC: Banco Mundial.

91. Cointreau, S. (2007). "The growing complexities and challenges of solid waste management in developing countries". Trabajo presentado en la reunión annual de *International Solid Waste Association* (ISWA). Septiembre de 2007, Washington, DC: Banco Mundial.

92. Comisión Económica para América Latina y el Caribe (CEPAL). (2002). *La modernización de los sistemas nacionales de inversión pública: análisis crítico y perspectivas.* (Serie manuales N° 23). Santiago de Chile: Instituto Latinoamericano y del Caribe de Planificación Económica y Social.

93. Comisión Económica para América Latina y El Caribe (CE-

PAL). (2007a). *Anuario Estadístico de América Latina y El Caribe* 2007. Santiago de Chile: Comisión Económica para América Latina y el Caribe.

94. Comisión Económica para América Latina y el Caribe (CE-PAL). (2007b). Panorama Social de América Latina 2007. Santiago de Chile: CEPAL.

95. Comisión Económica para América Latina y el Caribe (CE-PAL). (2008). Pobreza y precariedad urbana en América Latina y el Caribe Situación actual y financiamiento de políticas y programas. Santiago de Chile: CEPAL.

96. Comunidad Andina de Naciones (CAN). (2005). *Comercio Exterior e intracomunitario de la Comunidad Andina por modo de transporte* 2002 – 2003. Lima: CAN.

97. Confederation of European Waste to Energy Plants (CEW-EP). (2008). *Recycling and Waste-to-Energy-the magic formula.* Bruselas: CEWEP.

98. Connors, S. y Andrews, C. (1991). System-wide Evaluation of Efficiency Improvements: Reducing Local, Regional and Global Environmental Impacts. En Tester, J. et al. (Eds.), *Energy and the Environment in the 21st Century.* Cambridge, MA, MIT Press.

99. Cont, W.; Hancevic, P y Navajas, F. (2008). Infraestructura y aspectos distributivos en la tarificación de los servicios públicos: ámbito y posibilidades de la tarifa social en la Argentina. *Perspectivas*, 6 (2). 65 – 90

100. Corporación Andina de Fomento (CAF). (2005). *Re-*

porte de Economía y Desarrollo. América Latinaen el comercio global. Ganando mercados. Caracas: CAF.

101. Corporación Andina de Fomento (CAF). (2006). *Reporte de Economía y Desarrollo. Camino a la transformación productiva en América Latina.* Caracas: CAF.

102. Corporación Andina de Fomento (CAF). (2007). *Reporte de Economía y Desarrollo. Oportunidades en América Latina. Hacia una mejor política social.* Caracas: CAF.

103. Corporación Andina de Fomento (CAF). (2008a). *Encuesta sobre acceso, calidad y satisfacción con servicios públicos en América Latina.* Manuscrito no publicado.

104. Corporación Andina de Fomento (CAF). (2008b). http: //www. caf. com

105. Cropper, M. , Puri, J. y Griffiths, C. (2001). Predicting the location of deforestation: The role of Roads and Protected Areas in North Thailand. *Land Economics* 77 (2) 172 – 186.

106. Department for Environment, Food and Rural Affairs. (2004). *Review of Environmental and Health Effects of Waste Management: Municipal Solid Waste and Similar Wastes.* Londres: Department for Environment, Food and Rural Affairs.

107. Deininger, K. (2003). *Políticas de tierra para el crecimiento y la reducción de la pobreza.* Washington, DC: Banco Mundial.

108. Del Sar, S. (2004). Tráfico rodado y efectos externos: valoración económica del ruido. *Ekonomíaz*, 57 (3).

109. Demetriades, P. y Mamuneas, T. (2000). Intertemporal Output and employment effects of public infrastructure capital: Evidence from 12 OECD economies. *The Economic Journal* 110, 687 – 712.

110. Demsetz, H. (1968). Why regulate Utilities? *Journal of Law and Economics*, 11 (1), 55 – 65.

111. Department for International Development (DFID). (2002). *Making Connections. Infrastructure for poverty reduction.* Londres: DFID.

112. Departamento Nacional de Planeación (DNP). (2007). *Agenda interna para la productividad y la competitividad.* (Documento Regional). Bogotá: DNP.

113. Devarajan S., Swaroop V. y Zou H. (1996). The Composition of Public Expenditure and Economic Growth. *Journal of Monetary Economics* 37, 313 – 344.

114. Dewatripont, M. y Legros, P. (2005). Public Private Partnerships: contract design and risk transfer. *EIB papers*, 10 (1).

115. Di Tella, R., Galiani, S. y Schargrodsky, E. (2008). *Reality versus Propaganda in the Formation of Beliefs about Privatization*, Manuscrito no publicado.

116. Dirección General de Programación Multianual del Sector Público. (2007). *El nuevo SNIP descentralizado.* Ministerio de Economía y Finanzas. Fecha de consulta: 29 de septiembre de 2008: http://www. mimdes. gob. pe/descentralizacion/redges/SNIP _ Descentralizado. pdf.

117. Dirección General de Programación Multianual del Sector Público del Ministerio de Economía y Finanzas del Perú. (2007). *El Sistema Nacional de Inversión Pública* (SNIP). Lima: Ministerio de Economía y Finanzas del Perú

118. Drazen, A. (2000). *Political Economy in Macroeconomics*. Princeton: Princeton University Press.

119. Drazen, A. y Eslava, M. (2005). *Electoral manipulation via expenditure composition: theory and evidence*. (NBER Working Paper N° 11085). Cambridge: National Bureau of Economic Research.

120. Ducci, J. y Toman, M. (2003). *Instrumentos económicos para el manejo integral de residuos sólidos en América Latina y el Caribe*. Sinopsis del Informe ejecutivo, Washington, DC: Banco Interamericano de Desarrollo.

121. Duflo, E. y Pande, R. (2007). Dams. *The Quarterly Journal of Economics*, 122 (2), 601 – 646.

122. Duggal, V., Saltzman, C. y Klein, L. (2007). Infrastructure and productivity: An extension to private infrastructure and IT productivity. *Journal of Econometrics* 140, 485 – 502.

123. Duggal, V., Saltzman, C. y Klein, L. (1999). Infrastructure and productivity: a nonlinear approach. *Journal of Econometrics*, 92, 47 – 74.

124. Duranton, G. y Turner, M. A. (2008). *Urban Growth and Transportation*. (Discussion Papers, 6633). Londres: Center for Economic Policy Research.

125. Easterly, W. y Rebelo, S. (1993). Fiscal policy and e-

conomic growth: An empirical investigation. *Journal of Monetary Economics*, 32 (3), 417 –458.

126. Easterly, W. (2001). *The lost decade: developing countries' stagnation in spite of policy reform.* Manuscrito no publicado.

127. Echeverry, J. , Ibáñez, A. y Moya, A. (2005). Una evaluación económica del sistema Transmilenio. *Revista de Ingeniería* N° 21, Universidad de los Andes.

128. Engel, E. , Fischer, R. y Galetovic, A. (1997). *La regulación de las concesiones viales.* (N° 193). Santiago de Chile: Centro de Estudios Públicos.

129. Engel, E. , Fischer R. y Galetovic A. (2001). Least-Present-Value-of-Revenue Auctions and Highway Franchising. *Journal of Political Economy*, 109 (5).

130. Engel, E. , Fischer, R. y Galetovic, A. (2008). *Public-Private Partnerships: When and How*, Manuscrito no publicado, Corporación Andina de Fomento.

131. Escobal, J. , Inurritegui, M. y Benavides, J. (2005). *Infraestructura rural: Guías para diseñar intervenciones y lecciones aprendidas de PROVIAS Rural (Perú).* Washington, DC: Banco Interamericano de Desarrollo.

132. Escobal, J. y Ponce, C. (2002). *The Benefits of Rural Roads: Enhancing Income Opportunities for the Rural Poor.* (Working Paper N° 40). Lima: Grupo de Análisis para el Desarrollo.

133. Escobal, J. y Ponce, C. (2007). *Infraestructura e*

inclusión social en Latinoamérica. Manuscrito no publicado, Corporación Andina de Fomento.

134. Esfahani, H. y Ramírez, M. (2003). Institutions, Infrastructure, and Economic Growth. *Journal of development Economics*, 70 (2), 443 – 477.

135. Estache, A. , Foster, V. y Wodon, Q. (2002). *Accounting for Poverty in Infrastructure Reform. Learning from Latin America's Experience.* Washington, DC: Instituto del Banco Mundial.

136. Estache, A. (2005). Latin America's Infrastructure Experience: Policy Gaps and the Poor. En Nellis, J. y Birdsall, N. (Eds.), *Reality Check: The Distributional Impact of Privatization in Developing Countries.* Washington, DC: Center for Global Development.

137. Estache, A. , Juan, E. y Trujillo, L. (2007). *Public Private Partnerships in Transport.* (World Bank Policy Research Working Paper 4436). Washington, DC: Banco Mundial.

138. Estupiñán, N. , Gómez-Lobo, A. , Muñoz-Raskin, R. y Serebrisky, T. (2007). *Affordability and Subsidies in Public Urban Transport: What do we mean, what can be done?* (Working Paper N° 4440). Washington, DC: Banco Mundial.

139. Evans, J. , Levine, P. y Trillas, F. (2008). Lobbies, Delegation and the Under-Investment Problem in Regulation. *International Journal of Industrial Organization*, 26 (1), 17 – 40.

140. Fan, S. y Hazell, P. (1999). *Are Returns to Public Investment Lower in Less-favored Rural Areas? An Empirical Analysis of*

India. (Discussion Paper N° 43). Washington, DC: Environment and Production Technology Division, International Food Policy Research Institute.

141. Fan, S. , Zhang, L. y Zhang, X. (2002). *Growth, Inequality, and Poverty in Rural China. The Role of Public Investments.* Washington, DC: International Food Policy Research Institute.

142. Food and Agriculture Organization (FAO). (2006). Global Forest Resources Assessment 2005: progress towards sustainable forest management. *Forest Resources Assessment.* Roma: FAO.

143. Fay, M. (2005). *The Urban Poor in Latin America.* Washington, DC: Banco Mundial.

144. Fay, M. y Morrison, M. (2007). *Infrastructure in Latin America and the Caribbean. Recent Developments and key Challenges.* Washington, DC: Banco Mundial.

145. Fernald, J. (1999). Roads to prosperity? Assessing the link between Public Capital and Productivity. *American Economic Review* 89 (3), 619 – 638.

146. Fernández, D. (2004). *Colombia: desarrollo económico reciente en infraestructura. Balanceando las necesidades sociales y productivas. Sector Agua Potable.* (Working Paper N° 32088). Washington, DC: Banco Mundial.

147. Fitch Ratings. (2007). Interoceánica IV Finance Limited-Intersur. *International Presale Report.*

148. Foro Económico Mundial. (2008). *The Global Competitiveness Report* 2008 – 2009. New York: Palgrave Macmillan.

149. Fundación Provivienda Social (FPVS). (2008). Registros de la Gerencia de Operaciones de la Fundación Pro Vivienda Social. Buenos Aires: FPVS.

150. Fundación Marca de Garantía. (2008). http: // www. marcagarantia-ptovlc. com

151. Gakenheimer, R. (1999). Urban Mobility in the Developing World. *Transportation Research* A. 33 (7 −8), 671 −689.

152. Galí, J. y Perotti, R. (2003). *Fiscal policy and monetary integration in Europe.* (NBER Working Paper N° 9773). Cambridge: National Bureau of Economic Research.

153. Geist, H. y Lambin, E. (2001). *What Drive Tropical Deforestation? A Meta analysis of proximate and underlying causes of deforestation based on subnational case study evidence.* Land Use Chance and Land Cover Change Report Series 4. Washington, DC: American Institute of Biological Sciences.

154. Global Water Intelligence. (GWI). (2004). *Tariffs: Half Way There.* Oxford: GWI.

155. Gómez-Lobo, A. y Contreras, D. (2003). Subsidy policies for the utility industries: a comparison of the distributional impacts of the Chilean and Colombian water subsidy schemes. *The World Bank Economic Review*, 17 (3), 391 −407. Washington, DC: Banco Mundial.

156. Gordon, J. y Gupta P. (2003). "Understanding India's Services Revolution. International Monetary Fund". Documento preparado para la Conferencia: *A Tale of Two Giants: India's and*

China's Experience with Reform. Noviembre de 2003. Nueva Dehli.

157. Goytia, C. , Pasquini, R. y Sanguinetti, P. (2008). *La cooperación público-privada para la provisión de gas de red en barrios informales de la RMBA : logística institucional e impactos.* Manuscrito no publicado, Instituto Torcuato Di Tella.

158. Graham, C. (1998). Is there a Crisis in Regulatory Accountability? En Baldwin, R. , C. Scott y C. Hood (Eds.), *A Reader on Regulation.* Oxford : Oxford University Press.

159. Gramlich, E. (1994). Infrastructure Investment : A review essay. *Journal of Economic Literature* 32 (3). 1176 – 1196.

160. Grossman, G. y Helpman, E. (2001). *Special Interest Politics.* Cambridge : The MIT Press.

161. Guasch, J. L. (2004). *Granting and Renegotiating Infrastructure Concessions : Doing It Right.* Washington, DC : Banco Mundial.

162. Guasch, J. y Kogan, J. (2005). Inventories and Logistic Costs in Developing Countries : Levels and Determinants, a Red Flag on Competitiveness and Growth. *Revista de la Competencia y la Propiedad Intelectual*, 1 (1).

163. Guasch, J. , Laffont, J-J. , Straub, S. (2004). *Renegotiation of concessions contracts in Latin America.* (*Working Paper N°* 3011). Washington, DC : Banco Mundial.

164. Guasch, J. L. y Fajnzylber, P. (2008). " Infraestructura en América Latina : ? Dónde estamos y por qué?" Trabajo presentado en la *Conferencia internacional sobre enfoques alternativos para incre-*

mentar la inversión en Infraestructura en América Latina y el Caribe.
Julio de 2008. Lima, Perú.

165. Guasch, J. L. y Spiller, P. (1999). *Managing the Regulatory Process: Design, Concepts, Issues and the Latin American and Caribbean Story.* Washington, DC: Banco Mundial.

166. Harrigan J. (2005). *Airplanes and Comparative Advantage.* (Working paper 11688). Massachusetts: National Bureau of Economic Research.

167. Harris, C. (2003). *Private Participation in Infrastructure in Developing Countries. Trends, Impacts, and Policy Lessons.* (Working Paper N° 5). Washington, DC: Banco Mundial.

168. Hensher, D. y Ton, T. (2002). TRESIS: A transportation, land use and environmental strategy impact simulator for urban areas. *Transportation* 39, 439 – 457.

169. H. M. Treasury (2004). *Long-term public finance report: An analysis of fiscal sustainability.* Reino Unido: H M Treasury.

170. Hodges, H. (1997). *Falling Prices: cost of complying with environmental regulations almost always less than advertised.* Washington, DC: Economic Policy Institute.

171. Holtz-Eaakin, D. (1994). Public Sector Capital and the productivity Puzzle. *Review of Economics and Statistics* 76 (1), 12 – 21.

172. Holtz-Eakin, D. y Lovely, M. (1995). *Scale Economies, Returns to variety and the productivity of Public Infrastructure.* (Working paper 5295) Massachusetts: National Bureau of Economic Re-

search.

173. Hulten, C. y Schwab R. (1991). *Is there too Little Public Capital? Infrastructure and Economic Growth.* Washington, DC: A-merican Enterprise Institute.

174. Jorgenson, D. , Ho, M. y Stiroh, K. (2008). A retro-spective look at the US Productivity Growth Resurgence. *Journal of E-conomic Perspectives* 22 (1), 3 – 24.

175. Joskow, P. (1998). "Regulatory priorities for reforming infrastructure sectors in developing countries". Trabajo preparado para la 10° *Conferencia Anual del Banco Mundial sobre Economías en De-sarrollo.* Washington, DC: Abril de 1998.

176. Kahneman, D. y Ritov, I. (1994). Determinants of Stat-ed Willingness to Pay for Public Goods: A Study in the Headline Method. *Journal of Risk and Uncertainty*, 9 (1), 5 – 38.

177. Kalaitzidakis, P. y Kalyvitis, S. (2004). On the macro-economic implications of maintenance in public capital. *Journal of Public Economics* 88, 695 – 712.

178. Kalaitzidakis, P. y Kalyvitis, S. (2005). New public in-vestment and/or public capital maintenance for growth? The Canadian experience. *Economic Inquiry* 43 (3), 586 – 615.

179. Kariuki, M. y Schwartz, J. (2005). *Small-Scale Private Service Providers of Water Supply and Electricity: A Review of Inci-dence, Structure, Pricing and Operating Characteristics.* (Policy Re-search Paper N° 3727). Washington, DC: Banco Mundial.

180. Kaul, I. , Conceiçao, P. , Le Goulven, K. y Mendoza,

R. (2003). *Providing Global Public Goods: Managing Globalisation.* New York: Oxford University Press.

181. Kennedy, C. (2002). A comparison of the sustainability of public and private transportation systems: Study of the Greater Toronto Area. *Transportation* 29, 459 – 493.

182. Kerf, M. e Izaguirre, A. (2007). *Revival of private participation in developing country infrastructure. A look at recent trends and their policy implications.* (Nota N° 16). Washington, DC: Public Private Infraestructure Advisory Facility.

183. Kijima, Y., Sakurai, T. y Otsuka, K. (2000). Iriaichi: Collective versus individualized management of community forests in postwar Japan. *Economic Development and Cultural Change* 48 (4), 866 – 886.

184. Klytchnikova, I. y Lokshin, M. (2007). *Measuring Welfare Gains from Better Quality Infrastructure.* (Working Paper N° 4217). Washington, DC: Banco Mundial.

185. Kneebone, R. y McKenzie, K. (2001). Electoral and partisan cycles in fiscal policy: an examination of Canadian provinces. *International Tax and Public Finance*, 8 (5), 753 – 774.

186. Komives, K., Foster, V., Halpern, J. y Wodon, Q. (2005). *Agua, electricidad y pobreza. ? Quién se beneficia de los subsidios a los servicios públicos?* Washington, DC: Banco Internacional de Reconstrucción y Fomento/Banco Mundial.

187. Kremer, M. (1993). Population Growth and Technological Change: One Million B. C. to 1990. *The Quarterly Journal of E-*

conomics, 108 (3), 681 – 716.

188. Kydland, F. y Prescott, E. (1977). Rules rather than discretion: the inconsistency of optimal plans. *Journal of Political Economy*, 85, 473 – 490.

189. Laffont, J. J. y Tirole, J. (1993). *A Theory of Incentives in Procurement and Regulation*. Cambridge: The MIT Press.

190. Latinobarómetro. (1997). Informe Latinobarómetro 1997. (Archivo electrónico de datos). Santiago de Chile: Latinobarómetro.

191. Latinobarómetro. (2002). Informe Latinobarómetro 2002. (Archivo electrónico de datos). Santiago de Chile: Latinobarómetro.

192. Latinobarómetro. (2003). Informe Latinobarómetro 2003. (Archivo electrónico de datos). Santiago de Chile: Latinobarómetro.

193. Latinobarómetro. (2007). Informe Latinobarómetro 2007. (Archivo electrónico de datos). Santiago de Chile: Latinobarómetro.

194. Laurance, W. , Albernaz, A. , Schroth, G. , Fearnside, P. , Bergen, S. , Venticinque, E. y Da Costa, C. (2002). Predictors of deforestation in the Brazilian Amazon. *Journal of Biology* 29, 737 – 748.

195. Ledec, G. y Quintero, J. (2003). *Good dams and bad dams: environmental criteria for site selection of hydroelectric projects*. Latin America and Caribbean Regional Sustainable Development. (Working Paper 16). Washington, DC: Banco Mundial.

196. Lee, K. S. y Anas, A. (1992). Costs of deficient infrastructure: the case of Nigerian manufacturing. *Urban Studies*, 29, 1071 – 1092.

197. Lei 11079 – 2004. Parceria Público-Privada no ambito da administraçao pública. Brasil: Presidência da República.

198. Levinsohn, J. y Petrin, A. (2003). Estimating production functions using inputs to control for unobservables. *Review of Economic Studies*, 70 (2), 317 – 342.

199. Levinson, D. y Huang, Y. (1997). Windowed Transportation Planning Model. *Transportation Research Record*, 1607, 45 – 54.

200. Limao, N. y Venables, A. (2001). Infrastructure, Geographical Disadvantage, Transport Costs and Trade. *The World Bank Economic Review*, 15, 451 – 479.

201. Liu, L. N. (2004). Multi-period Congestion Pricing Models and Efficient Tolls in Urban Road Systems. *Review of Network Economics*, 3 (4), 381 – 391.

202. Lokshin, M. y Yemtsov, R. (2005). Has Rural Infrastructure Rehabilitation in Georgia Helped the Poor? *The World Bank Economic Review*, 19 (2), 311 – 333.

203. Looney, R. y Frederiksen, P. (1981). The Regional Impact of Infrastructure Investment in Mexico. *Regional Studies*, 15 (4), 285 – 296.

204. Machicado, C. (2007). *Macroeconomic and Welfare Effects of Public Infrastructure Investment in Five Latin American Countries*. Manuscrito no publicado, Corporación Andina de Fomento.

205. Mankiw, G. (1992). *The optimal Underprovision of Public Goods*. Manuscrito no publicado.

206. Margulis, S., Hughes, G., Gambrill, M. y Azevedo, L.

(2002). *Brazil: Managing Water Quality.* (Technical Paper N° 532). Washington, DC: Banco Mundial.

207. Matsukawa, T. y Habeck, O. (2007). *Review of Risk Mitigation Instruments for Infrastructure Financing and Recent Trends and Development.* Washington, DC: Banco Mundial.

208. McKenzie, D. y Mookherjee, D. (2003). The Distributive Impact of Privatization in Latin America: Evidence from Four Countries. *Economía*, 3 (2), 161 – 218.

209. Meléndez, M. (2008). *Subsidios al consumo de los servicios públicos: reflexiones a partir del caso colombiano.* Manuscrito no publicado, Corporación Andina de Fomento.

210. Melitz, M. (2003). The Impact of trade on Intraindustry reallocations and aggregate industry productivity. *Econometrica*, 71 (6), 1695 – 1725.

211. Mesquita, M. (2007). Costos comerciales y fundamentos económicos de la Iniciativa para la Integración de la Infraestructura Suramericana. *Integración y Comercio*, 28, 57 – 88.

212. Micco, A. y Serebrisky, D. (2006). Competition regimes and air transport costs: The effects of open skies agreements. *Journal of International Economics*, 70.

213. Millán, J. (2006). *Entre el Mercado y el Estado. Tres décadas de reformas en el sector eléctrico en América Latina.* Washington, DC: Banco Interamericano de Desarrollo.

214. Millán, P. (2005). *Panorama del sector de transportes en América Latina y Caribe.* (Documento de Trabajo N° 1). Buenos Ai-

res: Pontificia Universidad Católica Argentina.

215. Ministerio de Minas y Energía. (2008). *Balance Energético Nacional (BEN)*. Colombia: Ministerio de Minas y Energía.

216. Morandé, F. y Esteban, J. (2007). *Transantiago: el remedio que está matando al paciente.* (Trabajos de Investigación en Políticas Públicas N° 5). Santiago de Chile: Universidad de Chile.

217. Moreno, A. (2005). Impacto de Transmilenio en el crimen de la avenida Caracas y sus vecindades. *Documento CEDE N° 55*, Universidad de los Andes.

218. Moriwaki, S. (2007). Econometric Analysis of the Productivity Effect for the Road Capital in China. *Journal of Chinese Economic Studies*, 4 (nl - 2), 1 - 13.

219. Morrison, C. y Schwartz, A. (1992). *State infrastructure and productive performance.* (Working Paper 3981). Massachusetts: National Bureau of Economic Research.

220. Munnell, A. H. (1990). Why has Productivity Growth Declined? Productivity and public investment. *New England Economic Review*, 3 - 22.

221. Munnell, A. H. (1992). Policy Watch: Infrastructure Investment and Economic Growth. *Journal of Economic Perspectives* 6 (4), 189 - 198.

222. Nadiri, M. y Mamuneas, T. (1994). *The Effects of Public Infrastructure and R&D Capital on the Cost Structure and Performance of U. S. Manufacturing Industries.* (Working Paper 3887).

Massachusetts: National Bureau of Economic Research.

223. Nakamura, K. y Kockelman, K. (2000). Congestion Pricing and Roadspace Rationing: An Application to the San Francisco Bay Bridge Corridor. *Transportation Research* A, 36 (5), 403 – 417.

224. Nelson, G. , Harris, V. y Stone, S. (2001). Deforestation, land use and property rights: empirical evidence from Darien, Panamá. *Land Economics* 77 (2), 187 – 205.

225. Organización de las Naciones Unidas para la Infancia (UNICEF). (2006). *Meeting the MDG drinking water and sanitation target: the urban and rural challenge of the decade.* Organización Mundial de la Salud y UNICEF.

226. Organización de las Naciones Unidas (ONU). (2007). Key Global Indicators. (Archivo Electrónico de Datos). Nueva York: United Nations Statistics Division (UNdata).

227. Organización para la Cooperación y el Desarrollo Económico (OCDE). (2006). Applying strategic environmental assessment: good practice guidance for development co-operation. *Development Assistance Committee.* París: OCDE.

228. Organización para la Cooperación y el Desarrollo Económico (OCDE). (2007a). *Managing Urban Traffic Congestion.* Transport Research Centre. París: OCDE.

229. Organización para la Cooperación y el Desarrollo Económico (OCDE). (2007b). *Infrastructure to* 2030. *International Transport Forum.* París: OCDE.

230. Otsuka, K. (2002). "Enhancing land access and land

rights for the marginalized: Regional overview in an International context". Documento presentado en *el Taller regional sobre problemas en Asia*. 4 a 6 de junio, Phnom Penh, Camboya.

231. Parry, I. (2002). Comparing the Efficiency of Alternative Policies for Reducing Traffic Congestion. *Journal of Public Economics*, 85 (3), 333 –362.

232. Pfaff, A. (1999). What Drives Deforestation in the Brazilian Amazon?: Evidence from Satellite and Socioeconomic Data. *Journal of Environmental Economics and Management* 37 (1), 26 –43.

233. Pfaff, A. (2000). From Deforestation to Reforestation in New England, USA. En Palo, M. y H. Vanhanen (Eds). *Global Prospects of Deforestation and Forest Transition. United National University, World Institute for Development Economics Research (WIDER)*. Helsinki: Kluwer Academic Publishers.

234. Pfaff, A. , Barelli, P. y Chaudhuri, S. (2004). Aid, Economic Growth, and Environmental Sustainability: rich-poor interactions and environmental choices in developing countries. *International Journal of Global Environmental Issues* 4, 139 –159.

235. Pfaff, A. , Reis, E. J. , Walker, R. , Laurance, W. , Perz, S. , Bohrer, C. , Robalino, J. A. Aldrich, S. , Arima, E. , Caldas, M. y Kirby, K. (2006). *Roads and Deforestation in the Brazilian Amazon*. Manuscrito no publicado, Columbia University.

236. Peltzman, S. (1992). Voters as Fiscal Conservatives. *The Quartely Journal of Economics*, 17 (2), 327 –361.

237. Persson, T. y Tabellini, G. (2000). *Political Economics*:

Explaining Economic Policy. Cambridge: The MIT Press.

238. Persson, T. y Tabellini, G. (2002). *Do electoral cycles differ across political systems?* (*IGIER Working Paper N° 232*). Milán: Innocenzo Gasparini Institute for Economic Research.

239. Perry, G. , Cortés, F. y Rozo, S. (2008). *Temas de economía política e inversión en infraestructura en América Latina.* Manuscrito no publicado.

240. Peñalosa, E. (2005). Comentarios al artículo "Una evaluación económica del Sistema Transmilenio". *Revista de Ingeniería N° 21*, Universidad de los Andes.

241. Pineda, J. y Rodríguez, F. (2007). *Public Investment and Productivity Growth in the Venezuelan Manufacturing Industry.* Manuscrito no publicado.

242. Pineda, J. y Stephany, A. (2008a). *Costos de transporte para América Latina.* Manuscrito no publicado, Corporación Andina de Fomento.

243. Pineda, J. y Stephany, A. (2008b). *La asignación de recursos de inversión en Venezuela.* Manuscrito no publicado, Corporación Andina de Fomento.

244. Poole, R. y Orski, C. (1999). *Building a Case for HOT Lanes: a New Approach to Reducing Urban Highway Congestion.* (Policy Study N° 257). Los Angeles, CA: Reason Foundation.

245. Pouliquen, L. y Malmberg, C. (2000). *Infrastructure and Poverty.* Manuscrito no publicado, Banco Mundial.

246. Queiroz, C. y Gautam, S. (1992). *Road Infrastructure*

and *Economic Development*: *Some Diagnostic Indicators*. (Working Paper N° 921). Washington, DC: Banco Mundial.

247. Radelet, S. y Sachs, J. (1998). *Shipping Costs*, *Manufactured Exports and Economic Growth*. Manuscrito no publicado, Harvard Institute for International Development.

248. Ramsey, F. (1927). A Contribution to the Theory of Taxation. *Economic Journal*, 37 (145), 47 – 61.

249. Ravallion, M. y Jalan, J. (2002). Geographic poverty traps? A micro model of consumption growth in rural China. *Journal of Applied Econometrics*, 7 (4), 329 – 346.

250. Reid, J. (2008). *Show them the money*: *Incentives for environmental excellence in infrastructure projects*. Manuscrito no publicado, Corporación Andina de Fomento.

251. Rioja, F. (2003). Filling potholes: macroeconomic effects of maintenance versus new investment in public infrastructure. *Journal of Public Economics* 87, 2281 – 2304.

252. Robalino, J. y Chacón, A. (2008). *Infrastructure and Environment*. Manuscrito no publicado, Corporación Andina de Fomento.

253. Rogoff, K. (1985). The optimal degree of precommitment to an intermediate monetary target. *Journal of International Economics*, 18, 1169 – 1190.

254. Rogoff, K. (1990). Equilibrium political budget cycles. *American Economic Review*, 80, 21 – 36.

255. Rogoff, K. y Sibert, A. (1988). *Elections and macroeco-*

nomic policy cycles. (NBER Working Paper N° W1838). Cambridge: National Bureau of Economic Research.

256. Roller, L. y Waverman L. (2001). Telecommunications Infrastructure and Economic Development: A Simultaneous Approach. *American Economic Review*, 91 (4), 909 – 923.

257. Romp, W. y de Haan, J. (2005). *Public Capital and E-conomic Growth: A Critical Survey.* EIB Papers, 10, 40 – 70.

258. Sánchez-Robles, B. (1998). *Infrastructure Investment and Growth: Some Empirical Evidence* Contemporary Economic Policy, Oxford University Press, 16 (1), 98 – 108.

259. Scandizzo, S. y Stephany, A. (2008). *Modos de transporte y competitividad para la industria textil en América Latina.* Manuscrito no publicado, Corporación Andina de Fomento.

260. Schiff, M. y Winters, A. (2002). *Regional cooperation, and the role of International Organizations and Regional Integration.* (Policy Research Working Paper N° 2872). Washington, DC: Banco Mundial.

261. Schomer, P. (2001). *A White Paper: Assessment of Noise Annoyance.* Campaign, Illinois: Schomer and Associates.

262. Servén, L. (2007). *Fiscal rules, public investment and growth.* (Working Paper N° 4382). Washington, DC: Banco Mundial.

263. Shepherd, B. y Wilson, J. (2006). *Road Infrastructure in Europe and Central Asia: Does Network Quality Affect Trade?* (World Bank Policy Research Working Paper N° 4104). Washing-

ton, DC: Banco Mundial.

264. Shi, M. y Svensson, J. (2002a). *Conditional political budget cycles*. (Discussion Paper N° 3352). Cambridge: National Bureau of Economic Research.

265. Shi, M. y Svensson, J. (2002b). *Political budget cycles in developed and developing countries*. (Working Paper IIES). Stockholm: Stockholm University.

266. Shioji, E. (2001). Public Capital and Economic Growth: A convergence approach. *Journal of Economic Growth*, 6, 205 – 227.

267. Sifontes, D. (2005). "Independent regulatory agencies in Latin America telecommunication sector: a comparative study". Trabajo presentado en la *Third European Consortium for Political Research Conference*. Septiembre de 2005. Budapest, Hungría.

268. Smith, W. (1997). Utility regulators: the independence debate. *Public Policy for the Private Sector*, 127.

269. Stansfeld, S. A., Berglund, B., Clark, C., López-Barrio, I., Fischer, P., Öhrström, E., Haines, M. M., Head, J., Hygge, S., van Kamp, I. y Berry, B. F. (2005). *Aircraft and road traffic noise and children's cognition and health: a cross-national study. Lancet* 2005, 365.

270. Stern, J. (2007). *Evaluating regulatory decisions and sector outcomes in infrastructure industries: Results from Africa and other developing countries*. (Working Paper N° 3). Washington, DC: Banco Mundial.

271. Straub, S. (2008). *Infrastructure and Growth in Develo-*

ping Countries: *Recent Advances and Research Challenges* (Working Paper N° 4460). Washington, DC: Banco Mundial.

272. Straub, S., Vellutini, C. y Walters, M. (2008). *Infrastructure and Economic Growth in East Asia.* (Working Paper N° 4589). Washington, DC: Banco Mundial.

273. Strong, J., Guasch, J. y Benavides, J. (2003). *Managing Risk of Infrastructure Investment in Latin America*: *Lessons*, *Issues*, *and Prescriptions.* (Working Paper). Washington, DC: Banco Interamericano de Desarrollo.

274. Syverson, C. (2004a). Market Structure and Productivity: A concrete example. *Journal of Political Economy*, 112 (6).

275. Syverson, C. (2004b). Product sustituability and productivity dispersion. *Review of Economics and Statistics*, 86 (2), 534 – 550.

276. Tabors, R. y Monroe, B. (1991). Transitional Strategies for Emission Reduction in Electric Power Generation. En Tester, J. et al. (Eds.), *Energy and the Environment in the 21st Century.* Cambridge, MA: MIT Press.

277. Tanzi, V. (2005). *Building Regional Infrastructure in Latin America.* Washington, DC: Banco Interamericano de Desarrollo.

278. Tatom, J. (1993). The spurious effect of public capital formation on private sector productivity. *Policy Studies Journal*, 21, 391.

279. Thobani, M. (1999). Private Infrastructure, Public

Risk. Finance and Development, 36 (1), 50 – 53.

280. Tybout, J. (2003). Plant- and firm-level evidence on "New" trade teories. En Choi, E., Harrigan, J. (Eds.), *Handbook of International Economics*. Oxford: Basil-Blackwell.

281. United Nations Conference on Trade and Development (UNCTAD). (2007). Review of Maritime Transport. Ginebra: UNCTAD.

282. United Nations Environmental Programme (UNEP). (2004). *Environmental Impact Assessment and Strategic Environmental Assessment: Towards an Integrated Approach*. Génova: UNEP.

283. Urbiztondo, S. y Cont, W. (2008). *Los servicios públicos en infraestructura en América Latina. Revisión selectiva de los modelos de gestión vigentes*. Manuscrito no publicado. Corporación Andina de Fomento

284. Valdivia, M. (2008). *Connecting Rural Communities for Development: An Impact Evaluation of a Rural Roads Program in Peru*. Manuscrito no publicado, Grupo de Análisis para el Desarrollo.

285. Valila, T. y Mehrotra, A. (2005). Roads on a downhill? Trends in EU infrastructure investment. *EIB Papers*, 10 (1), 18 – 38.

286. Van de Walle, D. (2000). *Are Returns to Investment Lower for the Poor? Human and Physical Capital Interactions in Rural Vietnam*. (Working Paper N° 2425) Washington, DC: Banco Mundial.

287. Van de Walle, D. y Cratty, D. (2002). *Impact Evaluation of a Rural Road Rehabilitation Project*. Manuscrito no publicado,

Banco Mundial.

288. Van Praag, B. M. S y Baarsma, B. (2004). *Using Happiness Surveys to Value Intangibles: the Case of Airport Noise* (Discussion Paper N° 1096) Amsterdam: IZA.

289. Weinhold, D. y Reis, E. (2004). *Land use and transportation costs in the Brazilian Amazon.* (Staff Paper N° 467) Wisconsin: University of Wisconsin Madison Department of Agricultural and Applied Economics.

290. Wolff, E. (1996). The productivity slowdown: The culprit at last? Follow-up on Hulten and Wolff. *The American Economic Review*, 86 (5), 1239 – 1252.

291. Wulff, F. (2007). *El Corredor Vial Interoceánico Sur* (*Perú-Brasil*). Caracas: Corporación Andina de Fomento.

292. Yeaple, S. y Golub, S. (2004). *International productivity differences, infrastructure and comparative advantage.* Manuscrito no publicado.

293. Yescombe, E. R. (2007). *Public-private Partnerships: Principles of Policy and Finance.* Oxford: Butterworth-Heinemann.

294. Zaconetti, J. (2003). *Las políticas energéticas en la Comunidad Andina.* Lima: Comunidad Andina, Plades.

295. Zamorano, C. , Moragues, A. , y Salvador, A. (2006). Analysis of the Impact of the Arganda Metro Line on Alternative Road Route Emission Levels. *Journal of Environmental Planning and Management* 49 (4), 475 – 494.

296. Zhang, X. y Fan, S. (2004). Public Investment and Re-

gional Inequality in Rural China. *Agricultural Economics*, 30 （2）, 89 – 100.

297. Zhao, Y. y Kockelman, K. （2002）. The propagation of uncertainty through travel demand models: an exploratory analysis. *Annals of Regional Science*, 36, 145 – 163.

后　记

　　安第斯发展集团是一个业务涵盖整个拉美和加勒比地区的重要金融机构。它成立于 1970 年，现有 18 个成员国和 14 家参股的私人银行，总部设在委内瑞拉首都加拉加斯。2010 年 9 月 17 日，该集团执行主席恩里克·加西亚先生率团访问中国社科院拉丁美洲研究所，并与拉美所所长郑秉文博士和副所长吴白乙博士进行了会谈。双方最终达成协议，决定定期翻译出版该集团的年度《经济发展报告》中文版，在华共同举办每年一届的研讨会，开展合作研究并互派人员。在此基础上，双方又签署了长期合作的框架协议。

　　由于当时安第斯发展集团尚未完成 2010 年度报告，双方决定翻译该集团 2009 年的年度报告《未来之路：拉丁美洲的基础设施管理》。该报告全面、系统地介绍了拉美基础设施现状及其发展前景，突出地、全方位地分析和研究了拉美国家从基础设施规划、建设、服务和监管等方面的政策措施及其对社会福利的不同影响。在此基础上，该报告还对主要样本国家做了进一步比较分析，指出了不同政策间的利弊及完善其政策的建议。这一研究成果对我们了解拉美国家基础设施发展现状及前景，学习、借鉴其经验和教训具有较大的参考价值。

　　本报告翻译小组由 10 人组成：赵术（序言和封底）、刘凡平（第一章）、范蕾（第二章）、李婕（第三章）、赵丽红（第四章以及全书体例的统一和整理）、方旭飞（第五章）、王文仙（第六章）、丁波文（第七章）、黄乐平（第八章）。本人负责该项目的协调工作，对全部译文进行了校订。他们为本书在很短时间内得以较好地完成而备加辛苦，甚至放弃了春节期间的休息和与家人的团聚。我对翻译小组的全体成员致以由衷的谢忱。

我也要向中国社会科学院拉丁美洲研究所的领导对此项工作给予的重视和支持致谢。郑秉文所长专门抽看了本报告的中文译稿，其他所领导也对本书工作给予了具体指导。本所科研处的各位同志为本书的翻译和出版作了大量的外联工作；当代世界出版社的编辑、排版公司的工作人员为本书能高质量地按时出版作了认真细致的工作；本报告在翻译、出版过程中得到了安第斯发展集团的全力支持和协助，其集团秘书安德雷斯·鲁杰承担了许多具体工作。对此，我也要向他们表示最真诚的谢意。

但是，由于时间紧、专业性强，书中的错误也在所难免，敬请各位读者谅解。

吴国平

2011 年 2 月 25 日